시대의 변혁가 임길진 평전

임길진 더 리포머

임길진평전발간위원회 / 신영란

백산서당

들어가기 전 일러두기

이 책에 등장하는 지인들의 회고담 가운데 상당 부분은 평사 임길진 박사 추모글 모음집 『크게 넓게 내다보고』에서 일부 수정·인용했음을 밝힙니다. 학계와 교육계, 문화예술계, 기업, 시민운동단체 등 사회 각계각층에서 활동하는 153분의 국내 지인과 29분의 해외 지인께서 귀한 이야기를 들려주셨으나 일일이 거론하지 못한 점 송구하게 생각합니다.

발간사

　평사 임길진 박사가 살아온 역사와 추구한 철학을 담은 평전을 펴냅니다. 평사는 2005년 2월에 58세라는 젊은 나이로 우리 곁을 떠났습니다. 그 이후에 평사가 남긴 글을 모아서 몇 권의 선집을 냈고, 평사를 그리워하는 분들의 이야기를 담아 추모문집을 내기도 했습니다. 그러나 평전을 내기까지는 17년이라는 긴 세월이 필요했습니다. 평사의 비전이 원대하고, 활동은 방대하며, 교유한 동지들이 기라성 같기에 그 모두를 꿸 수 있는 엄두를 못 내었기 때문입니다. 평사의 업적에 층층이 스며있는 고뇌를 미처 헤아리지 못했으며, 어설픈 기록이 평사의 삶에 흠을 낼까 두렵기도 했습니다. 그의 삶 앞에서 오래 서성이다가 "더 이상 미룰 수 없다!"는 마음으로 용기를 내어 평전을 엮었습니다. 평사를 아끼시는 분들께서 부족한 부분을 채워주시고, 잘못된 부분은 바로 잡아주시리라고 믿습니다. 이 책이 평사를 향한 '공동의 기억'을 모으는 디딤돌이 되기를 바랍니다.

　평전을 통해서 평사와 대화할 수 있으면 기쁘겠습니다. 평사의 삶을 돌아보면 그가 만든 길이 세상 곳곳에서 '인간적 세계화'로 뻗어가고 있는 것을 볼 수 있습니다. 인간적 세계화는 인간의 필요성을 충족하고 존엄성을 증진하기 위해 전 세계가 소통하고 협력해야 한다는 평사의 비전입니다. 평사가 기여했던 공공영역, 시민사회, 국제기구, 도시계획, 환경, 주거복지, 학문·교육네트워크, 금융 등에서 소통과 협력이 펼쳐지고 있습니다. 물론 현실은 상처투성이이고 문제투성이입니다. 그래서 평사는 "크게 넓게 내다보라"고 말합니다. 과거의 위업을 계승하여 계획하고 실천함으로써 현실을 변혁하고 미래를 창조하자고 제안합니다. '비판적 낙관주의'의 열망을 발휘하라고 요청합니다. 인식과 가치, 계획과 실천, 비판과 낙관을 결합하려는 시도에서 상상과 전망의 힘이 자라나고, 그 힘은 사회변혁을 숙의하고 추진하는 동력이 됩니다. 평사와 비슷한 세대들뿐 아니라 젊은 세대도 평사의 비전을 통해 대화할 수 있을 것입니다. 이 책이 인간적 세계화에 관한 대화의 장이 되고, 평사의 삶을 새롭게 쓰는 터전이 되기를 소망합니다.

　수많은 분들의 노고 덕분에 평전이 탄생하게 되었습니다. 간직하신 자료를 아낌없이 내어주시고, 인터뷰에 기꺼이 응해주신 모든 분께 감사드립니다. 엄청난 기록을 세심하게 엮어서 생생한 글에 담아낸 신영란 작가, 그리고 격조 높고 아름다운 책을 만들어주신 백산서당의 여러분께 깊이 감사드립니다. 그리고 책이 나오기까지 격려와 응원을 아끼지 않으신 평사의 가족들께 깊은 감사를 드립니다. 평사가 우리에게 남긴 말, "준비하라, 실천하라, 계속하라, 사랑하라!"를 되새기며 그를 사랑하는 모든 분께 거듭 감사드립니다.

2022년 6월 10일
임길진평전발간위원회 올림

프롤로그 행동하지 않는 지성은 비겁하다

스칼라액티비스트(Scala Activist).

해외 석학들이 평사(平士) 임길진 박사를 지칭하는 말이다. 학문과 실천의 영역을 넘나들며 인류 평화와 공존의 해법을 모색해왔다는 의미에서다.

임길진 박사는 국내보다 외국에서 더 많이 알려진 인물이다. 미시간주립대학교 국제대학장과 KDI국제정책대학원 초대 원장을 역임했으며 일리노이주립대, 프린스턴대, 노스웨스턴대, 연변과학기술대, 북경대, 국립대만대학 등 세계 유수의 대학에서 학생들을 가르쳤다. 또한 미국계획교육협회, 미국정치학회, 미국토목공학회, 유럽국제교육학회 등 여러 국제학술단체에 이름을 올리고 교육자로서, 학자로서, 도시계획가로서, 그리고 사회변혁가로서 왕성한 활동을 펼쳤다. 한국의 환경운동이 세계를 무대로 펼쳐질 수 있도록 초석을 다진 장본인이기도 하다.

일찍이 환경 문제가 정치와 민주주의에도 밀접한 관련이 있음을 통찰한 그는 유엔 인간 정주 회의(UNCHS, United Nations Human Settlements Program), 지구의 벗(FOEI, Friends Of the Earth International), 그린피스(Greenpeace) 등 세계적인 환경단체와 한국환경운동연합을 연결, 시민단체의 세계화를 통해 전 지구적으로 환경문제를 해결하고자 했다. 자신이 국제대학장으로 재직하던 미시간주립대에 NGO 활동가와 환경학자들을 위한 전문교육 프로그램을 신설하고 수시로 글로벌 세상을 넘나들며 생태민주주의 건설에 온 생애를 바쳤다. 개발연구협의체(CODS, Consortium on Development Studies), 한국환경운동연합, 주거복지연대, 한국부패학회, 한국협상학회, 아름다운재단, 세계생명문화포럼 등이 그가 직접 창립했거나 음으로 양으로 헌신해온 NGO 단체들이다.

"행동하지 않는 지성은 비겁하다."
"비전이란 보이지 않는 것을 볼 줄 아는 능력이다."

이 두 문장에 평생을 일관되게 지켜온 임길진의 가치철학이 함축되어 있다. 그는 도덕과 윤리에 입각한 가치 규범만이 인간의 행동을 결정하는 바탕, 즉 그가 속한 사회를 이끄는 올바른 비전이 되어야 한다고 믿었다. 이러한 신념을 구체화한 것이 '인간적 세계화(Humanistic Globalization)' 라는 독특한 사상이다. 교육, 환경, 인권, 평화, 평화, 차별 해소 등 현대사회의 당면 과제를 해결하기 위한 대안으로서의 인간적 세계화다.

내가 아는 임길진 선생은 이상주의자, 실사구시의 실용주의자, 디자인에 따라 실천하는 지식인, 역지사지를 아는 휴머니스트, 순수·실천·종합판단의 이성을 가진 철학자였다.

지난 4월 임길진 박사의 생애와 사상을 재조명하기 위해 개최된 포럼에서 문정인 세종연구소 이사장은 이같이 말했다.
전쟁과 불의·억압과 기아와 빈곤으로부터 해방된 세상, 인간중심에 기초한 도시사회 구현의 전략적 방안으로써 그가 주창한 '제4

의 혁명'의 본질은 '가치혁명'에 있다. 전쟁을 일으키는 것도 인간이고 평화를 추구하는 것 또한 인간의 마음에서 비롯된 일이다. 전쟁을 결정하는 건 엘리트 집단이지만 그 피해는 오롯이 선량한 시민의 몫이 된다. 따라서 그는 시민사회가 연대하여 사람 중심의 가치혁명을 이룩하는 게 절실하다고 보았다.

문명과 물질이 발전한 것 같지만, 속으론 장기(臟器)가 상해 있는지 모른다. 생명을 위협하는 환경파괴가 도처에서 일어나고 있다. 인류 문명의 놀라운 발전 뒤편엔 언제 어떤 일이 벌어질지 모르는 위험이 도사리고 있다. 많은 나라들이 군비 경쟁을 하는 한편으로 1분에 40명씩 굶어 죽는다. 하루에 2달러 미만의 비용으로 사는 사람이 수억 명이다.

2003년 세계생명문화포럼 조직위원장으로서 그가 온 세상을 향해 던진 화두는 공동체의 존재 이유를 다시금 생각하게 한다. 지구 반대편에선 연일 전쟁의 참혹한 실상이 전해지는 이즈음이다.

평소 그는 영어의 '인빈서블(Invincible, 아무도 꺾지 못하는)'이라는 형용사를 특히 좋아했다고 한다. 제자들에겐 이를 '포기하지 않고 끝까지 도전한다'라는 의미로 가르쳤다.

임길진은 모든 인류가 평화롭게 상생하는 정의로운 사회를 꿈꾸었다. 그것은 단지 이상에 불과한 것일까? 불확실성의 시대를 살아가는 오늘의 젊은이에게 그는 또 이렇게 말한다.

"그대들은 천하무적이다. 미래는 꿈꾸는 자의 것, 인간이 인간을 포기하지 않는 한 도전은 도전으로 그치지 않을 것이다."

시대의 변혁가 임길진 평전

임길진 더 리포머

발간사 · 3

프롤로그 행동하지 않는 지성은 비겁하다 · 5

제1부 크게 넓게 세상을 보라

공부하는 아버지 봉사하는 어머니 · 5
질풍노도의 시기 · 24
청년 임길진의 시대정신; 우리 안의 도깨비방망이 찾기 · 26
육군 공병부대 가슴 뜨거운 ROTC 소대장 · 35
유학도 창피한데 뭐 하러 나랏돈을 써! · 46
누군가는 미래를 계획해야 한다 · 57

다시 그에게-부치지 못한 편지
북은 혼자서 울리는 법이 없다 / 이상렬 · 63

제2부 멘토들의 멘토

부친의 편지 · 69

프린스턴대학에서 가장 인기 있는 교수 · 76

강한 민간인을 가진 나라가 강한 국방력을 지닌다 · 85

닮고 싶어도 닮기 어려운 사람 · 91

미국 계획교육협회에서(ACSP)에서 가장 많이 언급되는 이름 · 104

다시 그에게-부치지 못한 편지
우리의 국토와 도시는 영원히 그의 손길을 기다리고 있다 / 원제무 · 112

제3부 앎을 실천한 전략적 기획가

인간은 당근이나 몽둥이 때문에 살지 않는다 · 117

아이들이 밥걱정은 하지 말게 해줘야지 · 123

혁명가의 선의가 반드시 좋은 결과로 이어지진 않는다 · 131

따뜻한 완벽주의자 · 139

강의 노트를 복사해주는 교수 · 150

협상을 해야지 왜 싸워? · 161

다시 그에게-부치지 못한 편지
그리운 시절 그리운 사람 / 박원순 · 169

제4부 완전히 세계화된 한국인, 완전히 한국화한 세계인

미시간주립대학교 최초·최연소 동양인 학장 · 175
MSU 한국학파 · 185
미시간엔 이런 산이 없잖아? · 191
지구본을 거꾸로 세운 뜻 · 201
원칙은 소나무같이, 적용은 버드나무같이 · 211
그가 대한민국을 사랑하는 법 · 218

다시 그에게—부치지 못한 편지
학장님, 우리들의 학장님 / 이윤기 · 225

제5부 모든 인간에게 투자하라

통일을 위해 무엇을 할 것인가 · 231
북한이여, 우리에게 108번째 학자를 보내주오 · 238
비전이란, 보이지 않는 것을 볼 줄 아는 능력이다 · 245
임길진 사상의 요체 인간적 세계화(humanistic globalization)
　—Kenneth E. Corey 미시간주립대학 명예교수 특별 기고문 · 252
민족의 미래를 끊어 놓을 수는 없다 · 258
전 세계를 아이들의 교실로 · 267

다시 그에게—부치지 못한 편지
내 인생의 한마디 '정신적으로 물질적으로 독립하라' / 이덕희 · 277

다시 그에게-부치지 못한 편지
눈은 멀리, 발은 이 땅에 / 김용철 · 280

제6부 시대 흐름을 주도한 통찰

동양사상에서 윤리경영의 해법을 찾다 · 287

사람을 아껴주는 사람 · 295

해외동포에게 투표권을 허하라 · 304

당신들, 집 사려고 대출 받아봤어? · 312

그 사람의 삶을 알아야 도와줄 방법을 알지 · 323

에필로그 결국은 한민족이다 · 330

제 1 부

크게 넓게 세상을 보라

공부하는 아버지, 봉사하는 어머니

노고산집은 항상 개방되어 있었다. 안주인 인심이 좋기로 소문난 집이라 배고픈 이들이 무시로 들어가 밥을 청하곤 했다. 정복순 여사는 항상 밥과 음식을 넉넉히 준비해놓고 사람들을 먹였다. 손수 텃밭을 가꿔 만든 나물 반찬과 고기가 듬뿍 들어간 콩나물국은 노고산집 별미로 통했다.

임길진은 1946년 서울 마포구 노고산동에서 희관 임근수 선생과 정복순 여사의 3남1녀 중 차남으로 태어났다.

희관 선생은 우리나라 언론계의 4대 비조(鼻祖) 가운데 한 분으로 꼽힌다. 일찍이 서당에서 한문을 수학하고 인천공립상업학교(한성외국어학교 인천분교의 후신, 현 인천고등학교)를 거쳐 연희전문학교에서 사학을 전공했으며 영창중학교와 배재중학교에서 교편을 잡다 해방을 맞았다.

1945년 〈코리아타임즈〉 기자 생활을 시작으로 외무부 의전과장, 서울신문사 상무이사, 코리아 헤럴드 감사 등 다양한 언론 현업에 몸담았던 선생은 영어와 불어, 독일어에 능통한 실력을 갖추었다. 1954년 미 국무성 초청으로 컬럼비아대학에서 신문학을 공부하고 돌아와 '근대 신문의 성립에 관한 연구'로 1968년 중앙대학교 대학원에서 국내 언론학 분야 최초로 문학박사 학위를 취득한 뒤 서울신문학원, 홍익대학교, 중앙대학교, 서울대학교 등에서 신문학을 강의하며 총 5권의 저서(한 권은 사후 출간)와 40여 편의 논문을 남겼다.

그중 중앙대학교 법정대학 교수 시절 초판이 발행된 『신문발달사』는 불모지나 다름없는 서구 신문사를 중심으로 현대 신문의 제반 문제를 규명한 대저(大著)로 꼽힌다.

"한국 신문사학은 희관의 비교신문사학적 연구에 의해 한단계 제고되었다."

1984년 출간된 『언론과 역사』에 고 박유봉 신문학회 회장이 쓴 글이다. 신문의 발달을 원시사회부터 수만 년에 걸친 커뮤니케이션의 장구한 흐름 속에서 파악한 선생의 연구는 이전까지 특수사(特殊史)로 구분되어왔던 신문사가 일반사로 전환하는 데 지대한 영향을 미쳤다. 관련 학자들은 우리나라 신문학계의 선구적 인물로 선생의 학문적 공헌을 높이 평가하고 있다.

언론이 남긴 기록은 그대로 남는다. 언론인 스스로 History Maker라는 사명을 깊이 인식하고 그러한 사명감 아래 언론에 종사하거나 언론 활동을 연구해야 한다.

『신문발달사』에 나타난 희관 선생의 언론관은 반세기가 지난 오늘날에도 저널리즘의 자성을 촉구하는 일갈로 읽힌다. 선생은 교육자·학자·언론인으로서 일관되게 실천하는 지식인의 삶을 살았으며 이는 자녀들이 걸어온 길과도 결을 같이한다.

4남매의 맏이 국진은 중앙대학교 불어불문학과 교수로 재직하다 정년퇴임했고, 장남 동진은 현재 법무법인 남산 대표로 우리나라 법조계의 한 축을 담당하고 있다. 3남 현진은 서울대학교 사회과학대학장을 역임하고 동 대학 명예교수로 재직 중이며 경제정의실천연합, 한국NGO학회, 사단법인 시민, 시민사회발전위원회 등 오늘날 시민운동의 구심점이 된 주요 단체들을 이끌어왔다.

희관 선생의 서울대학교 후배 교수인 이수성 전 국무총리는 임길진 추모집『크게 넓게 내다보고』(이하 추모집)에 오랜 인연을 회고하며 '가족들 모두 그 품격이나 능력이 뛰어나 모든 이의 존경과 신뢰를 받고 있다. 하늘의 축복을 받은 집안'이라고 적었다. 후학들이 쓴 글에도 비슷한 표현이 빠짐없이 등장한다. 흔히 말하는 다복(多福)한 가정이란 이런 경우를 두고 하는 말일 것이다.

어머니 정복순 여사는 독실한 기독교인이었다. 신촌 창천교회 권사로 활동하며 고 김대중 대통령의 부인 이희호 여사와 함께 평생 나눔과 베풂의 정신을 실천하며 살았다.

노고산집은 항상 개방되어 있었다. 안주인 인심이 좋기로 소문난 집이라 배고픈 이들이 무시로 들어가 밥을 청하곤 했다. 정복순 여사는 항상 밥과 음식을 넉넉히 준비해놓고 사람들을 먹였다. 손수 텃밭을 가꿔 만든 나물 반찬과 고기가 듬뿍 들어간 콩나물국은 노고산집 별미로 통했다.

길진의 친구들에겐 먹거리가 풍부하다고 해서 '노고산 갑부집'으로 불렸으나 가족의 생활은 지극히 검소했다. 송휘국 전 개발연구협의체 이사장에 따르면, 나이 터울이 고만고만한 사남매 등록금

낼 때가 오면 정복순 여사가 가끔 옆집에서 돈을 꿔다 쓰기도 했다고 한다. 형편이 넉넉해서 남을 도왔던 건 아니란 얘기다.

옛날 신촌은 반촌반도(半村半都) 성격이 강했다. 하숙집과 상점들이 즐비한 대학가를 조금만 벗어나면 너른 들판이 펼쳐졌다. 길진은 세 살 터울인 동생을 끔찍이 아꼈다. 막내 현진에게도 둘째 형은 세상 제일 친한 친구였고 마음속 우상이었다.

저는 임길진 박사와 형제라는 인연을 갖고 태어났습니다. 그와 같이한 지나온 세월은 제게는 행운이었습니다. 그는 저를 동생이지만 동료로서 개인적 문제는 물론 사회적 현안에 대해 대화하고 토론하면서 많은 것을 가르쳐주고 보여주었습니다. 그는 자기의 주변 선후배 모두에게 그렇듯이 저를 남달리 대우하기보다 어려울 때 앞장서고 힘들 때 도와주는 친구이자 동지였습니다.

임길진 박사 사후에 출판된 『지속가능한 세계화』 서문에 임현진 교수가 쓴 글이다.

형제는 틈만 나면 산으로 들로 모험을 떠났다. 여름엔 샛강에서 헤엄을 치다 심심하면 물고기를 잡고, 겨울엔 논에서 썰매를 타고 놀았다.

길진은 손재주가 좋았다. 동네 아이들과 함께 쓰는 역기며 운동기구는 물론 물고기 잡는 그물이나 썰매도 직접 만들었다. 형제가 골목에 나가면 온 동네 조무래기들이 따라붙곤 했다.

집 마당에는 삼형제가 만든 콘크리트 역기가 놓여 있었다. 맏형 동진은 아우들에게 무척이나 닮고 싶은 형이었다. 공부도 잘하고 모범생이었을 뿐만 아니라 못하는 운동이 없었다. 형이 공부하면 아우들도 교과서를 펼쳤고 운동하면 아우들도 마당으로 나갔다.

임동진 변호사의 오랜 친구 박홍규 외교안보연구원 교수가 기억하는 초등학생 길진은 눈빛이 예사롭지 않은 소년이었다. 형과 형의 친구들이 마당에서 아령을 들고 운동하는 장면을 유심히 지켜보며 착실히 근육을 불려 나간 소년은 훗날 형을 능가하는 만능스포츠맨이 되었다.

중학생이 되면서 길진은 스키의 매력에 흠뻑 빠졌다. 겨울방학이면 2미터가 넘는 스키를 어깨에 둘러메고 친구들과 함께 대관령이나 진부령으로 달려갔다. 스키장에 리프트도 없던 시절이었다. 덜컹거리는 버스에 무거운 짐을 싣고 10시간 넘게 비포장도로를 오가는 고된 여정이 해마다 반복되곤 했다.

임동진 변호사는 한겨울 맹추위도 개의치 않고 스키를 즐겼던 그가 삼형제 중 가장 두드러졌다고 전한다. 매사 긍정적이고 낙천적이었으되, 무엇보다도 간섭받기를 싫어했으며 독립과 자율을 지향하는 성격이었다는 것.

"길진이는 역마살을 끼고 태어난 게 분명해."

방학만 되면 기다렸다는 듯 어디론가 훌쩍 떠나는 그를 두고 형제들이 하는 말이었다. 그러면 길진은 이른바 역마살 기능론으로 응수하곤 했다. "현대사회에 제대로 이바지하고 살아가려면 가능한 한 많이 돌아다니면서 새로운 걸 많이 배워야 하지 않겠어?"

희관 선생 부부는 독특한 방식으로 자녀들을 키웠다. 형·동생

구별 없이 서로 이름을 부르도록 한 것이다. 남자 형제들끼리만이라도 친구처럼 허물없이 지내면서 서로를 이끌어주라는 뜻이었으나 친구들에겐 낯설기 그지없는 광경이었다.

길진의 고등학교 시절은 다채로운 사건 사고의 연속이었다. 이상열 경기고 동문이 소개한 일화는 그중 제일 약한 편에 속한다.

고3 때 힘깨나 쓰는 그룹이 집요하게 학생들을 괴롭혔어요. 길진이 그 이야기를 듣더니 우두머리를 교실 밖으로 불러냈어요. '난 싸움꾼은 아니지만 한 번 붙자'는 거였죠. 결과는 길진의 승! 그 후론 학교가 조용했습니다.

활달한 성격에 호감 가는 외모를 지닌 길진은 의협심까지 강한 우등생이었다. 이맘때 남학생이 동경할 만한 조건은 다 가진 갖춘 셈이다. 주변엔 늘 친구들이 차고 넘쳤다. 서울대 동문 양재현 건원건축 명예회장에 따르면, 누군가 '임길진과 친하다'고 하면 그것만 가지고도 점수를 따고 들어갈 만큼 막강한 인기를 누렸다.

매사에 적극적인 성격은 경기고등학교에 보디빌딩 붐을 일으켰다. 길진은 '미스터경기대회' 창설자이면서 '제1회 미스터경기'로 뽑힌 장본인이다. 그로 인해 일부에선 스스로 미스터 경기가 되려고 대회를 만들었다는 오해를 받기도 했다.

각축을 벌인 상대는 길진보다 체격이 좋았으나 우승에선 밀려났다. 이상렬(현 메트로프로덕트 대표이사), 최철구(현 캄스코 대표이사), 이기윤(현 MTI 회장) 등의 동기생들은 특유의 쇼맨십이 주효했을 거라고 이야기한다. 근육을 돋보이게 하려면 힘을 주어야 하는데 상대방은 자기도 모르게 인상을 쓴 반면, 길진은 끝까지 여유 있는 미소를 잃지 않았기에 심사위원들로부터 높은 점수를 받았을 것이라는 이야기다.

길진은 우람한 덩치와는 어울리지 않게 다정다감한 면이 있었고 문학과 미술, 음악에도 남다른 재능을 갖췄다. 친구들이 그를 '문무(文武)를 겸비한 선비'로 지칭하는 이유다.

경기고 출신 이장우 목사가 기억하는 선배 임길진은 곤경에 처한 학우들을 위해 기꺼이 나서주는 정의로운 사나이였다.

한번은 웅변반과 고3 선배들 사이에 문제가 생겼어요. 선배들이 때리면 맞아야 하는 상황이었지요. 그때 임길진 선배가 따라나와서 말리지 않았다면 단체로 몽둥이찜질을 당했을 겁니다. 대학시절엔 신입생한테 맞은 선배의 복수를 대신해준 적도 있었지요.

김인준 서울대학교 경제학부 교수는 알게 모르게 남을 배려하는 선배로 그를 기억한다.

어느 비 오는 날 저녁, 경기중학교 3학년생인 김인준과 친구들은 역도반 앞을 지나치게 되었다. 선배들은 궂은 날씨에도 아랑곳없이 열심히 몸을 만드는 중이었다.

"달밤에 체조하네!"

누군가 장난으로 뱉은 말이 역도부실 안까지 흘러 들어가고 말았다. 선배들한테 몽둥이로 엉덩이를 한참 맞고 나오는데 내내 뒷전에 서 있다가 미안한 얼굴로 책가방을 집어준 사람이 임길진 선배였다는 것.

역도부원들과 아이스하키팀이 맞장을 뜬 이야기도 유명하다. 2학년 여름방학을 맞아 두 팀이 각각 대천으로 해양훈련 갔을 때 일이다. 본래 경쟁관계에 있던 두 팀이 바닷가에서 사소한 시비로 충돌을 일으켰다. 같은 역도부원이던 최철구 동문의 회고에 따르면 양쪽이 호되게 한 판 붙은 결과 아이스하키팀이 요절이 났다.

사건은 그것으로 끝나지 않았다. 개학하던 날 길진은 역도부원들을 이끌고 또다시 아이스하키팀으로 쳐들어가 2차전을 벌였다. 임동진 변호사는 이 일로 동생이 무기정학 처분을 받았으나 한 달 만에 징계가 풀린 이야기를 전하며 추모집에 애정 어린 한마디를 덧붙였다.

그러나 오해 마시라. 천하없어도 길진은 모범생이었으니, 공부도 잘하고 친구도 잘 사귀는 씩씩한 학생이었다.

질풍노도의 시기

개학 첫 주. 조회가 끝남과 동시에 누군가 큰소리로 외쳤다.
"뒤로 돌아!"
임길진이었다. 이어 방송에선 행진가가 나오고 학술부장 조영래와 김근태, 3학년 정세현(현 민주평화통일자문회의 수석부의장) 등이 구호를 외치며 교문 밖으로 나갔다. 이장우 목사에 따르면 전국 최초로 일어난 학생들의 한일협상 반대 시위였다.

길진의 중고등학교 시절은 우리나라가 사회적 혼란을 거듭하는 시기였다.

4·19혁명 당시엔 중학교 2학년에 재학 중이었고 바로 그 이듬해 5·16 군사정부 시대가 열렸다.

자유당 정권의 몰락을 부른 4·19혁명은 마산 지역 학생들의 부정선거 규탄 시위로부터 촉발되었다. 시위 대열에 합류했던 마산상고 1학년 김주열이 왼쪽 눈에 최루탄이 박힌 시신이 되어 마산 앞바다에 떠오르자 학생들의 시위는 범국민적 시위로 확산되었다.

독재타도를 외치는 시위대 앞으로 경찰의 무차별 총격이 쏟아졌다. 사상자가 속출했고 무장한 시위대는 죽음을 불사하고 경찰에 맞섰다. 결국 이승만 대통령이 이른바 하야 성명을 발표하고 하와이로

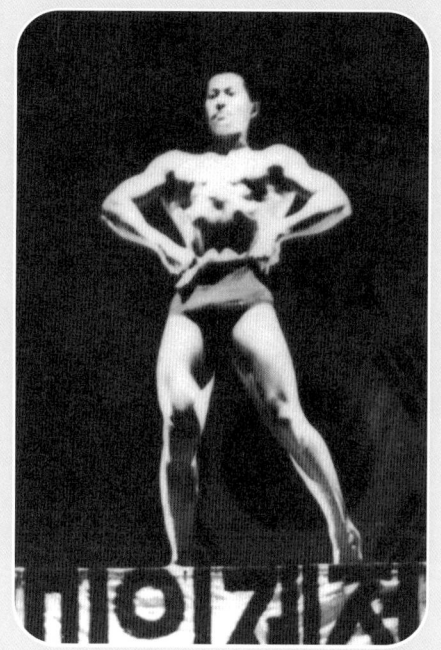

도피하듯 떠나면서 4·19혁명은 마무리가 되는 듯했으나, 불과 1년 만에 일어난 5·16군사정변은 이 땅에 군부독재의 서막을 열었다.

박정희 정권은 쿠데타로 거머쥔 권력을 유지하는 방편으로 미국과 일본을 등에 업었다. 길진이 고등학교 2학년에 재학 중일 땐 온 나라가 다시 혼란에 빠졌다. 새해 벽두부터 비밀리에 한일회담이 추진되고 협정을 졸속 타결하려는 움직임이 표면화되자 학생들 사이에서 동요가 일었다.

개학 첫 주, 조회가 끝남과 동시에 누군가 큰소리로 외쳤다.

"뒤로 돌아!"

임길진이었다. 이어 방송에선 행진가가 나오고 학술부장 조영래와 김근태, 3학년 정세현(현 민주평화통일자문회의 수석부의장) 등이 구호를 외치며 교문 밖으로 나갔다. 이장우 목사에 따르면 전국 최초로 일어난 학생들의 한일협상 반대 시위였다.

'이것이 민족적 민주주의더냐?'

고등학생들이 내건 플래카드에 적혀 있었다는 글귀가 어쩐지 낯설지가 않다.

훗날의 인권변호사 조영래와 민청련 초대의장을 지낸 김근태는 임길진 박사가 가장 자랑스러워한 경기고 동문이었다. 셋은 각자가는 길이 달랐지만 임 박사는 음으로 양으로 이들을 후원하며 평생 밀도 깊은 우정을 나누었다. 김근태 의장의 부인 인재근 의원이 민가협 총무로 활동할 땐 보이지 않게 민가협을 지원하기도 했다.

한일협정 반대시위는 그해 여름을 뜨겁게 달궜다. 5월 30일 서울대 문리대 학생들이 단식농성에 들어갔다.

'오늘의 단식투쟁이 내일 피의 투쟁이 될지도 모른다.'

학생회장 김덕룡의 비장한 선언문으로 시작된 단식농성장에 시간이 지날수록 학생들의 수가 늘어났다.

흔한 벽돌 한 장 없는 무저항·비폭력 시위.

교수진과 재야인사, 시민들이 찾아와 먹을 것을 놓고 가기도 했으나 탈진한 학생 수십 명이 들것에 실려 나왔다.

6월 2일부터 서울 시내 각 대학에서도 이에 호응하는 시위를 벌였다. 상황이 급박해진 건 공화당 김종필 의장이 한일국교정상화 회담을 위해 일본으로 출국했다는 소식이 들려오면서였다.

6월 3일 정오를 기해 시민들과 학생 3만여 명이 일제히 거리로 뛰쳐나와 곳곳에서 경찰과 충돌했다. 최루탄이 난무하고 부상자가 속출했으나 시위는 점점 격렬해졌다. 이를 인민혁명당의 배후 조종에 따른 반란으로 규정한 박정희 정권은 6월 3일 저녁 8시를 기해 서울시 전역에 계엄령을 선포했다.

대학엔 휴교령이 내려지고 언론은 철저히 통제되었다. 6·3항쟁으로 명명된 이 사건으로 학생, 정치인, 언론인 등 1,120명이 연행되고 그중 348명이 내란 및 소요죄로 옥고를 치렀다. 대학생들과 함께 시위에 참여한 고등학생 조영래는 학교에서 정학 처분을 받았다.

길진과 친구들은 시위 주동자들이 연행되었다는 소식을 접할 때마다 노고산집에 모여 울분을 토하곤 했다.

부친 희관 선생은 좀처럼 갈피를 잡지 못하는 수험생 아들에게 '크게 넓게 내다보라'는 말로 인생 선배로서의 조언을 대신했다. 그리고 이 말은 향후 계획가로서 임길진 박사의 일생을 관통하는 하나의 원칙이 되었다.

청년 임길진의 시대정신:
우리 안의 도깨비방망이 찾기

이제 갓 스물이 된 청년에게 국가란 어떤 의미였을까?
서울상대 학생회장을 지낸 박진원 동문은 공대 대의원회 의장을 맡았던 그에게 전공을 건축공학으로 선택한 이유를 물어본 적이 있다. 돌아온 대답은 '우리나라가 가난의 멍에를 벗어날 방법을 찾기 위해서' 라는 것이었다

    길진은 서울공대 건축공학과 65학번으로 대학 생활에 접어들었다. 같은 해 6월 22일 결국 굴욕적인 한일협상이 타결되었다.
    동기로 입학한 김근태는 상대, 조영래는 법대를 택했다. 친구들이 민주화운동에 헌신하는 동안 그는 다른 방식으로 변혁을 꿈꾸었다.
    1964년 유엔무역개발회의(UNCTAD)에 의해 개발도상국으로 지정된 한국은 제1차 경제개발 5개년 계획의 완성 단계에 들어섰으나 그 배경에는 막대한 차관 도입이 있었다.
    이제 갓 스물이 된 청년에게 국가란 어떤 의미였을까?
    서울상대 학생회장을 지낸 박진원 동문은 공대 대의원회 의장을 맡았던 그에게 전공을 건축공학으로 선택한 이유를 물어본 적이 있다. 돌아온 대답은 '우리나라가 가난의 멍에를 벗어날 방법을 찾기

위해서'라는 것이었다.

임길진 박사가 타계하기 직전 서울대학교 ROTC 동문회가 진행한 인터뷰 기사에도 같은 내용이 실렸다.

> 공과대학 건축공학과를 졸업한 그의 전공 선택의 변(辯)이 명쾌하다. 당시 우리나라가 처한 가난의 멍에를 벗어나, 선진국의 대열에 진입하려면 공업을 바탕으로 한 산업사회로의 지향이 필수적이라는 신념에서였다.

대학 3학년, 길진은 서울공대생들을 중심으로 '산업공학회(약칭 산공회)'를 결성했다. 국내 최초로 조명학 박사학위를 취득한 지철근 교수와 훗날 학술원 회장을 지낸 김상주 교수가 산공회 지도교수를 맡았다. 초기에는 경영학에 대한 강연 및 학술토론회 등 교내 행사에 치중하다가 점차 시간이 지나면서 KPC(생산성본부)와 연계한 산업시설 견학과 현장 체험에도 무게를 두었다.

"하려면 제대로 하고 이왕이면 최고로 잘하자."

길진이 친구들을 독려할 때마다 했던 말이다. 그가 열정적으로 모임을 이끌어가는 동안 산공회는 공대 학생회 1년 예산보다 많은 활동비를 따내 타 서클의 부러움을 사기도 했다.

산공회 활동은 급격한 산업화와 공업화가 국가발전의 새로운 저해 요인이 될 수도 있음을 각성하게 만든 계기가 되었다. 대학 졸업을 앞둔 1972년 8월 3일 정부는 사채동결 조치를 발표했다. 국내 언론은 '심야 충격, 엇갈린 희비'라는 제하의 당시 기사와 함께 이른바 8·3조치를 아래와 같이 설명하고 있다.

쉽게 말해 기업이 진 사채 이자를 3분의 1로 깎아주고 갚는 날도 최장 8년 미뤄주겠다는 것이었다. 1970년대 물가상승률이 연평균 15% 안팎이었던 점을 감안하면 정부가 기업들에 사실상 무이자 혜택을 준 것이나 다름없다. 시장경제를 하는 자본주의 국가에서 유례를 찾을 수 없는 반시장적, 초법적 특혜였다. 8·3조치가 '금융 쿠데타'로 불리는 이유다.

8·3조치는 별다른 실효를 거두지 못한 채 막을 내렸다. 오히려 일부 대기업에 특혜를 몰아줌으로써 정경유착의 빌미를 제공하고 1998년 외환위기의 불씨로 작용했다는 비판을 남겼다.

그해 여름방학 길진과 학생회 간부들은 울산 공업단지 견학을 떠났다. 경부고속도로 건설이 주된 이슈로 떠오른 그즈음, 고속도로가 나은지 철도가 나은지를 두고 기차 안에서 열띤 논쟁이 벌어졌다.

길진은 '교통시설로는 철도가 가장 부작용이 적은 사회간접자본의 형태'라고 주장하며 선진국 사례와 국제기구의 통계자료, 관련 학자들의 이론들을 조목조목 제시했다. 박진원, 장세창 동문에 따르면 경제학도들도 딱히 반론을 제기하지 못할 정도로 논리가 완벽했다고 한다. 그도 그럴 것이 이 무렵 길진은 애덤 스미스, 막스 베버, 로버트 머튼, 헬무트 셀스키 등 경제 및 사회과학 서적을 두루 섭렵한 후였다.

대학원 재학 중 <서울공대신문>에 연재한 칼럼에선 한층 깊어진 사유를 엿볼 수 있다.

6·25 전쟁 이후 공업시설의 재건과정에서 우리 산업의 본질적 구

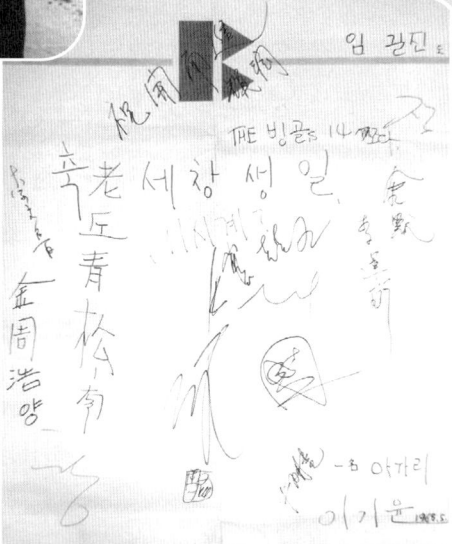

산업공학회

조가 미국의 잉여농산물과 일본의 중화학공업을 기초로 한 하청적 가공업으로 편성되었다는 것은 간과할 수 없는 중요한 사실이다.

이 상태에서 어찌 건전한 산업과 창조적 과학기술의 발전을 기대할 수 있었겠는가?

본격적인 경제개발계획이 수행된 1960년대 이후에도 이러한 구조적 파행성은 일소되지 않았던 것이다.

칼럼은 일제 강점기와 미군정기(美軍政期)를 거치면서 오로지 외부 세력의 관점에 따라 형성되고 조정되어온 과학기술을 사이비(pseudo)로 규정하며 그 이유를 조목조목 제시하고 있다. 첫째는 일제가 침략을 합리화하려는 수단으로 애써 폄훼한 전통 과학기술의 우수성을 덩달아 부정함으로써 그 명맥을 유지하지 못했다는 것이고, 둘째는 동양 문화에 대한 서구적 편견을 아무 비판 없이 받아들여 정통성 회복이 불가능한 단절의 골짜기를 만들었다는 비판이다.

서구적 편견의 예로는 막스 베버를 들었다.

베버는 동양에서 합리적 실용주의가 발달하지 못한 원인으로 유교의 도덕적 관념에 의한 장애와 동양의 주술적 요소에 따른 합리적 사고의 결여를 꼽았다. 이에 대한 반론으로는 '유학에서의 이(理)는 천명을 뜻하며 현대적 개념에서의 이성과는 다른 차원에서 이해되어야 한다'는 이론적 근거와 더불어 동양의 특성에 따른 관념 체계에 서구적 관점을 일방적으로 적용하는 건 무리가 있다고 날을 세운다.

예컨대 신라의 포석정이라든가 조선시대 궁궐은 동양사상의 바탕 위에서 건축되었으나 현대적 의미의 물리적 법칙과 합리적 실용성을 초월적으로 포괄하는 동시에 이성과 비이성을 함축하고 있다는 것이다. 따라서 동양의 전통 과학기술을 서구적 관점으로 판단하는 건 '프로크루스테스(Procrustes)의 침대'와 같은 우격다짐에 불과하다고 잘라 말한다.

프로크루스테스는 그리스 신화에 나오는 포악한 거인의 이름이다.

길거리에서 강도 행각을 일삼던 프로크루스테스는 납치해온 사람을 침대에 눕히고는 그 침대 길이에 맞춰 발을 자르거나 억지로 잡아 늘이는 만행을 저질렀다. 어떤 사람도 거인의 침대 길이에 키가 딱 들어맞을 순 없었다. 그리하여 붙잡혀온 이들은 모두 억울한 죽임을 당했다.

칼럼에 프로크루스테스 침대의 비유가 등장한 연유는 두 가지다.

첫째는 식민정책의 산물인 사이비 과학기술을 근대화의 기반으로 삼은 공업정책의 맹점을 지적하려는 것이고, 다른 하나는 서양의 눈부신 발전을 불러온 과학기술을 상징하는 코르누코피아(Cornucopia, 그리스 신화에 나오는 풍요의 뿔)에 견줄 만한 '우리 안의 도깨비방망이'를 제시하기 위해서다.

과연 26세의 청년 임길진이 찾아낸 도깨비방망이는 무엇이었을까?

그는 우리나라가 더 빨리, 쉽게, 부강한 나라로 도약하기 위한 방법론으로 '과학적 민족주의'를 내세우며 '소아병적 국수주의'와는 분명하게 선을 그었다. 예컨대 우리의 금속활자가 독일의 구텐베르크 활자보다 수십 년을 앞섰느니 첨성대가 어떻다느니 하는 식의 민족적 자부심 고취 차원이 아니라 공동체의 이익에 핵심 가치를 둔 과학기술을 통해서만이 우리나라가 더 빨리, 쉽게, 잘 사는 상태에 도달할 수 있다고 내다보았다.

'자체의 이익'을 전제로 하고, '자체의 특질'에 적합하며, '자체의 의도(意圖)'에 의해 주도되고, '자체의 동력'에 의해 수행되는 과학기술의 발전이 요망된다. 자체의 이익은 사사로운 자아나 타국을 위한 이익이 아닌 공동체 전체의 이익이므로 발전의 뚜렷한 목표를 제시하며, 자체의 특질은 이 나라의 인구, 자원, 풍토, 정신 등을 토대로 독특한 구조를 요구하며, 자체의 의도는 현실의 분석과 미래의 설계를 위한 주관적 자아와 공동적 의사를 뜻하며, 자체의 동력은 모방이 아닌 창조와 혁신을, 외자 아닌 민족자본을 요구한다. 이것은 이러한 모든 노력의 실체적이고 핵심적인 주체자인 과학기술이 지녀야 할 과학기술의 민족주의, 과학기술자의 이데올로기이기도 하다.

1995년 발행된 『미래를 위한 인간적 계획론』에 전문이 수록되기도 한 칼럼의 요체는 바로 이 부분이다. 과학기술의 민족주의를 실천하고 미래를 창조해나갈 주체자로서의 전문지식인이 감당해야 할 사회적 책무를 이야기하는 대목에선 청년 공학도의 고뇌가 읽힌다.

국가가 산업사회로의 급격한 이동을 꾀하는 시기에 그는 향후 필연적으로 부닥치게 될 부작용을 염려했고 그에 따른 해법을 전문지식인의 역할에서 찾았다. 이는 훗날 하버드와 프린스턴대학에서 계획학과 정책학을 전공 분야로 선택한 것과도 무관치 않아 보인다.

육군 공병부대 가슴 뜨거운 ROTC 소대장

때론 고지식하리만치 정의로운 기질은 군 생활에서도 유감없이 진가를 나타냈다. 길진은 육군 공병 소위로 군 생활을 시작해서 소위로 제대했다. 소위 입대에 소위 제대라는 ROTC 역사상 희귀한 전례를 남긴 배경에는 동료들에게 전설로 남은 두 번의 사건 때문이다.

"그는 학교에서도 뒷골목에서도 모범생이었고 의인이었습니다. 이를테면 '공부 잘하는 김두한'이라고나 할까요?"

양재현 건원건축 명예회장의 회고담이다.

깡패를 상징하는 뒷골목에 모범생과 의인의 이미지를 절묘하게 섞은 비유.

이런 비유가 과하지 않다는 건 수도군단장을 역임한 김희상 전 국방대학교 총장의 육군사관학교 시절 경험담을 통해서도 알 수 있다.

하루는 태릉 숲으로 운동을 나간 태권도부 생도들과 인근 서울 공대 학생들 사이에 폭력 사건이 빚어졌다. 극히 사소한 문제로 시작된 시비였으나 다들 젊은 혈기에 주먹질이 오갔고 마침내 헌병대가 출동하기에 이르렀다.

현장에 있던 사람들은 전원 헌병대로 연행되었다. 동료가 맞고 돌아왔으니 학생들 대하는 감정이 좋을 리 없다. 헌병대 내부에 살벌한 분위기가 흘렀다. 굳어진 얼굴로 조서를 꾸미는 헌병 앞에서 한 학생이 따지고 들었다.

"도대체 우리나라 어느 헌법에 헌병이 민간인을 조사하게 되어 있습니까?"

"그거야 뭐……"

당당한 태도에 헌병이 우물쭈물하기 시작했다. 상대가 서울대생이고 느닷없이 헌법 운운하는 바람에 대답이 궁색해진 것이다.

"먼저 주먹질을 한 건 술 취한 학생들이었습니다."

한쪽에선 생도가 맞았다고 펄펄 뛰는 상황.

시간은 꽤 늦은 저녁이었다. 헌병대 인솔 책임을 맡았던 김 총장은 되도록 빨리 사태를 수습해야 했기에 임기응변을 발휘했다.

"군인과 접촉하는 모든 민간인은 군형법 제273조에 의거한 조처를 받게 되어 있다네."

물론 군형법 제237조라는 게 있는지 없는지는 그로서도 알 턱이 없었다. 공대생이 법을 알면 얼마나 알까 싶어 대충 둘러댄 것인데 효과는 충분했다. 친구들을 대신해서 나섰던 학생은 순순하게 이를 받아들였다. 이렇게 해서 별 무리 없이 조서가 작성되었고 학생들은 그날 밤 훈방 조치되었다.

당시엔 이름도 몰랐지만 우렁우렁한 목소리로 항의하던 학생이 유독 김 전 총장의 기억에 남았다. 그 이름이 임길진이었다는 사실을 알게 된 건 한참 세월이 흐른 뒤였다.

임현진 교수의 소개로 프린스턴대학 교수로 재직 중인 임길진 박사를 처음 만난 김 전 총장은 미국과 한국에서 잦은 만남을 이어오는 동안 십년지기 이상의 우정을 쌓아갔다. 그러던 중 어느 날 술자리에서의 유쾌한 무용담을 통해 '군형법 제273조'를 꾸며내게 만든 당사자로부터 사건의 진짜 내막을 전해 듣게 되었다.

알고 보니 술김에 문제를 일으킨 친구들은 헌병대가 출동하자 재빨리 자리를 피했고, 연행된 학생들은 대부분 주변에 있다가 영문도 모른 채 끌려온 것이며, 임길진 학생은 이 불쌍한 친구들을 위해 자청해서 동행해왔다는 것이었다.

때론 고지식하리만치 정의로운 기질은 군 생활에서도 유감없이 진가를 나타냈다. 길진은 육군 공병 소위로 군 생활을 시작해서 소위로 제대했다. ROTC(학생군사교육단) 역사상 희귀한 전례를 남긴 배경에는 동료들에게 전설로 남은 두 번의 사건이 있다.

첫 번째 사건은 임길진 소위가 속한 소대가 청와대 지하대피시설 공사를 진행할 때 일이다. 공사를 맡은 업자들이 철근이나 시멘트를 빼돌려 잇속을 챙기려는 속셈으로 설계대로 작업을 진행하지 않았다.

"핵전쟁이 나도 무너지지 않는 방공호를 지을 겁니다. 설계대로 하세요."

새파란 소위가 빡빡하게 나오자 업자들은 상급자에게 달려가 그를 설득해주도록 모종의 청탁을 했다. 하지만 '좋게 좋게 해결하라'는 상급자의 지시도 임 소위 앞에선 씨알도 안 먹혔다. 그는 소대원들과 함께 땅을 파고, 콘크리트를 섞고, 질통을 져 나르면서 그야말로 'FM(Field Manual, 교본)'대로 공사를 관리 감독했다. 업자는 물론이고 상급자들도 혀를 내두를 만큼 공사는 완벽하게 마무리

되었으나 엉뚱한 곳에서 문제가 터졌다.

부대를 드나들던 주재기자는 시쳇말로 '기레기' 소리 듣기 딱 좋은 악질이었던 모양이다. 참호를 파는 데 돈이 많이 들어간다는 걸 아는 그가 부대장을 상대로 아니면 말고 식으로 꼬투리를 잡아 횡포를 부렸다. 부대장으로선 불미스러운 일로 언론에 거론되는 것 자체가 껄끄러워 전전긍긍할 수밖에 없는 상황.

이를 알고도 가만히 있을 임 소위가 아니었다. 결국 기자를 대차게 두들겨 패고 인사고과에 치명적인 오점을 남겼다.

얼마 후에는 또 다른 사건이 벌어졌다.

태릉 육군사관학교 근방에서 공병대가 공사를 할 때였다. 매일 5~6대의 트럭이 현장으로 시멘트를 실어 날랐다. 임 소위는 공사를 감독하던 중 이상한 점을 발견했다. 맨 뒤에 있는 트럭이 매번 같은 시간에 출발하고도 현장에는 제일 늦게 나타나는 것이었다. 뭔가 불순한 일이 벌어지고 있음을 직감한 그는 평소처럼 앞차를 타지 않고 마지막 트럭에 올랐다.

아니나 다를까.

초소 앞을 가로막고 나선 헌병이 버젓이 시멘트를 내놓으라고 했다. 현장을 지키라고 세운 헌병이 아예 시멘트 도둑으로 나선 꼴이다.

"그러고도 네가 군인이냐!"

분노한 임 소위의 응징이 가해졌다. 비리 기자 폭행에 도둑질한 헌병 폭행 사건까지 겹친 결과가 아시아에서 최고참 ROTC 소위로 불린 배경이다.

동기들이 진급하고 한참이 지나도록 그는 여전히 소위 계급장을 달고 있었다. 남달리 강한 의협심으로 인해 본의 아니게 불운을 겪었으나 동료들이 기억하는 그는 이론의 여지 없이 훌륭한 장교였다. 권오대 포항공대 교수와 양재현 건원건축 명예회장을 비롯한 동기들에 따르면 본인 스스로 소위 3호봉 제대를 나름 자랑스러워했다고도 한다.

그는 '일생을 통틀어 가장 중요하고 현명한 결정의 하나가 ROTC를 선택한 것이었다'고 서슴없이 말한다. ROTC 교육과정을 거치면서 자신의 능력을 계발하고 더한층 배가할 수 있었다는 것이다.

서울대학교 ROTC 동문회보에 실린 글이다. 부하 사병들에게 임길진 소위는 더없이 따뜻한 지휘관이었다. 소대장 당번병으로 군 생활을 시작한 정병섭 하사는 나이가 두세 살 아래인 임길진 소대장을 '마음 속 장군'으로 불렀다.

동계훈련에서 뵌 소대장님의 모습은 저희 소대원 모두를 깜짝 놀라게 했습니다. 못하는 스포츠가 거의 없었고, 총검술, 분대 전술, 태권도, 통솔력 등, 어느 것 하나 멋지지 않은 것이 없었기 때문입니다. 또, 이마가 보이지 않게 항시 모자를 눌러쓴 채 검은 안경에 지휘봉을 들고 계셨던 소대장님을 보고 있노라면 비록, 신참 소위 계급장이 모자 위에 달려 있기는 했어도 폼만큼은 영락없는 참모총장감이라는 생각이 들기에 충분했습니다. 그 때문에 소대장 당번병이었음에도 저의 마음은 늘 '장군 당번이다'라는 생각으로 성심을 다해 모셨던 것이지요.

정병섭 하사는 부대원 모두 소위 임길진의 인간성에 반하지 않은 사람이 없었다고 회고한다. 오랫 동안 외출이나 외박을 못 나간 소대원들은 자신의 외출 때 데리고 나가 잠시나마 바깥바람을 쐬게 해주었다. 월급날이면 종종 막걸리 파티를 열어주었다. 그러다 언제부턴가 '임길진 소위 월급날은 소대 회식 날'로 불리기도 했다.

"최선을 다해 올바른 사람이 되어라."

"무슨 일이든 자기 분야에서 일인자가 되어라."

제대 후 개인택시 사업자가 된 정병섭 하사에게 임길진 소대장의 조언은 일생의 좌우명이 되었다. 그러던 어느 날 미국 유명 대학의 교수로 신문에 오르내리는 임길진 박사의 귀국 소식을 들었다. 반갑고 자랑스러운 마음에 여전히 마음속 장군으로 남아 있는 그를 공항으로 마중 나갔다.

"잘했어, 정 사장! 잘했어!"

택시 기사가 되어 식솔들을 부양한다는 얘길 듣고 임 박사가 꺼낸 첫마디였다. 누구에게도 부끄럽지 않은 삶을 살아왔다고 자부하는 정 사장이었지만 이때만큼 자신이 자랑스럽게 느껴진 순간이 없었다. 이후로 그는 임 박사가 국내에 들를 때면 만사를 제쳐두고 운전기사로서 그를 수행했다. 하여 임 박사의 가족은 물론 웬만한 지인들도 그를 모르는 사람이 없다.

박사님은 남들처럼 절 그냥 택시 기사로 대하지 않으셨습니다. 쟁쟁한 학자들이 모인 리셉션에 데려가 절 소개하고 식사를 함께 하도록 배려해주셨죠. KDI 학장으로 오셨을 땐 아들의 안부를 물으시기에 취업 문제로 고민하고 있다고 말씀드렸더니 즉석에서 직장을 알선해주셨습니다. 그러고도 항상 저를 보면 애로사항 없냐고, 도와줄 테니 얘기하라고 하셨어요. 소대장님 덕분에 잘살고 있다고 하면 '그래, 그래. 고마워!' 좋아하시던 모습이 눈에 선합니다. 외국에 다녀오시면 집사람 선물까지 챙겨주시곤 했죠. 사람을 생각하는 마음결이 워낙 따뜻했던 분입니다.

경남 사천에 거주하는 정병섭 사장은 해마다 기일이면 정성껏 마련한 제사음식을 들고 천안 임 박사의 묘소를 찾곤 한다. 가족도 아닌데 그렇게까지 하는 까닭을 물었다.
"받은 사랑이 얼만데 이 정도도 안 하면 되겠습니까?"
아무래도 질문이 어리석었던 것 같다.

ROTC 동기 중에는 서울대 건축공학과 친구들이 여럿 있었다. 적어도 수십 번은 노고산집에 놀러 와 정복순 여사가 차려준 밥을 먹었던 친구들이다.
안동에서 4주간 하계 입영 훈련에 들어갔을 땐 주말마다 어머니들이 음식을 바리바리 싸 들고 면회를 왔다. 훈련 장소가 안동에서도 오지에 속한 곳이라 금요일 저녁 청량리에서 출발하는 야간열차를 타야 했다. 기차 타고 먼 길을 오가는 동안 어머니들끼리도 친분이 돈독해졌다.
자식들이 맺어준 만남은 근 30년을 이어갔다. 어머니들은 정기적인 만남을 이어가며 그 모임을 '안동계'라 했다. 아들들에겐 열 분의 어머니가 생긴 셈이다. 진영훈 서울대학교 동문은 모친상을 당했을 때를 떠올려 오래도록 가슴에 남은 이야기를 추모집에 적었다.

2001년 5월, 개발연구협의체 이사장직과 환경운동연합 공동대표까지 맡아 동분서주하고 있던 길진이가 매일 저녁 어머니의 빈소에 문상을 왔다. 4일장을 치르는 동안 허리가 불편했던 상주를 대신하여 빈소를 지키며 문상객을 안내하는 등 정중한 예의를 갖춰 나의 어머니를 모셔주었다.

밖에서는 설득력 있는 언변과 거침없는 행동으로 시대를 이끌어갔던 지성인이었지만, 그는 우정이 무엇인지를 다시 한번 일깨워 준 나의 진정한 친구이기도 했다.

진영훈 동문은 ROTC 장교 시절 임길진 소위가 주도한 수도권 동기생 모임의 일원이기도 하다. 유정열 서울대 기계공학부 교수에 따르면 작고한 이상곤, 김광희, 독고 원 등 동기생들이 주축을 이룬 모임에 주진윤, 장세창 등 민간인들도 함께 어울렸다.

만나면 주로 군 생활이나 세상 돌아가는 이야기를 나누다 때때로 시국 토론을 벌이기도 했다. 젊은 장교들이 시국을 논한다는 건 그 자체로도 위험한 일이었으나 길진은 주도적으로 토론을 이끌었다.

모임의 이름도 하필 수상쩍은 느낌을 주는 '산공회.'

학부 시절 결성한 '산업공학회'를 줄인 것이지만 엄혹한 시절엔 자칫 오해를 사기 쉬운 이름이었다. 길진은 금서로 분류된 마르크스의 『자본론』을 유정열 동문에게 권하곤 그를 모임의 서기로 지목하며 너스레를 떨었다고 한다.

"사회주의 국가에선 서기가 제일 중요하지 않겠어?"

유정열 교수가 추모집에 쓴 글에 따르면 몇 달의 토론을 통해 모두가 공감하게 된 명제는 결국 '교육'이었다. 우리 사회의 많은 문제를 해결해나가는 데 교육만큼 중요한 몫을 차지하는 게 없을 터였다. 장차 어떤 진로를 택하게 되든지 자기 자신과 이웃을 꾸준히 교육하자는 게 그날의 약속이었다.

길진이 전역한 이듬해 유신헌법이 선포되고 대한민국 국민은 대통령 직접선거권을 박탈당했다.

돌팔매와 최루탄이 교차되는 거리
학생들과 전경대가 교환하는 큰소리들
언젠가는 역사책 속에 몇 줄로 적혀질 엄청난 지금
머리가 깨어진 사람
돌을 나르는 여학생
버스 뒤에서 서성대며 밥을 먹는 데모 진압대
나는 마구 울었다

거리의 한 부대원
이쪽을 쳐다보며
동숭동 거리 한복판에서
돌팔매를 던지던 나의 모습
경찰에 쫓겨 논두렁에 엎어지던
나의 모습을 보며
또 언젠가 군복을 입고 경계태세를 전달하던
나의 모습을 보며
나는 마구 울었다

임길진 詩 <최루탄의 거리>

유학도 창피한데 뭐 하러 나랏돈을 써!

> 많은 사람들이 미국에 가게 된 사실만으로 도취되어 미국 예찬론자가 되거나 미국 지상주의에 빠져들곤 하는데 너는 자신의 좌표를 올바르게 설정해놓고 나아가고 있다. 또 우리나라가 잘되기를 바라는 마음까지 잃지 않고 있는 것이 대단히 믿음직스럽다. 너의 편지를 읽고 매우 기뻤다.

길진은 동기들보다 1년 늦게 미국 유학을 떠났다.

여기엔 그럴 만한 까닭이 있었다. 우선 그는 누구의 도움도 받기를 원치 않았다. 열심히 공부해서 로터리 장학금 수혜자가 되었으나 한 해를 기다려야만 나오는 장학금이었다.

장학금에만 의존해야 할 정도로 집안 사정이 나쁜 건 아니었다. 초임 판사로 임용된 맏형이 얼마간 학비를 지원해주겠다고 해도 막무가내였다. 오히려 유학도 창피한데 뭐 하러 나랏돈을 쓰느냐고 화를 냈다.

동생 임현진 교수는 가뜩이나 나라 경제가 어려운 판국에 한국에서 돈을 가지고 나가는 게 부담스러웠을 것이라고 짐작한다.

그런데 왜 유학을 창피하다고 했을까.

임 박사가 타계하기 전 개발연구협의체 스텝으로 마지막 3년을 보필한 김용을 극단 글로브극장 대표에 따르면 시대가 시대니만큼 어쩔 수 없는 부채 의식을 갖고 있었던 듯하다.

친구들은 데모하다 잡혀가고 퇴학당하는 마당에 훌쩍 미국으로 떠나는 게 미안했다는 얘길 취중에 몇 번 하셨어요. 두고두고 그 일이 마음에 걸리셨다고……

대학생들의 시위 현장마다 '양키 고 홈'을 외치는 구호가 심심찮게 등장하던 무렵이기도 했다. 먼저 유학을 떠난 유정열 서울대 기계항공공학부 교수는 한국에 있는 그에게 미국 생활에서 느낀 소회를 적어 보냈다.

요약하자면 미국이란 나라가 워낙 광활한 대륙이지만, 한국은 미국보다 오랜 역사와 문화가 있다. 어디에 있든 보편타당한 가치를 추구하며 합리적인 사고를 견지한다면 그들과 대등하게 어울려 살아갈 수 있을 것이니 굳이 미국을 부러워할 것도 없다고 생각한다는 내용이었다.

특별히 답장을 기대하고 쓴 편지가 아니었으나 얼마 후 다음과 같은 답장이 왔다.

많은 사람들이 미국에 가게 된 사실만으로 도취되어 미국 예찬론자가 되거나 미국 지상주의에 빠져들곤 하는데 너는 자신의 좌표를 올바르게 설정해놓고 나아가고 있다. 또 우리나라가 잘되기를 바라는 마음까지 잃지 않고 있는 것이 대단히 믿음직스럽다. 너의 편지를 읽고 매우 기뻤다.

유학을 앞둔 길진에게 미국은 극복의 대상인 동시에 배움의 대상으로 매우 복합적인 의미를 지녔던 듯하다.

외국에 나가 살면 개척자 정신이 있어야 된다. 치사하게 다 만들어놓은 것에 편승하진 않을 거다.

미국 땅에 첫발을 딛기 전 동생 현진에게 했던 말에는 나름의 결기가 내비친다. 1973년 여름, 길진은 시장에서 파는 같은 상표의 검정나일론 양말 30켤레를 가방에 넣고 미국행 비행기에 올랐다. 양말을 짝 맞춰서 갈아 신는 시간을 아껴 학업에 정진하기 위해서다.
그는 최대한 빨리 미국 생활에 적응함으로써 스스로 자신의 길을 개척했다. 하버드대학 도시계획학과에 진학하면서 미화 3천 불의 '옌칭 장학금'을 받기로 되어 있었으나 보스턴에 도착한 즉시 아르바이트를 시작했다.
대륙횡단 트레일러로 뉴욕과 샌프란시스코를 오가는 1,000달러짜리 아르바이트.
가는 데 1주일, 돌아오는 데 1주일 걸리는 거리를 3일 만에 가고 3일 만에 돌아왔다. 남들처럼 쉬고 자면서 길거리에 시간을 쏟아붓고 싶지 않아서다. 운동으로 다져진 체력이 시간을 아끼는 데 큰 몫을 했다.
길진은 미국에서 생활하면서 절대 돈을 허투루 쓰는 법이 없었다. 하버드 유학생들은 임대료가 매우 저렴한 어빙 스트리트에 모

여 살았다. 워낙 허름하고 낡은 집이라 청소를 해도 티가 안 났다. 유학생들은 공부하느라 바쁘기도 해서 어지러운 채로 그냥 살았으나 길진의 방만은 예외였다. 바닥을 드러내고 헌 가구들을 고쳐 집을 새집처럼 꾸몄다. 커튼이나 식탁보, 의자 덮개 따위 소품은 직접 재봉질해서 만들었다. 손재주가 좋은데다 미적 감각이 탁월한 덕에 실내는 쾌적하고 안정적인 분위기를 자아냈다.

주말이면 유학생 동료와 후배들을 집으로 불러 직접 만든 요리로 파티를 열었다. 그러나 이것은 한참 시간이 지난 후의 일인 것 같다. 우선은 언어장벽부터 무너뜨리는 게 급선무였을 테니.

외화를 낭비하면 안 된다는 철칙은 학생 신분을 벗어나 경제적으로 여유가 있어도 달라지지 않았다. 이에 대해 경기고와 서울대 동문인 이상렬 메트로프로덕트 대표가 기억하는 일화가 있다.

다 정리된 내복을 꺼낼 때가 이 친구의 소확행이었죠. 하루는 자동차를 두고 가면서 냉장고에 메시지를 붙여 놓았더군요. '엑셀이 반 토막 나 있으니 발을 끝까지 넣어서 밟아라.' 고장 난 차를 카센터에 맡기지 않고 있는 그대로 쓰고 있던 겁니다.

뉴헤이븐의 설계사무소에서 일하던 건축가 방한영은 짬을 내서 친구 동생 길진을 보러 보스턴에 갔다가 깜짝 놀랐다. 저녁 식사를 함께하기로 한 장소에 친구들을 줄줄이 데리고 나타난 것이었다. 미국에 온 지 채 몇 개월 되지 않아서 그는 이미 하버드 유학생들의 리더가 되어 있었다.

미국에 왔으면 김치된장 타령 집어치우고 햄버거 먹고 영어로 말하라

길진이 하버드에서 도시계획학 석사과정을 밟을 당시는 미국인들은 한국인을 만나도 그저 중국인 아니면 일본인이려니 할 때였다. 이름도 낯선 동양의 작은 나라에서 온 유색인종이 백인들 틈바구니에서 실력을 인정받으려면 치열한 노력이 필요했다.

미국에서 한 번이라도 그의 집에 초대받았던 이들이 한결같이 하는 말이 요리 솜씨에 관한 이야기다. 길진은 요리에 일가견이 있는 주부라 해도 감탄사가 절로 나올 만큼 햄버거에서 빈대떡까지 뭐든 잘 만들어냈다. 원래 음식 만드는 것을 좋아한 그가 주변에서 보고 듣고 배운 덕분이기도 하지만, 여기엔 미국문화에 적응해가는 과정에서 터득한 철학이 녹아들어 있었다.

음식을 함께 즐기다 보면 서로 다른 민족성을 이해하고, 나아가 다양한 채널의 교류와 외교의 물꼬가 트일 수 있습니다. 인간관계를 돈독히 하는 데는 함께 밥을 먹는 것만큼 좋은 방법도 없거든요.

외국에 나가 살면서도 '김치를 매일 먹지 않으면 속이 느글거린다'며 이런 것을 무슨 애국인 양 착각하는 소아병적인 태도는 버려야 합니다. 우리가 세계무대에서 우리 민족을 위해서도 좋은 일을 하고 인류에도 공헌하려면 무엇보다 어느 나라에 떨어뜨려 놓아도 그 나라 사람들의 음식을 먹성 좋게 먹으면서 속 편하게 살 수 있는 위장부터 길러야 될 겁니다.

이윤기 작가와의 대담 중에 나온 경험담이다.

길진은 대학 교양영어 시험에서 D학점을 받았다. 이후로도 영어와는 담을 쌓고 지냈기 때문에 유학을 결심했을 땐 '영어 머리'가 텅 빈 거나 다름없었다. 그 상태로 토플시험을 3개월 남겨두고 독학으로 영어를 익혔다. 하루 16시간씩 매일 단어장과 문법책, 영어 교과서를 통째로 달달 외웠다. 그리하여 토플 점수 601점을 받고 유학길에 올랐다. 점수가 600점만 돼도 대단하게 치던 시절이었다.

유학 생활 초기에는 주로 미국인이 운영하는 식당만 찾아다녔다. 어설프게나마 미국인들과 직접 대화를 시도하기 위해서다. 식당 주인이나 종업원들과의 대화를 통해 익힌 생활영어가 입에 붙기 시작하면서 자신감이 생겼다. 이렇게 해서 나온 이야기가 '미국에 왔으면 김치 된장 타령 집어치우고 햄버거 먹고 영어로 말하라'는 것이었다.

아직 영어에 자신이 없는 유학생 후배들은 끼리끼리 몰려다녔다. 밥을 먹어도 한국식당만 찾아다녔다.

"맨날 한국식당 가고 한국말만 하다가 언제 영어를 배울래?"

선배 임길진의 쓴소리였다.

"한국 사람이 된장찌개나 김치를 찾는 건 당연하지 않습니까?"

간혹 반발심을 드러내는 후배들에겐 찬바람이 쌩쌩 돌도록 사정없이 몰아쳤다.

"한심한 친구야. 자넨 애국자가 아니라 우물 안 올챙이로군. 우물 안 개구리는 뛰어 볼 준비라도 돼 있지, 올챙이는 아직 자라지도 않았으니 우물에서 뛰어오르기는 글렀단 얘기야."

여기서 끝이 아니었다.

구법모 글로벌플레이웰 대표가 재미있는 일화를 소개했다. 김치 된장 타령하다 무안을 당해 얼굴이 붉어진 후배들에게 그가 늘 묻는 말이 있었다.

"미국 거지는 어떻게 먹고사는지 알아?"

"??"

"걔들은 구걸도 영어로 하거든."

듣고 보니 명언이라 누구라도 웃지 않고는 못 배겼다고 한다.

거침없는 입담과 활달한 성격의 길진은 단박에 주변 사람들을 빨아들였다. 외국인 학생들도 그를 많이 따랐다. 대학 주변 호숫가에서 유교나 노장사상 혹은 불교에 대해 열변을 토할 때면 영락없는 동양철학자의 풍모가 우러났다. 종종 미국 여학생들이 손금을 봐 달라고 다가와 호감을 나타내곤 했다.

하버드대학에는 그가 운영하는 태권도 클럽이 있었다. 나중엔 퉁소도 가르쳤다. 외국인 학생들이 주요 고객이었다. 이렇게 번 돈은 형편이 어려운 후배들을 위해 쓰였다.

길진은 과외활동이든 학업이든 사교든 모든 일을 즐기면서 했다. 수업 시간엔 질문을 제일 많이 하는 학생으로도 유명했다. 그날 배워야 할 내용을 완벽하게 숙지하고 강의실에 들어갔기 때문이다. 수업 진도를 따라가지 못해 애를 먹는 학우들을 위해 직접 정리한 학습 요령을 공유하기도 했다.

학습의 7가지 단계

1단계: 수업 전에 배부된 모든 선결 독서 자료를 읽는다.
2단계: 한 번 더 읽고 공부한 내용을 필기한다.
3단계: 수업에 들어가면 자세한 강의 필기를 한다.
4단계: 수업이 끝난 후 선결 독서 자료와 강의 필기, 독서 필기를 비교하고 종합한다.
5단계: 미리 질문할 것을 만들어, 토론 섹션으로 들어가 질문한다. 토론 코너가 없으면 조교나 교수에게 찾아간다.
6단계: 모든 내용을 퀴즈 또는 시험 전에 최소 3회 이상 복습한다.
7단계: 시험을 보고 A를 받는다.

도시계획뿐 아니라 사회학, 경제학, 교육학, 심리학 등 공공의 행복을 추구하는 모든 학문 분야가 그의 관심사였다. 배우고 익히고 소통하느라 하루 2~3시간 자는 게 일상이 되었으나 학교생활은 언제나 활기가 넘쳤다.

당시 하버드대학과 MIT 공과대학은 협정을 맺어 학생들이 원하면 수강 신청을 할 수 있었다. 길진은 룸메이트 송휘국, 그보다 먼저 MIT 유학생으로 와 있던 오병호 KDI 국제정책대학원 교수와 함께 MIT 공과대학의 세계적인 건축가 존 터너(John D. Turner) 교수의 강의를 듣는 행운을 누렸다.

학업에 대한 길진의 남다른 열정은 다른 유학생들에게도 깊은 인상을 심어주었다. 아래는 오병호 교수가 추모집에 쓴 글이다.

그와 함께 수강했던 과목을 준비할 때, 평사(平士: 임길진의 별호)는 우리가 생각지도 않았던 것들을 챙겼다. 담당 교수의 인적 사항부터 시작해서 강의 스타일, 과제물의 의도 등, 세심한 부분까지도 항상 주지하며 강의와 과제물 준비를 함께 했다. MIT의 학생회관, 도서실, 그의 숙소, 하버드 대학 부근의 카페 등 장소를 가리지 않고 우리는 공부를 했다. 예습은 물론이고, 강의 후의 요약까지 그와 함께하며 과제물을 준비하기도 했다. 그러면서 알게 된 그의 섬세함과 완벽주의의 영향으로 나의 공부 방법에도 많은 변화가 생기기 시작했다.

그가 언제부터 '평사'라는 호를 쓰기 시작했는지는 명확하지 않다. 다만 생전에 절친했던 이윤기 작가와 고은 시인의 회고를 통해 그 의미를 짐작할 뿐이다.

평사는 임길진 박사의 아호(雅號)다.
임 박사는 두 개의 아호를 번갈아 썼다. 그러다 1993년 미국에 오신 고은 시인께, 어느 것이 좋으냐고 물었다. 내가 그 자리에 있었다. 고은 시인이 추인하신 뒤로 '평사'를 즐겨 썼다. '범용한 선비'라는 뜻이다.

평사(平士)는 김구 주석의 백범(白凡)만큼은 아니지만 자신을 잘 낮추어 지은 이름이다. 결코 높은 선비가 아니라 보통 사람으로서의 선비, 그것이면 된다는 뜻이 거기에 담겨 있다.
"자네가 지었나. 누가 지어주었나?" 하고 내가 물었다.

그는 빙그레 웃음 끝에 '자작'이라 했다.
내가 멋지다고 말했다.

위는 이윤기 작가가 자신의 저서 『시간의 흐름』에 쓴 글이고, 아래는 추모집에 고은 시인이 쓴 글이다. 임현진 교수에 따르면 두 개의 아호 가운데 하나는 작고한 대상문화재단 임병운 상임이사가 지어준 '취람(翠嵐)이다. 같은 책에서 임병운 상임이사는 그 뜻을 이렇게 설명하고 있다.

임 박사는 행동하는 석학이었지만, 그 품성은 도리어 시인으로서의 단아함에 사색을 즐겨하는 고요한 내면의 소유자이기도 했다. 이는 산, 바람, 아지랑이(嵐)가 휘몰아치듯 강한 바람은 아닐지언정, 만물을 생육하고 꽃씨를 순환시키는 데에는 충분했음과 상통한다 할 수 있겠다.
색깔 없는 람(嵐)이 마치 마술을 부리듯 지나간 자리를 비취(翠)빛으로 물들게 함으로써 세상을 아름답게 변화시킴과 조금도 다르지 않았던 것이다.

홀로 고고하지도, 턱없이 격을 낮추지도 않은 가장 보통의 자리를 의미하는 평사.
강하게 휘몰아치는 바람은 아니라도 지나간 자리마다 세상을 아름답게 변화시킨 행동하는 지식인의 표본으로서의 취람.
그가 살아온 인생에 비춰보건대 두 개의 호를 번갈아 쓸 만한 이유 또한 지극히 타당하다 할 것이다.

누군가는 미래를 계획해야 한다

우리는 비록 물질적인 후진성을 지니고 있지만, 훌륭한 환경과 풍요를 동시에 성취시킬 수 있는 정신적 바탕이 있다는 점에서 선진세계보다 유리한 입장에 있다. 오늘날 한국이 물질적 결핍에 시달리긴 해도 더 나은 미래에 대한 신념을 가질 수 있는 근거도 이런 관점에서 발견된다. 문제는 우리가 우리 나름의 정신적 바탕에 얼마나 튼튼히 뿌리박는가에 있다.

그와 함께한 시간은 단 한 순간도 '낭비'라는 생각이 들지 않았다.

친한 사람에게는 엄청난 숙제를 내주기도 하였다. 잔소리와 중간 점검까지 했기에 가끔은 너무 좀스럽다고 느낄 정도였다. 본인의 발표는 늘 수십 번의 수정과 토씨까지도 다시 써서 읽고 고치는 치밀한 준비가 몸에 밴 평사였다. 설렁설렁 건수 채우기로 대충 해치우는 실적 위주의 적당주의는 늘 그의 잔소리 대상이었다.

그는 시간의 변화 속에서 세계와 우리들의 운명적인 상황을 파악했으며, 앞으로 우리가 나아갈 진로를 제시해주는 계획가였다. 지구 어디서라도 협상할 수 있는 전략과 리더십을 겸비한 세계인이었고, 어려운 학생들에게 주머니를 털어 돕지 않고는 못 배기던 휴머니스트였다.

오병호 교수가 보스턴 시절을 회고하며 추모집에 쓴 글이다. 길진이 하버드에 재학 중인 이즈음 국내에선 박정희 대통령이 연두 기자회견을 통해 '중화학공업 선언'을 발표했다.

철강, 조선, 기계, 전자화학 등의 전략업종을 집중육성하고 동·서·남해안 지방에 국제 규모의 대단위 공업단지를 조성한다는 것이 중화학공업 선언의 핵심이다.

"이것은 드디어 한국이 공업 국가가 되었다는 상징이다."

공장에서 뿜어내는 검은 연기를 보고 박정희 대통령이 했다는 말은 한국의 눈부신 경제발전을 예고하는 것이었으나, 이는 곧 생태계의 파괴를 의미하는 것이기도 했다.

하버드에서 도시계획을 공부하는 동안 길진은 환경의 위기에 대한 일차적인 책임을 기계문명에 돌리는 다양한 이론을 접했다. 미국에 석유파동이 닥치자 그 즉시 환경오염 기준치를 높이라는 주장이 제기되는 상황이었다.

선진국에서조차 재화의 결핍을 겪는 현실은 길진에게 또 다른 성찰을 주었다. 이는 인간 욕구의 무한정성을 인정하는 경제학의 기본 가정이 수정되지 않는 한 인류의 자멸은 불가피함을 역설하는 방증이기도 했다.

길진의 고뇌는 다시 기술관료체제를 향한 성찰로 이어졌다

그러면 우리는 체제를 비난해야 하는가?

오늘날의 사회체제를 구성하고 있는 실제적 조직들은 비난받을 많은 여지를 지니고 있다. 대기업에 의해 자행되는 환경오염은 하등의 사회적 비용지불 없이 이룩되어 왔다. 정부 조직은 환경문제에 대한 적극적 개입을 여러 가지 이유에서 두려워하기 십상이다. 예를 들면 GNP의 감소, 경제적 위축 등에 공포가 있는 것이다.

사회조직이라는 거대한 체계를 구성하는 대중들도 체제의 일부로서 비난될 수 있다. 체제 내에 안정된 위치를 점하고 있는 이들은 결코 체제의 변혁을 원하지 않는다. 그들은 더 높은 환경의 질을 요구하면서도 체제의 변혁에 관한 의사결정에는 당연히 소극적이다.

모교 신문에 필명으로 기고한 칼럼은 환경에 대한 개개인의 인식이 전체적인 사회적 결정에 영향을 미친다는 문제의식으로부터 출발한다. 그 당시 우리 정부는 수출에 지장을 준다는 이유로 환경오염 수치를 발표하는 것조차 금기시하는 상황이었다. 확실히 민감한 주제임에도 불구하고 칼럼의 논조는 명확하다.

후진국의 과학기술이 당면한 큰 고뇌의 하나는 자신의 문제해결을 위한 고유한 기술개발이다. 이것은 서양적인 전통적 기술공학의 접근방법을 어떻게 재조명하느냐에 직결된다. 자신에게 알맞은 기술적 접근방법이 없이는 '오염된 후진국'이라는 미래를 피할 길이 거의 없다. 이런 관점에서 한국 과학기술의 지나친 해외의존도와 사대성이 비판되는 것이며, 환경문제 해결을 위한 기본적 책임 의식의 행태도 문제되는 것이라 하겠다.

칼럼의 의도가 단지 비판만을 위한 것이 아니었다. 길진은 한국이 당면한 환경문제에 대한 대안을 찾고자 종교와 철학적 관념에 따른 동·서양의 자연관을 비교 분석했다. 그리하여 본래 인간과 자연의 조화로운 상생을 꾀해온 동양사상이 자연을 정복의 대상으로만 인식한 서양 문물을 무비판적으로 수용한 결과 점진적인 붕괴를 초래했음을 간파한 그는 하나의 의문과 맞닥뜨렸다.

'동양 세계가 전통적 가치관을 다시 재현할 기회는 없는가?'

이 대목에서 '서양 문명의 발전 과정에서 빚어진 문제의 해결점을 동양정신에서 찾아보려는 것은 확실히 얄궂은 일'이라는 다소 시니컬한 수사가 등장한다. 요컨대 서양은 동양이 가진 정신적 바탕이 없기 때문에 새로운 철학을 모색하기 어렵고, 동양은 물질적 낙후성에 매몰되어 환경문제 해결을 위한 투자에 소극적일 수밖에 없다는 것이다. 아울러 이러한 현실을 통해 그는 후진 세계의 과학기술이 지닌 근본적인 문제점을 발견했고 물질적 풍요를 누리면서 오염된 후진국의 멍에를 벗어날 길은 없는 것인지를 고민했다.

고국이 부강한 미래를 꿈꾸고 있을 때 생존을 위한 미래를 탐색한 그는 마침내 동양의 자연관에서 희망을 찾았다.

우리는 비록 물질적인 후진성을 지니고 있지만, 훌륭한 환경과 풍요를 동시에 성취시킬 수 있는 정신적 바탕이 있다는 점에서 선진세계보다 유리한 입장에 있다. 오늘날 한국이 물질적 결핍에 시달리긴 해도 더 나은 미래에 대한 신념을 가질 수 있는 근

거도 이런 관점에서 발견된다. 문제는 우리가 우리 나름의 정신적 바탕에 얼마나 튼튼히 뿌리박는가에 있다.

칼럼의 진짜 의도가 담긴 마지막 문단이다.
어지러운 시대의 한복판에서 누군가는 절망을 이야기하고 누군가는 분노를 표출했다. 또 누군가는 미래를 계획해야만 했다. 길진은 그것이 계획가의 몫이라고 판단했다. 이러한 통찰은 훗날 그의 사상적, 철학적 배경을 이룬 '인간적 세계화(Humanistic Globalization)'로 이어졌다.

북은 혼자서 울리는 법이 없다

이상렬 (메트로프로덕트 대표)

그는 격려의 대가였다.

서울공대 입학 후 첫 불암제를 마치고 임길진이 나에게 역도반 가입을 권했다. 그때 학교 정문 앞 중국집 2층은 같이 식사하던 동기들의 웃음소리로 떠나갈 듯했다. 달리기를 해도 항상 맨 끝으로 들어왔던 나는 허약체질이었고, 중키에 체격도 왜소했다. 임길진과 같이 걸어가면 다들 아저씨와 조카로 보인다고 놀림을 받던 처지이기도 했다. 동기들의 조소는 어쩌면 당연한 것일지도 모르겠다.

다음날부터 임길진이 지켜보는 가운데 나는 열심히 운동을 했다. 그렇게 어색한 몇 주를 꾹 참고 견딘 덕분에 지금도 아침마다 덤벨을 만진다.

그는 한 달란트를 손에 쥐면 끝까지 버리지 않았다.

대학 3학년 시절, 학생회의 요청으로 서울공대 최초로 연극반을 창설하게 된다. 우리는 2학기의 상당 기간을 기숙사 2층에서 숙식을 하며 고행 속의 낭만을 찾아갔다. 그때도 임길진은 30여 명분의 라면을 끓여주며 옆에서 격려를 해주었다.

스태프로서의 그의 역할을 지금도 기억 속에서 아련하다. 나태할 수밖에 없는 대학생 연예활동반의 엄격한 규율 유지는 그의 몫이었고 우리는 그 덕에 한시름 놓을 수 있었다.

그때도 그는 매사에 진실했고 항상 진지했다. 공연이 끝난 후,

그는 대학신문에 우리들의 첫 공연에 관한 관극평을 썼다. 연극 이론으로부터 출발하여 우리가 공연한 미국 코미디의 패턴까지를 매우 세세하게 비교분석한 내용이었는데, 그 문장들 또한 탁월한 감각으로 가득 차 있었던 것으로 기억난다.

논평의 일부는 매우 난해하여, 작품의 총감독을 맡았던 나조차도 그를 따로 만나 해설을 들어야만 했다. 그의 연극평론은 이것이 첫 작품이었다. 1967년의 일이다.

당시 이 글을 읽은 김의경 실험극장 대표는 공연작품의 수준보다 공대생이 쓴 높은 수준의 평론에 대하여 극찬을 해주었다. 그날 이후 이 건축학도는 글을 자주 썼다. 독후감, 수필, 시, 동시, 낙서 등 시간만 나면 펜을 들었다. 기숙사 다방에서도 글을 썼다. 30년이 지난 다음 내가 제작한 뮤지컬 '명성황후'의 관람평을 조선일보에 게재했을 때도 많은 사람들이 그 글을 읽고 감탄을 했다.

그는 항상 남을 두드렸다.

그가 젊은 나이에, 그것도 외국인으로는 처음으로 미시간주립대학의 학장이 되었을 때 축하해주려고 찾아간 적이 있었다. 그는 나에게 '글로벌어페어 리더' 타이틀을 주면서 스피커를 통해 교수 오찬에 초대해 주었다.

그 기회는 내가 지금까지 받은 영광스러운 순간들 중에서 가장 으뜸이 되어 버렸다. 더욱이, 영어 발음도 좋지 않았던 내가 길지도 않은 연설을 버벅대며 끝냈을 때에는 다시 '엔지니어 출신의 비즈니스맨'이라고 추가로 나를 소개해주기도 했다. 빠져나간 자신감을 내 마음속에 다시 넣어준 것이다.

내가 평생직장으로 다니다 대표이사까지 된 회사가 적대적 M&A로 자멸의 길을 걷게 되었을 때에도 그는 내 옆에 있었다. 당시 석좌교수였던 그는 잠시 시간을 내서 서울로 돌아왔고, 법적 대응에 관한 조언과 근원적 해결을 위한 중재에 발 벗고 나서는 등 나의 힘이 되어 주었다. 좌우에서 이래야 한다, 저래야 한다, 많은 사람이 도움말을 주었지만 내 귀에는 잘 들어오지 않던 때이기도 했다.

한번은 주변의 충고들을 내가 잘 들으려고 하지 않자, 그 참을성 많던 사나이는 다음과 같은 한마디를 던지고 자리에서 일어났다.
"너의 지식이 충분하지 않다면 남에게서 배우렴!"

차입금을 동원한 3개월간의 격한 싸움 끝에 그 M&A 방어전략은 일단 성공을 하였으나, 결국은 일년도 안 돼 IMF 경제위기가 오는 바람에 방어한 자나 공격한 자나 모두 도산하고 말았다.

그 이후, 막대한 채무보증 등으로 인하여 나는 매우 어려운 처지에 놓이게 되었다. 고민하던 나에게 그는 자주 전화를 걸어주었다. 그리고 항상 강조하던 말은 "너, 교회 열심히 나간다며? 좋아! 이젠 기쁘게 살고 그 누구도 증오하지 마라"였다. 지금도 나는 '이 순간 숨 쉬며 살아 있음'부터 하나님께 감사하며 살아가고 있다.

옛말로 비유한다면 나는 북이다.
북은 혼자서 울리는 법이 없다.
두드려야 운다.
두드리지 않으면 1년 내내 울지 않고 지낸다.
옛날엔 임길진이가 두드리면 내가 울었다.
그가 세상을 떠난 뒤 나는 울지 않은 지 오래되었고,
그저 이처럼 옛일만 더듬고 있다.

제 2 부

멘토들의 멘토

부친의 편지

'당분간 귀국하지 말라'는 당부는 두 번째 편지에도 있었다. 그때만 해도 길진은 절제된 표현에 담긴 부친의 속내를 짐작조차 하지 못했다. 단지 공부를 계속하라는 뜻으로만 알아들었던 그가 내막을 알게 된 건 훗날의 일이었다.

1975년 6월 하버드대학에서 도시계획학 석사 학위를 취득한 길진은 같은 해 9월 프린스턴대학 계획학 박사과정으로 옮겼다. 하버드대학에 도시계획학 박사과정이 신설된 것은 그 이듬해의 일이다.

호방하고 사교적인 성격은 길진의 강점이자 장점이었다. 프린스턴대학의 국제페스티벌(International Festival)은 종종 브로드웨이 무대에 올라갈 만큼 인기 있는 축제로 통한다. 길진은 이 행사에서 태권도를 시연하여 외국 관객들의 박수갈채를 받았다.

이준구 서울대학교 경제학부 교수의 표현을 빌리자면 '임길진 류 보스 기질'은 이곳에서도 수많은 추종자를 양산해 냈다. 아래는 그가 추모집에 쓴 글이다.

날렵한 몸동작으로 이리 치고 저리 치는 모습은 가히 이소룡을 연상케 하는 멋진 폼이었다. 송판을 노려보는 그 매서운 눈빛은 보는 사람들의 가슴을 설레게 만들었다. 부서진 송판 위에 형의 사인을 받으려고 몰려드는 미국 어린이들 눈에는 마치 무예의 신이 강림한 것처럼 비쳤을지도 모른다.

내가 옆에서 지켜본 바로는 미국 학생들이 형에게 무엇을 해달라고 부탁하는 경우가 많았다. 그때마다 서슴없이 형 입에서 나오는 "No problem!"이란 말 한마디는 엄청난 카리스마를 발산했다.

교수들 사이에서도 그는 명물로 통했다. 어떤 교수는 덕담 아닌 덕담을 건네기도 했다.

"Gill Lim은 학자로 성공하는 것보다 헐리우드로 진출하는 게 더 빠를 거다. 원한다면 내가 아는 감독을 소개해줄 수도 있다."

그가 카네기멜론재단 장학금을 받게 되었을 땐 몇몇 미국인 친구들이 미심쩍은 눈길을 보냈다.

"대체 언제 공부를 한 거야?"

놀 땐 열심히 놀고 공부할 땐 먹고 자는 것도 잊은 채 치열하게 파고드는 길진을 몰라서 하는 얘기다.

프린스턴대학에는 체스터 랩킨(Chester Rapkin) 교수가 있었다. 현대 도시계획의 거장으로 불리는 랩킨 교수는 1960년대 초 철거 위기에 몰린 뉴욕 소호 공장 거리를 세계에서 가장 독특한 쇼핑가로 변모시킨 장본인이다. 이후 미국 도시계획의 주류는 시장 일변도의 관점에서 본디 그 장소에서 살아온 주민들의 관점으로 획기적인 패러다임의 전환을 이루었다. 길진은 그런 랩킨 교수가 가장 아끼고 신뢰하는 제자였다.

그즈음 희관 선생으로부터 연속해서 두 통의 편지가 날아들었다.

> 너의 인사(人事) 문제는 네게 전적으로 달려 있다는 지난번 편지의 뜻을 잘 이해하고 있을 것으로 믿는다. 조금도 초조하게 생각할 필요는 없다. 또 그래서는 아니 될 것이다. 아무도 너의 판단을 억제하거나 구속할 사람은 없다. 시야를 넓게 크게 보고 소신껏 첫걸음을 내딛길 바란다. 당분간은 귀국할 생각 말고 큰물에서 실력을 쌓도록 하여라.

'당분간 귀국하지 말라'는 당부는 두 번째 편지에도 있었다. 그때만 해도 길진은 절제된 표현에 담긴 부친의 속내를 짐작조차 하지 못했다. 단지 공부를 계속하라는 뜻으로만 알아들었던 그가 내막을 알게 된 건 훗날의 일이었다.

유신체제를 반대하는 학생시위가 전국적으로 확산할 무렵, 노고산 집 주변에 매일 수상한 사람들이 서성거렸다. 얼핏 보면 정보부 요원들 같기도 하고 사복경찰 같기도 했다.

시절이 하 수상하니 부모로서 불안하지 않을 수 없었다. 처음엔 혹여 미국에 있는 아들이 무슨 사고라도 친 건가 싶었다. 그러던 어느 날 청와대에서 사람이 찾아왔다. 김기춘 법률비서관(박근혜 정부 대통령비서실장)이었다.

알고 보니 박정희 대통령 큰 사윗감 후보 명단에 임길진 박사의 이름이 올라 있었던 것.

玄鎭에게 다시 쓰는 글.

계속 보내고 있는 「大學新聞」 잘 받고 있는지? 너의 人事問題는 내게 全的으로 맡겨 있다고 지난번 내 便紙의 뜻을 잘 理解하고 있을 것으로 믿는다. 그리 너의 意思의 一端 ─ 國際進出 ─ 이 回信되어 적으이 마음든은 하였다. 조금도 燥조하게 생각할 必要는 없다.

또 그래서는 아니 할 것이다. 視野를 크게 넓게 내다보고 判斷해야 하느니라. 아모도 너의 判斷을 억제하거나 구속할 사람은 없다. 始終껏 첫거름을 내딛기 祝頼한다.

健康은 最高·最大의 財産이요 寶物이다. 항상 몸과 마음의 健康을 쌓아에 노력하다. 玄鑑가 누아짐에 되도록 자조 連絡하되, 특별이 玄金鎭에게는 恕때에 한 指導를 해주어라.

이만 주린다.

희관 선생이 궁여지책으로 내린 결정이 아들의 귀국을 최대한 늦추는 것이었다.

이런 사실을 까맣게 모른 채 부친의 말대로 학업에만 전념한 길진은 1978년 8월, 계획학 박사학위 수여식에서 체스터 랩킨 교수로부터 이제껏 그 누구도 들어보지 못한 극찬을 들었다.

지난 35년간 내 손으로 학위를 수여한 90명의 제자 가운데 Gill Lim이 단연 탑이다.

랩킨 교수의 절대적인 신임은 이후로도 줄곧 변함이 없었다. 그는 미국이든 어디든 임 박사가 주관하는 행사마다 나타나서 사제 간의 돈독한 유대관계를 과시하곤 했다.

같은 해 9월 임 박사는 노스웨스턴대학교 공과대학 조교수로 부임하고 그로부터 4개월 후인 1979년 1월 희관 선생이 영면에 들었다.

향년 63세, 이제 막 만리타국에서 자리 잡은 자식의 앞날에 누가 될까 염려한 부친의 유언과도 같은 엄명으로 가족들은 그에게 연락조차 하지 못했다. 친구들도 이 사실을 알지 못했다. 임 박사가 부친의 비보를 접한 건 장례가 끝나고 한참 지난 후였다.

자식 된 도리로 임종을 지키지 못한 심정이 오죽했으랴.

잠이 오지 않는 밤엔
시를 한 수 읽어본다
만해도 좋고, 이백도 좋고
와일드, 워드워스, 네루다

그래도 새벽잠이 멀리 있을 땐
하늘 보며 나의 시 한 수 짓는다
밤이 길어지면 새벽이 되고
새벽이 더 밝으면 대낮이 오니
아
밤이 곧 낮이며 낮이 곧 밤인 것을

잠이 몹시 다가와 나를 부르면
눕는 곳이 나의 집
사는 곳이 내 고향
밤 같은 새벽을 잔다

임길진 詩 <밤과 새벽과 낮>

프린스턴대학에서 가장 인기 있는 교수

그분의 학문적 업적, 비전과 리더십이 훌륭하다는 것은 세월이 지남에 따라 보다 확실히 확인하게 되었다. 그러나 무엇보다도 그분의 인간성을 믿고, 멘토로 삼으며, 내가 가진 문제들을 솔직하게 의논할 수 있었던 것은 거의 30여 년 전, 알지 못하던 한 후배 한국 유학생에게 베풀어주신 남다른 친절에 대한 감동 때문이었다.

1980년 9월에 다시 프린스턴으로 돌아온 임길진 박사는 약 5년간 우드로 윌슨 공공정책 및 국제관계 대학원(Woodrow Wilson School of Public and International Affairs) 외교행정대 조교수 겸 행정-계획학 석사과정 주임교수로 재직했다.

건원건축 양재현 명예회장은 프린스턴에서 단기 유학하고 돌아와 국내 신도시 설계 및 도시재생 분야의 중견기업 창업주가 되었다. 그는 학창 시절 미래담론을 나눈 유일한 친구이자 멘토로 임 박사를 떠올렸다.

길진은 학문으로 글로벌한 문명을 연구했고 나는 도시건축에 관심이 많았어요. 우리는 스피릿(spirit), 혼을 중시했습니다.

하는 일은 달라도 범인류적, 미래지향적이라는 점에서 서로 통했던 것 같아요. 만약 누군가 양 회장은 임길진의 30% 정도라고 한다면 나는 '내가 길진이의 30%나 된다고?' 하면서 기뻐할 것입니다. 그만큼 대단한 친구였습니다.

그는 자신이 프린스턴대학원에서 미국주택도시계획을 공부하게 된 데는 임 박사의 추천서가 지대한 영향을 미쳤을 거라 확신한다.
－He has my strongest support (그는 나의 강력한 지지를 받고 있다)－
짧고 임팩트 있는 추천서 문장이 그에겐 인생의 한마디로 남았다. 임길진 교수 연구실 앞에 장사진을 치던 학생들 모습도 눈에 선하다.

늘 학생들이 임 박사를 찾아와 어드바이스를 구했어요. 얼마나 인기가 많았던지 상담 시간이면 교수실 앞에 학생들이 줄을 섰죠. 교수로서뿐만 아니라 인간적으로도 리더십이 남달랐습니다.

양 회장이 꼽는 임 박사의 장점은 끝이 없다. 친화력, 다이내믹한 열정, 인간에 대한 신뢰, 해박한 지식, 행동력과 결단력, 완벽성, 탁월한 지도력, 가치지향적인 사고, 책임감, 완벽한 교수법 등등.

맡은 일을 끝까지 해내는 건 기본이고, 끊임없이 뭔가를 연구하고 개발하고 수없이 많은 논문을 썼지요. 열정만큼 자부심도 강한 친구였어요. 강의를 마치고 나선 '이 지식은 10년간은 유효할 것이다' 라며 스스로도 매우 흡족해했습니다. 임 박사 자체가 지행일치의 표본이었으니 제자들도 믿고 따랐지요. 그런 친구와 40년이나 교류하면서 평생지기로 지낼 수 있었던 건 신의 은총이었습니다.

그러고도 부족함이 있었던지 몇 가지 장점에 더해 유머 감각을 꼽았다.

미국에서 비행기에 탑승하기 전 위험물 검사를 받을 때였어요. 임박이 날 쳐다보더니 싱긋 웃으면서 그러더군요. '내 진정한 위험물은 가라테 실력'이라고.

자신의 전문 분야에서 일가를 이룬 많은 이들이 임 박사를 '멘토'로 칭하기를 주저하지 않는 건 왜일까?

김선웅 위스콘신 밀워키대학교 경제학과 교수에게 그는 평생 고마움을 잊지 못할 선배로 남았다. 경기중고등학교와 서울공대 동문인 김 교수가 까마득한 선배 임길진을 알게 된 건 1978년 미국 유학을 준비할 때였다.
교육재단의 장학금을 받고 하버드와 프린스턴 두 곳에 원서를 제출한 그에게 프린스턴대학에서 먼저 연락이 왔다. 합격통지를 받긴 했지만 난감한 상황이었다. 등록금은 어떻게 내고 수강 신청은 어떻게 하는지, 생활은 어떻게 해야 할지 정보가 전혀 없었다.
그럴 때 임 박사로부터 편지가 날아왔다. 유학 생활 전반에 걸친 조언을 담은 편지는 프린스턴대학 도시계획학과가 다른 미국대학에 비해 어떤 장점이 있는지부터 자신이 도움을 줄 수 있는 부분까지 세세하게 적혀 있었다.

　얼굴도 모르는 선배의 친절이 고맙기 그지없었으나 사정상 하버드로 진학한 그를 몇 달 후 임 박사가 캠브리지로 찾아왔다. 당시 임 박사는 노스웨스턴대학 공과대학 조교수 부임을 앞두고 이사를 준비할 때였다. 결과적으로 후배한테 호의를 무시당한 셈이었으나 임 박사는 전혀 개의치 않았다. 오히려 마땅한 교통편이 없는 후배를 위해 장거리 운전의 번거로움을 무릅썼다.

　아래는 김선웅 교수가 추모집에 쓴 글이다.

　　그분의 학문적 업적, 비전과 리더십이 훌륭하다는 것은 세월이 지남에 따라 보다 확실히 확인하게 되었다. 그러나 무엇보다도 그분의 인간성을 믿고, 멘토로 삼으며, 내가 가진 문제들을 솔직하게 의논할 수 있었던 것은 거의 30여 년 전, 알지 못하던 한 후배 한국 유학생에게 베풀어주신 남다른 친절에 대한 감동 때문이었다.

　김종석 홍익대학교 경영학부 교수는 '영원한 청년'의 이미지로 임 박사를 떠올렸다. 그가 프린스턴대학원에 유학한 1980년 당시 한국인 대학원생은 8명뿐이었다. 인근 두 대학의 대학원생들을 모아야 겨우 소프트볼 게임을 할 수 있을 만큼 작은 유학생 사회에서 임길진 교수는 큰형님 같은 존재였다.

　주말에는 종종 가족들과 어울려 포커 게임을 즐기기도 했다. 임 교수의 엄명에 따라 종합시험을 통과하지 못한 유학생들은 이 자리에 끼지도 못했다. 그런데 김종석 교수가 전하는 포커판의 분위기가 사뭇 흥미롭다.

임 박사는 포커를 그다지 잘하거나 즐기는 편은 아니었다. 분위기를 맞춰주려 판에 끼기는 했어도 대개는 얼마 못 가 돈을 다 잃고는 빠지기 일쑤였다. 그러고는 수다가 한창인 옆방의 젊은 유학생 부인 그룹으로 옮겨 이야기꽃을 피웠다.

어느 주말 저녁, 남학생들은 포커 게임을 하고, 임 박사는 여느 때처럼 부인들이 모여 있는 옆방으로 건너갔다. 그날따라 웃음소리가 안 들리고 조용했다. 김 교수가 궁금해서 옆방에 가 보니 어느 부인에게 임 박사가 고스톱을 배우는 중이었다. 이후 남학생들 포커판에서는 임길진 교수를 더 이상 볼 수 없게 되었다. 포커 대신 고스톱에 푹 빠졌기 때문이다.

확실히 임길진 박사에겐 반전의 매력 같은 게 있었던 듯하다. 손봉숙 전 국회의원이 프린스턴대학 우드로 윌슨 공공정책 및 국제관계 대학원에서 만난 그는 평소 상상하던 교수들의 이미지와 달라도 한참 달랐다.

넥타이를 매지 않은 셔츠나 카디건 차림으로 캠퍼스를 누비고 다니는 모습이 학생으로 착각할 만큼 생동감이 넘쳤다. 예상을 벗어난 두 번째 장면은 도시계획, 환경공학 및 공공정책에 관련된 신간 서적들이 질서정연하게 정돈된 연구실 풍경이었다. 털털한 겉모습과는 달리 학문적인 대화를 나눌 때의 그에게선 강한 자신감이 우러나왔다.

또 하나 인상적인 것은 독특한 수업방식이었다.

임 박사는 종종 대학원생들과 함께 도시계획에 관한 현장실습을 나갔다. 그중에는 뉴욕 할렘가를 샅샅이 돌아보는 그룹 투어도 포함되었다. 여성인 손 의원 혼자서는 엄두도 못 낼 좋은 기회였다. 교실에서 주

입식 강의만 듣던 그에겐 신선한 충격을 안겨준 경험이기도 했다.

손 의원을 당황하게 만든 일도 있었다. 저녁 식사를 함께하기로 한 날, 임 박사는 프린스턴대학의 교수아파트로 그녀를 초대했다. 혼자 사는 남자가 어떻게 식사를 준비할 것인지 의아해하며 아파트에 들어서자 솜씨 좋은 주부가 꾸민 것보다도 잘 정돈되어 있었다. 적절한 장소에 적절한 그림들이 걸려 있었고, 커튼이며 가구며 식탁에 올린 냅킨 한 장까지 조화를 이루었다. 더욱 놀라운 건 그다음이었다. 그가 손수 만든 중국요리를 내왔는데 맛도 모양도 최상급인데다가 음식을 담은 그릇들이 완벽하게 세트를 이뤄 주부인 자신을 주눅 들게 하더란다.

그로부터 10년쯤 지났을 땐 결혼할 여성이 생겼다며 임 박사가 불쑥 서울에 나타났다. 손 의원 부부가 초대한 저녁 식사 자리에 동행한 상대는 음악을 전공한 미모의 여성이었다. 이들 내외의 눈에도 보기 좋을 만큼 잘 어울리는 한 쌍이었다고 한다.

모처럼 임 박사가 마음에 들어 하는 여성을 만났다고 생각했는데 상황은 더 이상 진전되지 않았다. 손 의원이 무척 아쉬워하는 대목이다.

임길진 박사는 평생 독신으로 살았다.

지인들이 가장 많이 하는 이야기가 '혼자서도 완벽하게 살림을 꾸려갔으니 굳이 결혼의 필요성을 느끼지 못했을 것'이라는 추측이다. 일생 공적인 일에 헌신하는 삶을 살아온 그에게 결혼이라는 생활의 시간표가 끼어들 여지가 없었던 것일지도 모른다.

하버드 시절을 함께 한 김인준 서울대학교 경제학부 교수는 선배인 임 박사를 좋아했던 한 미국인 여학생을 떠올렸다. 그가 보기엔 둘 다 호감이 없진 않았으나 관계가 깊이 발전하진 않았던 듯하다.

이에 대해 김 교수는 임 박사가 모든 사람을 돌보는 데서 보람을 느껴 일생을 독신으로 지낸 게 아닐까 하는 생각이 들었다고 한다.

임 박사를 짝사랑한 여성 제자들에 관한 이야기는 여러 제자와 후배들의 증언을 통해서도 알 수 있다. 일리노이대학(University of Illinois at Urbana-Champaign)에서 임 박사를 지도교수로 모셨던 이만형 충북대 교수가 구체적인 에피소드를 소개했다.

> 미국에선 교수와 제자 간에 스캔들이 나면 무조건 교수가 쫓겨나게 돼 있습니다. 박사님은 호감을 내비치는 여학생들에게 늘 일정한 거리를 두셨습니다. 그래도 과감하게 대시하는 여학생들이 적지 않았죠. C라는 백인 여학생이 특히 적극적이었습니다. 한번은 박사님 댁에서 파티를 여는데 하루 전날 그녀가 찾아왔어요. 이제 졸업해서 프리한 몸이니 결혼해달라는 겁니다. 막무가내로 매달리는데 박사님이 겨우 달래서 보냈습니다.

한국에서도 간간이 러브레터가 날아들었다. 1988년 서울대 교환교수로 일 년간 재직하고 다시 미국으로 돌아왔을 때 국제우편으로 당도한 편지의 발신자는 대부분 박사학위를 지닌 여성들이었다. 조교들이 임 박사의 부탁으로 대신 답장을 써 보냈다.

거절의 메시지는 시종일관 같은 톤이었다.

'할 일 많은 세상입니다. 우리 서로 바쁘게 살아갑시다.'

그렇다고 이성과는 담을 쌓고 살았다는 건 아니다. 60평생 아픈 선택의 갈림길에 서야 했던 시간이 어찌 없었겠는가.

누군가는 임 박사의 초청으로 가는 미국행 비행기 안에 타고 있는 내내 소리 없이 눈물만 흘렸다고 한다. 동행한 후배의 회고에 따르면, 무릎에 놓인 소설『메디슨 카운티의 다리』앞부분이 펼쳐진 그대로 눈물에 젖어 있었더란다.

또 다른 후배한테 친구 여동생을 짝사랑했던 일을 털어놓기도 했다던 임 박사는 만년에 그녀를 닮은 여성과 밀도 깊은 만남을 이어갔다. 사연은 알 수 없으나 끝내 이 만남 또한 결혼에 이르지는 못했다.

장례식에 와서 한참을 울었고, 어느 사찰에서 홀로 사십구재를 지냈다는 이야기만 전해 들었을 뿐, 취재 과정에서 흘러 들어온 스토리는 여기에 적지 않는다. 그가 남긴 사랑의 시편에 묻어나는 정서는 애잔하고 아리다.

> 내일을 묻지 마세요
> 오늘 나의 모두를 드립니다
>
> 사랑하냐고 묻지 마세요
> 나의 자랑이 모두 당신 것입니다
>
> 무엇을 원하냐고 묻지 마세요
> 있는 그대로를 가져가세요
>
> 약속 어기지 마세요
> 나는 항상 기다리고 있습니다
>
> 임길진 詩 <사랑하는 이에게>

강한 민간인을 가진 나라가
강한 국방력을 갖는다

사회정책의 방향은 행복한 사람을 더욱 행복하게 하는 것이 아니라 불행한 자들의 고통을 치료하는 데로 향해야 한다. 같은 논리로 우리는 실현하기 어려운 먼 미래의 고매한 이상을 실현하기 위해 노력하기보다는 지금 당장 우리 눈앞에 존재하는 불행과 악의 제거부터 추진해 가야 한다.

계획은 정치, 경제, 사회 전반에 걸친 학문적 영역을 넘어 환경, 주거, 생명, 평화 등 인간이 살아가면서 맞닥뜨리는 모든 문제에 대한 종합적인 해결방안을 탐구한다.

임길진 박사가 한국 사회의 변혁을 추구하며 했던 일들 또한 계획의 범주 안에 들어 있었다.

1975년 세계은행(World Bank) 자문위원에 위촉된 그는 3년 후인 1979년 8월 국토개발연구원 객원연구원으로 초빙되었다. 이때 발표한 논문은 한국 주택시장 연구에 있어 매우 귀중한 자료가 되었다.

아래는 김정호 KDI 국제정책대학원 교수(전 주거복지연대 이사장)가 추모집에 쓴 글이다.

이 연구는 훗날 한국 주택시장을 체계적으로 분석한 최초의 연구였다는 평가를 받고 있다. 주택 분야에서의 이러한 업적은 한국에서는 물론 외국에서도 주택을 공부하는 사람 모두에게 훌륭한 귀감이 되었다. 나 역시 덕분에 많이 배웠고, 이를 계기로 주택 연구를 본격적으로 시작하게 되었다고 해도 과언은 아니다.

80년대 전두환 정부는 주택 5백만 호 건설을 공언했으나 단지 공약(空約)에 그쳤을 뿐이고, 뒤를 이은 노태우 정부는 2백만 호 건설 목표를 달성했음에도 국내 주택시장은 여전히 불안정한 상태였다.

임 박사는 주택 소비자의 요구와 능력이 고려되지 않은 정책은 실패로 귀결될 수밖에 없다고 단언하며 그 허점을 다음과 같이 지적했다.

> 경제성장의 과실은 저소득층에도 분배되어야 한다. 부유층의 경우 주택문제는 거의 없다. 경제적·정치적인 힘이 없는 빈곤층은 주택문제로 고통을 받는다. 소득분배정책은 주택정책의 중요한 부분이다. 주택에 대한 보조가 소득재분배의 수단으로 이용될 수 있지만 이와는 별도로 재분배와 사회정의를 다루는 공공정책을 수립하여야 한다.

1987년 임 박사가 발표한 '다단계 전이 주택시장이론'은 체스터 랩킨, 맨슈어 올슨, 데이비드 하베이 등 세계적인 학자들의 주택이론을 토대로 소득수준이 낮을수록 주거지 이동에 따른 변수가 다양하게 표출되는 것을 밝혀냈다. 이 연구를 통해 새롭게 제시한 이론

이 '단계적 복지구현론' 이다

단계적 복지구현론의 요체는 성장의 이익이 저소득층에게 돌아가게 해야 한다는 데 있다. 주택과 직업은 최소한의 인간적 삶을 위한 전제조건이다. 주택은 있으나 직업을 갖지 못하면 결국 자기 집이나 전셋돈을 날릴 것이다. 직장이 있어도 집이 없으면 생업을 계속 이어갈 수가 없다. 독립적인 주거 공간과 안정된 직장이 있는 상태에서 교육, 의료, 문화 등의 문제를 순차적으로 해결해 나갈 때 개인은 행복감을 느끼고 사회는 안정을 유지한다. 따라서 임 박사는 주택시장에서 저소득층의 상승 이동을 위한 혁신적인 주택금융제도 도입과 주택건설 촉진을 방해하는 각종 규제의 철폐를 요구했다.

주택투자 증가를 위한 방편으로는 정부지출의 우선순위 재조정에 방점을 찍었다. 여기서 국방비 축소론이 등장한다. 임 박사는 군사비를 많이 써야만 안보를 강화할 수 있는 건 아니라고 강조했다. 오히려 강한 민간인을 가진 나라만이 유사시에 전 국민을 효율적으로 전시 체제화할 수 있다는 것이다.

역설적인 사실이 있다. 국민총생산 중 군사비의 비율이 높은 나라일수록 국가 경제가 쇠약해지고, 그 결과 군사비 총액이 줄어들면서 안보와 국민복지가 동시에 약화된다는 것이다. 이러한 관찰의 가장 좋은 예가 소비에트 연방공화국(USSR)이다.

이러한 논리적 근거는 훗날 국제통화기금(IMF, International Monetary Fund)을 통해 입증되었다. IMF는 군사비를 축소하면 뚜렷한 경제발전이 이룩되고 국민복지가 향상된다는 연구 결과를 공표했다. 오늘날 임 박사의 주장은 인간안보라는 개념으로 정책화되고 있다.

단계적 복지구현론에서 주목할 만한 이론은 불법 주택에 관한 내용이다. 임 박사는 불량주택과 같은 임시거처를 얻기 위한 사람들의 노력을 정부가 방해해선 안 된다고 단언했다. 자기 집을 가질 여건이 안 되는 이들에게 살 권리를 주어야 한다는 것이다. 선·후진국을 막론하고 짧은 기간 내에 1가구 1주택의 과실을 거두기란 사실상 불가능하므로 서민이 내 집 마련을 향해 밑바닥부터 차근차근 오를 수 있는 사다리를 마련해주어야 한다는 시각이다.

국외에선 이미 1960년대부터 불법 점유주택에 주목한 학자들의 연구가 추진되어왔다. 그 결과 불량주택이든 임시주택이든 주거 공간 확보를 위한 서민의 노력이 전체 주택문제 해결에 긍정적인 영향을 미친다는 점을 밝혀냈다. 이러한 연구는 세계은행을 비롯한 국제기구 및 여러 정부가 추진한 자조주택 건설 및 부지확보 계획에 반영되기도 했다.

사회정책의 방향은 행복한 사람을 더욱 행복하게 하는 것이 아니라 불행한 자들의 고통을 치료하는 데로 향해야 한다. 같은 논리로 우리는 실현하기 어려운 먼 미래의 고매한 이상을 실현하기 위해 노력하기보다는 지금 당장 우리 눈앞에 존재하는 불행과 악의 제거부터 추진해 가야 한다.

젊은 날 그가 심취했었다는 칼 포퍼(Karl Raimund Popper)가 쓴

『열린사회와 그 적들』(*The Open Society and Its Enemies*)에 나오는 글이다.

　무엇보다 임 박사는 인간의 기본적 욕구를 해소할 방법을 찾는 데 학문의 존재가치가 있다고 믿었다. 또한 이를 위해 특정한 집단이나 계층의 이해관계를 뛰어넘는 정책의 실용성과 공공성, 책임성이 전제되어야 한다고 보았다. 인간다운 삶을 해치는 최악의 상황을 제거하기 위한 최상의 방법론으로 그가 가치혁명을 주장한 이유다.

닮고 싶어도 닮기 어려운 사람

임 박사가 조국을 사랑하는 방식은 이런 것이었다. 그는 격동하는 현재의 흐름 속에서 과거와 미래, 구체와 추상을 연결하는 번뜩이는 혜안과 진취적인 돌파력으로 문제를 해소하고자 했다. 이런 이유로 평생 60여 개 국가를 돌아보며 각 나라의 문화와 제도를 연구했다. 그의 연구는 특정 국가의 사례 분석에서부터 여러 나라를 함께 엮는 비교분석에 이르기까지 현장 중심의 구체적 사실과 설명적 이론을 아우르는 종합적 방법론의 틀 안에서 이루어졌다.

그는 거의 모든 면에서 우리를 능가하고 있었다. 수많은 분야에서의 해박한 지식과 체력을 동반한 의욕이 그랬고, 일을 추진하는 지도력과 빼어난 학업성적도 그랬다. 분야와 신분의 고하를 가리지 않는 수많은 지인과 뛰어난 협상력 또한 우리를 능가하기에는 충분했다.

서울대학교 동문 장세창 파워맥스 회장이 추모집에 쓴 글이다. 그가 떠올리는 임 박사는 일반인이 상상하지도 못할 정도로 많은 친구를 가지고 있었다. 다양한 인종, 다양한 계층, 다양한 이력, 다양한 색깔을 지닌 이들과 교류했고 이 과정에서 습득한 앎움(앎+움직임, 실천하는 지식인의 규범을 의미하는 임 박사의 신조어)을 세상 모두를 위해 썼다.

아울러 인류의 주거, 환경, 교육, 복지제고를 향한 노력은 철저한 실사구시(實事求是) 정신을 바탕으로 했다. 많은 동료와 후학들이 임길진 박사의 사상적 측면을 '현대판 실학주의'로 명명하는 건 이런 연유에서다. 현실 개혁적이고 실증적인 방법으로 학문을 연구한 조선의 실학자들처럼 그 또한 자신의 앎을 널리 이롭게 쓰고자 했고 평생을 그렇게 살았다.

같은 맥락에서 김경환 서강대학교 경제학과 교수는 '지식과 행동의 클리어링 하우스(clearing house)' 같은 존재로 그를 떠올린다. 누구나 필요로 하는 지식정보를 연결해주는 만인의 중개자 역할에 충실했다는 의미다.

1982년 프린스턴대학에 유학한 김경환 교수는 논문을 통해 임길진 박사의 이름을 처음 접했다. 도시경제학을 전공한 김 교수는 주택문제에도 관심이 많았다. 이 시기는 한국 주택시장의 제반 문제를 다룬 임 박사의 논문이 학자들 사이에서 화제가 되었을 때다. 대학원생과 교수로 만난 첫 대면에서부터 진지한 대화가 오갔다.

보통 교수들은 자기 관심사만 연구하는데 임 교수님은 그렇지 않았습니다. 도시계획을 넘어 중국의 도(道) 사상에 이르기까지 폭넓은 지식에 세계평화, 인권, 차별 해소 같은 시대를 앞서 간 아젠다를 갖고 계셨죠. 무엇을 위해 어떻게 살 것인가에 대해서도 명쾌한 답을 갖고 계셨죠. 당신이 많이 준비해서 다른 사람에게 주기 위해 산다고 하시더군요.

그래서 제가 물었어요.

"어떻게요?"

교수님이 답했습니다.

"열심히, 적극적으로."

1984년 미 육군대학원(USAWC)에서 유학하고 있던 김희상 전 육군대학 총장은 프린스턴에 젊고 유능한 한국인 교수가 있다는 소문을 들었다. 그가 한국의 임현진 교수와 형제지간이라는 사실을 알고 전화를 걸었을 때만 해도 예전에 헌병대에서 만난 적이 있는 그 서울대생이라고는 상상도 못 했다.

"학교에 오는 연사들마다 한국의 경제발전을 칭찬하니 이걸 어떻게 받아들여야 합니까?"

고국에선 독재와 부정부패를 비판하는 목소리가 들려오는 마당이라 의아해하는 그에게 수화기 너머로 의외의 답변이 들려왔다.

"실제로 중남미 후진국 인사들이 국제부흥개발은행(IBRD)나 세계은행(World Bank) 같은 데를 가면 한국을 본받으라고 강조합니다. 부패 문제만 해도 한국하고는 차원이 다릅니다. 한국은 떡고물을 만진다는데, 이 사람들은 떡을 먹고 고물을 남긴다는 식이거든요."

임 박사가 조국을 사랑하는 방식은 이런 것이었다. 그는 격동하는 현재의 흐름 속에서 과거와 미래, 구체와 추상을 연결하는 번뜩이는 혜안과 진취적인 돌파력으로 문제를 해소하고자 했다. 이런 이유로 평생 60여 개 국가를 돌아보며 각 나라의 문화와 제도를 연구했다. 그의 연구는 특정 국가의 사례 분석에서부터 여러 나라를 함께 엮는 비교분석에 이르기까지 현장 중심의 구체적 사실과 설명적 이론을 아우르는 종합적 방법론의 틀 안에서 이루어졌다.

브라운대학 제너럴모터스 기업출연연구소의 김경석 교수는 루가역학(Ruga Mechanics)의 창시자로서 2004년 8월 국내 행사에 참석했다가 미국으로 돌아가는 길이었다.

"실례가 안 된다면 저와 동행한 친구를 위해 자리를 바꿔주실 수 있겠습니까?"

옆 좌석 승객에게 정중하게 요청한 신사가 일리노이대학에서 호형호제하며 미래비전을 공유했던 선배 교수 임길진 박사였다. 서로를 알아본 순간 15년이라는 세월의 간극은 빛의 속도로 메워졌다. 서울에서 시카고로 가는 비행기 안에서 김 교수는 세계 속에 어울려 살아가는 미래 창발적인 인재들을 한데 모아 한민족 정신문화의 르네상스를 이루고자 하는 임 박사의 원대한 비전을 볼 수 있었다.

당시 임 박사는 일본과 대만, 중앙아시아 여러 나라의 한인 교포사회를 찾아다니면서 한민족협의회(GAKA) 결성을 추진하는 중이었다. 이야기를 듣고 김경석 교수가 떠올린 건 일리노이의 허허벌판에 서 있는 한 그루 큰 나무였다.

어떻게 그 모진 세월을 바람막이도 없이 이 넓은 들판에 혼자 이렇게 고고히 서 있는 것일까?

그 나무 앞을 지날 때면 늘상 드는 의문이었다.

어바나로 향하는 북쪽 길로 접어들면 백미러에 보이는 그 나무의 가지들 사이로 남쪽 하늘의 태양 빛이 빗살처럼 보였다. 마치 그 나무의 과거, 현재, 미래를 시적으로 나타내고 있는 것같이 느끼곤 했다.

그리고 나는 가끔씩, 그 나무가 그 같다고 생각했다.

김경석 교수가 추모집에 쓴 글이다. 혼돈의 21세기에 민족의 화합을 꿈꾸고 통일을 노래하던 임길진이라는 나무가 못다 이룬 비전은 시대의 과제로 남았다.

 학생은 공부만 하라는 건 학생을 병들게 하라는 것과 같은 말

만약 그대가 이 학교에 다니면서 정신이상이 되지 않으려면 파티에 참석하라.

프린스턴대학 신입생들에게 배부하는 학교생활 안내서에 나오는 글귀를 소개하며 임 박사는 아래와 같이 적었다.

내가 3년 전 처음 유학 생활을 시작했을 때 소위 입학 기념 '믹서'라는 것이 학교에서 있었는데, 커다란 문화적 충격이었다. 믹서란 일종의 대규모 파티 같은 것인데 문자 그대로 사람들을 뒤섞어(mix) 놓는 사교적 행사이다.
내가 놀란 데는 몇 가지 이유가 있었는데 그중에서 특기하고 싶은 점은 믹서 참가자가 비단 학생들만이 아니라는 점이었다. 학장, 학과장, 교수, 사무직원 등 학교 관계 인사들이 전부 한자리에 모여 먹고 마시고 춤추며 떠드는데 꼴은 한마디로 가관이었다.

그저 먹고 마시고 흐트러지는 파티는 비판적으로 바라보는 임 박사였으나 학생은 공부만 해야 한다고 주장하는 고리타분한 교수는 아니었다. 오히려 그러한 편견의 이면에는 다소 폭력적인 의도

가 내포되어 있다고 보았다. 같은 책에 실린 '쫑파티는 필요한가'에서는 학생이 공부만 해야 한다는 생각은 모든 인간은 일만 해야 한다는 말과 다름없다고 하는 심리학자의 연구를 인용하고 있다.

인간의 긴장(stress)에 대해 중요한 연구업적을 남긴 한스 셀리에 박사에 의하면, 일한다는 것은 인간의 생물학적 필요조건이라고 한다. 그리고 인간의 거의 모든 행동은 육체적·심리적 긴장을 유발하는데, 만약 인간이 과도한 긴장이나 단일한 긴장에 계속 노출되면 병적인 상태에 빠지게 되며, 정신분열 등의 각종 육체적, 정신적 질환을 초래하게 된다고 한다. 만약 우리가 셀리에 박사의 이론을 받아들인다면 공부 이외의 다른 활동은 학업에 지장이 있다는 가설은 옳은 것이 아니다.

하여 그가 내린 결론은 단순명료하다.

학생은 공부만 해야 한다는 주장은 학생을 병들게 해야 한다는 주장과 별 차이가 없는 위험한 주장이다.

대신 그는 다른 방식의 파티를 계획했다.
프린스턴대학이 위치한 뉴저지에는 저렴한 비용으로 스키를 즐길 수 있는 곳이 몇 군데 있었다. 임길진 교수는 휴일에 종종 제자들과 함께 스키장에 다녀와 집에서 손수 만든 음식으로 파티를 열었다.
낯선 외국 생활에서 오는 심리적·육체적 스트레스에 시달리는 유학생들에겐 선물 같은 시간.

명절엔 백김치나 동치미를 곁들인 떡국 같은 토종 음식을 대접하기도 했으나 평상시 주로 내놓는 음식은 빵과 샐러드를 곁들인 서양 요리였다. 때론 들판으로 나가 바비큐 파티를 열었다.

한국 유학생들만 초대하는 건 특별한 경우였다. 각 나라의 외국인 학생들도 함께한 파티는 언어장벽을 허물고 문화를 교류하는 민간외교의 장으로 활용되었다. 오락 시간엔 모닥불을 피워놓고 다같이 판소리와 탈춤을 즐겼다.

임 박사가 교수가 아닌 인생 선배로 돌아가는 때도 이런 순간이었다. 학업에 대한 스트레스로 힘들어하는 제자들에게 그가 늘 하는 말이 있었다.

사람은 청취 능력의 4분의 1 정도, 기억력의 10분의 1만 사용하고, 8시간 이내에 들은 내용의 절반은 잊어버린다. 결과적으로 나중에 특별히 상기할 만한 이유가 없는 한 들은 것의 95%는 기억에서 완전히 사라지는 것이다. 게다가 스스로 기억하지 못하는 부분에 대해 왜곡하는 습성마저 지니고 있다. 이를 피하는 방법은 경청하고 메모하고 읽고 생각하기를 부단히 반복하는 길밖에 없다.

자신의 학부 시절 경험을 통해 터득한 논문작성 요령을 매뉴얼로 만들어 나눠주기도 했다. 이는 대학 진학을 앞둔 요즘의 학생들에게도 유용한 구체적이고 세세한 항목들을 포괄하고 있다.

작문 요령

1. 능동적인 어조로 의견을 진술한다.
2. 전하는 바가 명확한 문장을 사용한다.
3. 주어가 말하고자 하는 내용을 동사를 사용해 설명한다. 명사를 동사로 바꾼다.
4. 한 문장에 너무 많은 아이디어를 제시하려고 하지 않는다. 한 문장에 한두 가지 아이디어를 담으려 해야 하고, 문장은 20단어 이하로 끝나야 한다.
5. 문장 사이에 아이디어를 연결한다.
6. 은어나 전문 용어는 피하고, 쉬운 말을 사용한다.
7. 추상적이거나 일반적인 개념보다는 구체적이고 특정적인 표현을 사용한다.
8. 본론으로 들어간다. 불필요한 이야기나 변명, 사과의 말들을 버린다.
9. 반복은 강조해야 할 때만 한다.
10. 주어, 시제, 주장, 숫자, 스타일 및 전체적인 어조를 일관되게 사용한다.
11. 본질적으로 유사한 아이디어들을 제시할 땐 평행 구조를 사용한다.
12. 충실하게 자신의 관점을 유지한다.
13. 초안을 작성한 후에는 구성을 살펴본다. 문단과 문장 사이의 논리적 연결성을 검사하여, 전체 원고를 재구성한다.
14. 원고를 타인이 검토하게 하여 피드백을 얻는다.
15. 적어도 몇 번은 다시 쓴다.

논문작성 3단계

1단계: 주제 선택 및 정보 수집

1. 관심 있는 주제를 선택한다.
2. 대상 장소를 선택한다: 전 세계, 해외 지역, 주(도), 시, 농촌 또는 자신의 동네.
3. 주제나 관련 장소에 대한 정보를 검색한다: 도서관, 관련 단체, 개인 연락처, 혹은 인터넷(검색 엔진을 통한 웹 사이트들).
4. 예비적인 참고 목록을 작성한다.
5. 찾은 자료를 검토한다.

2단계: 세부 사항 준비

다음 요소를 서술한다.
1. 프로젝트의 주제.
2. 연구의 목표.
3. 주제의 중요성.
4. 자신의 연구 방법.
5. 연구를 위한 데이터 출처 및 정보.
6. 예상되는 결과.
7. 공공 및/또는 민간 부문에 관한 연구의 정책적 의미.
8. 논문 기한 동안의 시간 관리 계획.
9. 참고 목록(도서, 기고문, 보고서, 정부 또는 기업 문서, 웹 사이트).

3단계: 초안 작성 및 마무리

1. 목차를 작성한다.
2. 장별로 첫 번째 초안을 작성한다.
3. 수정.
4. 초안을 발표 및/또는 회람하고 의견을 구한다.
5. 수정하고, 수정하고, 수정한다.
6. 편집부의 서비스를 받는다.
7. 논문을 완성한다.
8. 제출한다.
9. 최우수 논문상을 받는다.

교육자로서 임 박사의 열정이 돋보이는 대목은 3단계 9항에 이어 별도로 덧붙인 당부의 말에 담겨 있다.

논문의 주제는 자신의 학습 목표와 전문적 관심사에 적합하도록 선택하는 게 중요하다. 훌륭한 논문은 그대들의 미래 경력 발전을 떠받칠 중요한 문서라는 점을 항상 기억하라.

유학생이 미국대학에서 학위를 받는다는 건 지난한 노력의 결실일 터였다. 임 박사는 저 먼 우주의 별을 찾아가는 것만큼이나 아득하고 힘겨운 여정에 나선 제자들을 위해 스스로 고안한 명상법을 소개하기도 했다.

임길진의 명상 11도

깊게 천천히 숨 쉬는 명상

마음을 집중하는 명상

마음속에서 '보임'을 찾는 명상

하늘을 보는 명상

노래하는 명상

마음으로 말하는 명상

암흑 속을 걸어가는 명상

운동하는 명상

아무것도 안 하기 명상

좋은 생각하기 명상

착한 일 하기 명상

미국 계획교육협회(ACSP)에서 가장 많이 언급되는 이름

관대하고 의리 있고 매력적이며 따뜻한 품성으로 인간적 세계화의 모범을 보여준 스승이자 리더.
온전히 자신의 시대를 살았던 선각자.
다양한 역할 속에서 빛나는 존재.
주변의 모든 사람에게 열정적으로 헌신한 친구.
코리 박사는 임 박사의 이러한 성격적 특성의 본질을 스스로 '양질의 단단한 뿌리'로 표현한 성장 과정에서 찾을 수 있었다고 전한다.

평사 임길진 박사 추모집이 출판될 당시인 2005년 케네스 코리(Kenneth E. Corey) 미시간주립대학교 지리학과 교수는 그를 최고의 미래전략계획가로 묘사했다. 불확실성을 특징으로 하는 21세기에 제대로 대처할 수 있는 총합적인 지식과 접근방식을 가진 흔치 않은 인물이라는 점에서다. 아울러 미국에 기반을 두고 북한과 중국을 상대로 활동한 초기의 계획가 중 한 명으로 임 박사를 꼽았다.

지식경제 역할 및 기능 분야의 세계적 권위자로 꼽히는 코리 박사는 '임길진 글로벌 어워드'의 제1회 수상자이기도 하다. 임 박사의 업적인 인간적 세계화(Humanistic Globalization)를 기리기 위한 상이며 오대양 육대주에서 활동하는 심사위원들의 엄격한 심사를 통해 미화 1만 달러의 포상금이 주어진다.

코리 박사는 특히 한국과 북유럽, 동남아 국가들의 정책 연구에 오랜 세월 매진해 왔다. 임 박사 생전에 형제와 같은 우애를 나누었던 석학으로부터 귀한 답신을 받기까지 송휘국 전 개발연구협의체 이사장의 노고가 컸다.

코리 박사와 임길진 박사의 인연은 1982년 5월로 거슬러 올라간다.

당시 메릴랜드주립대학에 몸담고 있던 코리 박사는 <거대도시지역 서울을 위한 차세대 계획 전략>을 주제로 논문을 준비하는 중이었다. 조력자가 필요한 상황에서 의견을 구한 상대가 체스터 랩킨 교수였고 적임자로 추천받은 인물이 바로 임길진 박사였다.

메릴랜드주립대학에도 한국 출신의 재능 있는 대학원생들이 포진해 있었으나 즉시 임 박사에게 연락을 취해 만남을 약속한 그는 잠시 서울에 다녀왔다. 그사이 임 박사는 컬럼비아대학의 김원, 하버드대학의 박찬무 교수 등과 함께 '국가발전과 사회변환에 관한 국제학술대회'를 준비했다. 이 야심찬 행사의 주빈은 케네스 코리 박사였다.

이전까지 경제발전 이론은 근대화론, 종속이론 등에 치우쳐 있었습니다. 이것은 지금 세계가 주목하는 이른바 한강의 기적을 제대로 설명할 수 없는 이론들입니다. 우리는 학문과 인간의 결합을 큰 목표로 했고, 나아가 학문적 사대주의를 벗어나 한국인의 시각으로 연구한 한국의 발전상을 외국인 학자들에게 알리고자 했습니다.

중앙일보와의 인터뷰에서 임길진 박사가 밝힌 컨퍼런스의 취지다. 이날 그는 '한강의 기적을 부른 한국형 경제발전 모델'이란 제목의 주제 발표로 코리 박사에게 깊은 인상을 남겼다. 한국이 추진하고 있는 지역발전계획과 세계 경제라는 주제는 둘의 공동 관심사였다.

관대하고 의리 있고 매력적이며 따뜻한 품성으로 인간적 세계화의 모범을 보여준 스승이자 리더.

온전히 자신의 시대를 살았던 선각자.

다양한 역할 속에서 빛나는 존재.

주변의 모든 사람에게 열정적으로 헌신한 친구.

코리 박사는 임 박사의 이러한 성격적 특성의 본질을 스스로 '양질의 단단한 뿌리'로 표현한 성장 과정에서 찾을 수 있었다고 전한다.

부모와 형제, 친구들이 그의 성장과 교육을 강력히 지원해주었습니다. 또한 세계에서 가장 역사가 길고 문화적으로 융성한 국가 중 하나인 대한민국에서 자란 덕에 그는 더욱더 크게 성장할 수 있었습니다. 태평양을 사이에 두고 한미 양국을 오가면서 공부했고 한국 사회와 미국인의 생활양식 모두를 흡수했습니다. 그리하여 우리가 기억하는 특유의 성격과 스타일을 지닌 사람으로 발전했습니다.

혹자는 그가 워낙 광범위한 활동을 했다는 이유로 전문성에 회의를 가질 수도 있지만 코리 박사는 전혀 그렇지 않다고 단언했다.

다양한 전문 분야를 통합하여 가치에 기반한 종합적 세계관을 형성한 결과 '국제적'을 넘어 '세계적'인 계획가의 반열에 올랐다는 설명이다.

1985년 코리 박사는 한 개발도상국의 도시지역을 일정 기간 외국 정부가 관리할 수 있게 하는 프로젝트의 공동감독관으로 임길진 박사를 지목했다. 자신이 아는 한 이런 대담한 프로젝트를 함께할 수 있는 사람은 오직 한 사람뿐이었기 때문이다.

간단히 말해, 임길진 박사는 매우 특별한 존재였습니다. 선한 사람이고 좋은 사람이었습니다. 도덕적이고 윤리적이었습니다. 그는 시민의식을 가지고 자신의 지식과 재능을 사람과 사회 및 지역을 개선하는 일에 헌신했습니다. 또한 인간의 문제와 욕구를 감지하는 능력을 지니고 있었기에 완벽하고 역동적으로 대응했습니다. 그러므로 그는 훌륭한 지도자였고 많은 이들의 롤모델이 될 수 있었습니다.

중남미와 중국, 대만 등지에서 도시지역 개발을 위한 공동 프로젝트를 수행하면서 두 사람은 단순한 동료 이상의 관계로 발전했다. 계획가로서 임 박사는 생명이 살아갈 수 있도록 만드는 환경 개선에 집중했다. 사람과 자연을 위협하는 지구상의 위기로부터 재앙적인 미래를 피하기 위한 기능적, 절차적 선택으로서의 계획이다. 이를 위해 동양과 서양으로부터 선별한 요소들을 통합했으며 이 두 개의 풍부하고 정교한 문화 사이를 매끄럽게 탐색해 나갔다. 코리 박사는 그가 다양한 방식으로 고대 유학의 요소들을 자신의 학문적 실천에 담았으며, 최신 기술과 현실 제도, 최고로 조직적인 방법들을 완전히 받아들였다고 회고했다. 동양이 서양을, 서양이 동양을 만나도록 해서 양쪽 모두 서로의 가치를 증대시킬 수 있게 했다는 설명이다.

대표적인 사례가 2003년 12월 경기도 수원에서 임 박사가 주최한 '세계인의 삶과 문화 포럼'이다. 15명의 세계적인 학자들을 선별 초청한 이 포럼에서 코리 박사는 의장을 맡았다.

참가자들은 나흘간의 행사가 진행되는 동안 불교 사원을 방문하여 스님들에게 식사 예법과 규율을 배웠다. 어떤 날은 유학자의 의복을 입어보기도 했다. 코리 박사는 이러한 몰입 체험을 통해 동양의 생활과 문화, 종교적인 일면을 깨우칠 수 있었다고 회고했다.

임 박사의 부재가 의미하는 건, 지금 같은 시련의 시기에 효과적인 해결책으로 공헌하고 이끌어줄 비범한 능력을 우리에게서 앗아갔다는 것입니다. 예컨대 코로나19처럼 세계적인 감염병, 지속불가능한 사회적·경제적 불평등, 독재, 부패, 정치 체계의 무능, 무엇보다도 긴박한 위협인 기후 문제 및 환경오염이라는 재앙에 대한 통합적인 대응책이 요구되는 시점에 그가 우리 곁에 없다는 사실입니다.

코리 박사가 안타까워하는 임 박사의 재능은 단지 학문적인 분야에 국한되지 않는다. 요컨대 전략적이고 계획적인 대응 방식으로 시민사회를 이끌어온 선구자적 리더십의 부재에 대한 아쉬움이다.

20여 년 전 임 박사가 쓴 논문이 있다.

관람자가 현실의 미술관을 방문하여 실제의 작품을 감상할 때와 유사한 상황이 연출될 수 있도록 관람자 입장에서 모든 조건이 적절히 조절될 수 있어야 한다. 예를 들면 관람자의 위치에 따른 시점과 동선의 변화, 관람하는 시간대에 따른 빛 또는 조명의 밝기와 방향의 변화, 빛에 따라 바뀌는 그림자의 방향, 그리고 예상되는 음향효과 등 모든 환경적 요소들이 경험의 주체인 관람자의 요구에 맞춰 조절될 수 있는 방안을 강구해야 한다.

마치 비대면 시대를 예견하기라도 한 듯 세세하고 구체적인 조언은 미술관이나 박물관의 장기 휴관이 불가피한 이즈음 새로운 관람문화의 대안으로 떠올랐다.

2018년 10월 25일 버팔로에서 열린 제58회 미국 계획교육협회(ACSP, Association of Collegiate Schools of Planning) 연례 학술회의는 임길진 박사를 글로벌 계획교육의 선구자로 선정하고 공로패를 수여했다. 도시계획 또는 지역개발을 전담하는 세계 여러 나라의 전문가들이 소속된 이 협회가 발행하는 학회지 *Journal of Planning Education and Research*의 2인 공동편집장(1987–1991) 및 편집위원(1991–1995)을 역임했던 그가 생전에 가장 애착을 가졌던 단체다.

타계하기 1년 전에는 미국과 캐나다에서 도시계획 또는 이와 유사한 분야를 공부하는 석, 박사과정 학생을 대상으로 두 종류의 상을 제정하기도 했다. 첫 번째는 국제적인 계획을 주제로 한 최우수학위논문 시상제도인 'ACSP'와 'GPEIG(Global Planning Educators' Interest Group)', 약칭 임길진논문상이다. 수상자들은 현재 미국, 캐나다, 한국, 중국을 비롯한 여러 나라에서 왕성한 연구 활동을 이어가고 있다.

두 번째는 2004년 제정한 'Gill-Chin Lim Student Travel Awards'로, 미국계획교육협회 연례 학술회의에 참석하는 학생들에게 경비를 보조하는 여행경비장학금이다. 임길진논문상은 1인 기준 미화 1천 불을, 임길진여행경비장학금은 2인 기준 미화 1천 불이 상금으로 주어지며 모두 임 박사의 사재로 마련되었다. 그가 세상을 떠난 뒤에도 이 두 가지 상은 꾸준히 이어오고 있다. 미국 계획교육협회 홈페이지에 임길진이라는 이름이 가장 자주 언급되는 이유다.

사회주의를 신봉하는 미국 교수들 가운데 실제로 자기가 믿는 이론에 따라 월급을 주변과 나누는 교수는 달랑 한 명뿐이더라.

임 박사가 평소에 자주 했던 말이라고 한다. 제자들은 그가 앎과 실천을 병행하는 삶을 살고자 부단히 노력했다는 점을 최고의 덕목으로 꼽는다. 그는 가난한 유학생들이 학업에 전념할 수 있도록 본인은 철저한 내핍생활을 하는 가운데 나누기를 조금도 주저하지 않았고 수많은 학술단체를 도왔다. 한국 유학생 전체를 대상으로 해마다 장학생을 공개 모집하기도 했다. 국내에서 활동하는 교수들과 전문가 그룹에도 수혜자가 여러 명 있는 것으로 알려졌다.

케네스 코리 박사는 자신이 사랑하는 친구이자 동료를 잃은 슬픔을 '과거는 서막이다(What's Past is Prologue)'라고 했던 윌리엄 셰익스피어의 희곡 <템페스트>를 빌어 담담하게 끝을 맺었다.

임길진의 과거는 그가 인간적 세계화의 체계를 만들었다는 사실이고, 그가 진행하고 있던 과업은 현재로 옮겨와 있습니다.

다시 그에게 부치지 못한 편지

우리의 국토와 도시는
영원히 그의 손길을 기다리고 있다

원제무(한양대학교 도시대학원 교수)

임 박사님이 떠났다는 흔적은 어느 곳에서도 찾을 수 없다. 그것이 우리를 슬프게 한다.

그가 찾았던 고향 산하는 이제 파릇파릇하게 변하는데, 더 이상 박사님께 가르침을 받을 수도 기댈 수도 없다. 그것이 또 우리를 슬프게 한다. 그와 우리 도시전문가들이 함께한 날들은 이제 추억이 되어가고 있다.

도시계획 분야에서 그의 업적은 실로 눈부시다. 임 박사님의 학문적 족적은 지금 세계적인 파문을 만들고 있다. 미국은 물론 유럽, 아시아, 남미 곳곳의 도시학자와 지인들이 그의 학문적 업적과 인간적 면모를 기리고 음미하고 있다.

그가 도시계획 분야를 택했던 학문적 동기는, 한국을 비롯한 개발도상국가 도시에서 진행되는 급격한 도시화와 이에 따른 각종 도시문제에 대한 고뇌에서 비롯된다. 개발경제 시대를 거치면서 도시는 난개발되었고, 환경파괴와 얽혀 복잡한 중층지형을 만들어왔다는 인식에서 출발한다.

그는 서구의 도시계획적 이론들이 추상적인 담론만을 내세우며 현실과 유리된 학문으로 전락함으로써 도시계획학의 침체를 초래했다는 반성과 맞닿아 있다. 그리고 그러한 계획이 제대로 된 국가와 도시의 형성을 유도하지 못해 도시빈곤이 크게 증가했고, 도시에 불평등이 심화되었으며, 이로 인해 사회비용이 크게 늘어났다고 주장한다.
 도시 분야의 문제들을 치유하기 위해서는 계획교육이 제대로 서야 한다고도 했고, 계획 분야에도 새로운 학문 분야를 도입해야 할 당위성을 피력했다.
 이에 임 박사님은 미국과 개발도상국의 계획교육에서 '비교개발계획론', '새로운 도시와 지역계획이론', '계획에서의 협상과 갈등조정론', '계획과 개발에서의 의사결정론' 등의 실용학문을 도입해야 한다고 주창하였고, 스스로가 직접 강의하며 새로운 길을 모색해 왔다.

 그는 오래 전부터 갈수록 치열해지는 나라 간의 경쟁에서 이기고, 21세기 국가경쟁력을 확보하기 위해서는 가장 중요한 것이 교육이라고 그의 뜻을 밝혀왔다. 국가와 도시의 발전과 사회후생의 원동력은 국민의 우수한 지력(知力)이란 의미였다.
 이를 실천하기 위해 임 박사님은 미국 계획교육협회(ACSP)에서 주도적으로 미국과 개도국의 개혁과제를 선정하여 교육개혁을 논의해왔으며, 구체적인 실행방안을 고민해왔다.
 임 박사님의 떠남은 우리 도시전문가들에게 깊은 울림으로 다가온다. 환경친화적인 아름다운 생태도시와 국토는 그가 꿈꾸는 궁극적인 이상향의 세계이다. 그의 염원을 위해서 도시 분야의 후학들은 더욱더 분발할 것이다.
 임 박사님을 그리워함 자체가 아픔인 줄은 알지만 그래도 그를 그리워할 수밖에 없으니……
 우리의 국토와 도시는 영원히 그의 손길을 애타게 기다리고 있는가 보다. 도시전문가들 모두는 그를 떠나려야 떠날 수가 없다.

제 3 부

앎을 실천한 전략적 기획가

인간은 당근이나 몽둥이 때문에 살지 않는다

동물은 당근과 몽둥이만으로도 그 움직임을 통제하거나 조절할 수 있다. 그러나 사람은 당근과 몽둥이 때문에 생각하고, 일하고, 살아가지 않는다. 자의에 반하는 삶은 끊임없는 욕심과 갈등과 가치적 혼란을 일으키기 마련이다. 사람들이 단지 자기 앞에 주어진 이익이나 외부적 압력 때문에 반응하고 행동한다면 그 사회는 생명력을 유지할 수 없게 된다. 그러므로 임 박사는 말한다.
"진정으로 해방된 인간은 윤리적 가치를 바탕으로 움직인다."

'우리는 미래를 창조할 수 있다'는 생각을 출발점으로 삼는다. 만일 인간에게 미래를 계획하는 뜻과 힘이 없었다면 오늘날과 같은 문명과 문화의 존재는 가능하지 못했을 것이다. 인간은 미래적인 생명체(미래인간, *Homo Futurus*)인 동시에 계획하는 생명체(계획인간, *Homo Planus*)이기도 하다.

국내 NGO 활동가들의 필독서로 알려진 이 책 (『21세기의 도전』)은 계획에 대한 임길진 박사의 이론적·철학적 성찰을 담았다.

총 17장으로 구성된 본문은 현대사회에서 이상적인 계획의 모습을 탐색하는 과정에 상당 부분 할애하고 있다. 종합계획 이론 및 전통적 계획이론, 비판철학, 현상학, 국가이론, 공공정책 이론 등 이론적 근거로 제시된 자료만 해도 무척 방대하다.

이 책에서 정의하는 계획은 단순한 기술적 활동을 의미하지 않는다. "인간관계 속에서 대화와 합의에 의해 이루어지는 상호주관적 활동인 동시에 인간사회의 가치와 윤리를 성찰하는 비판윤리적인 학문이자 직업"으로서의 계획을 논하고 있다. 임 박사는 계획의 방향성에 따라서 그 결과는 상이하게 달라질 수 있다는 견해를 피력하며 두 가지 명제를 제시한다.

* 무엇을 위하여 계획해야 하는가.
* 어떻게 계획해야 하는가.

'무엇을'은 '가치'의 문제, '어떻게'는 이론과 실천의 문제다. 여기에 '계획가는 스스로 계획하는 일의 가치적 배경에 대한 올바른 답을 가지고 어떠한 계획이론에 의해 실천할 것인가를 따져볼 수 있어야만 가장 높은 차원에서의 미래를 위한 계획이 수립될 수 있다'고 하는 단서가 붙는다.

계획가로서 그가 바라본 미래는 보통사람의 그것과 어떻게 다른지 궁금하다.

불과 5년, 10년 뒤의 일을 미래라고 하는 근시안적인 사람이 있는가 하면, 20년, 30년 뒤의 일을 미래라고 하는 사람도 있다. 그러나 나는 창조와 관련시켜 미래를 거론할 경우 미래의 개념은 거시적으로 정의되어야 한다고 믿는다.

한 시대를 사는 사람들이 자신들의 생존 기간 안에서만 미래를 논한다면 그들의 생존 기간 내의 집단이기주의에 집착하게 되는 나머지 인류의 역사는 진보의 연속성을 상실할 가능성이 있기 때문이다.

한 세대는 그들의 행동이 그들 다음에 오는 세대에 끼칠 영향을 생각하고 미래를 계획해야 한다. 따라서 바람직한 미래를 창조하기 위해서는 최소한 미래의 몇 세대까지 시야에 넣는 망원경적 미래의 정의가 있어야 하는 것이다.

망원경적 미래관의 핵심은 정의, 풍요, 자유를 중심축으로 하는 계획의 수립이다. 임 박사는 그 이유로 세 가지를 들었다.

첫째, 계획은 오직 정의로운 과정을 통해 정의로운 결과를 도출해야 하기 때문이고 둘째, 시장경제의 이점과 공적 개입의 혜택을 동시에 고려한 재화의 생산 증진을 통해 풍요를 실현하는 것이 계획의 이상이기 때문이며 셋째, 계획은 불필요한 구속을 제거하고 시장 기능을 보완하여 외부적인 침해 요인을 조절한다는 점에서 결국 자유라는 이상과 분리될 수 없기 때문이라는 것이다.

이제까지 직업으로서의 계획이 취해왔던 태도를 '좇아가기'와 '맞춰가기'로 규정한 부분에선 외부 세력이나 주위 환경 좇아가기 혹은 맞춰가기 수준에 그친 계획의 한계를 설명하고 있다. 예컨대 고난이 극심할수록 회피적 적응이나 단기적 대응책으로 대증적(對症的)인 위기관리에 급급한 나머지 미래를 대비하지 못했다는 지적이다.

그렇다면 맞춰가기와 좇아가기의 장점을 복합적으로 사용하는 것이 바람직한 계획의 방향일까?

임 박사는 그것이 모든 계획가에게 유용한 방법일 순 있으나 이는 미래에 대처하는 이상적인 방법이 아닐뿐더러 적합한 방법도 아니라고 역설한다. '좇아가기'는 미봉책에 불과하고 '맞춰가기'는 사회통제의 이념적 도구로 전락할 요소가 다분하다는 것.

그러면서 한국 사회가 겪고 있는 특기할 만한 변화 가운데 하나로 급격한 기술 중심화를 꼽았다. 개인의 일상생활에서부터 정부의 정책 결정에 이르기까지 기술 공학적 방법론에 의존하는 정도가 나날이 높아지는 거센 변화의 와중에서 사회는 정신적 중심을 잃어가고 있다. 따라서 과거와 현재의 엄격한 성찰과 비판을 통한 계획의 가치적 재정립을 수반한 미래발명적 계획(Future Inventive Planning)을 새롭게 추구해야 한다는 것이다.

임 박사가 이 책을 통해 일관되게 강조하는 미래발명적 계획의 요체는 인간주의, 자체주의, 자연주의를 바탕에 두고 윤리적 가치에 충실한 실행계획의 수립이다. 이 대목에서 인간을 움직이는 두 가지 요소로 당근(carrot)과 몽둥이(stick)가 등장한다.

당근은 물질적 동기이며, 몽둥이는 규칙과 규제라고 할 수 있다. 이 두 가지 방법은 일반적으로 계획이나 공공정책이나 회사 운영에 가장 많이 사용되는 것이다. 예를 들면 세제 혜택, 보조금 지급, 상금, 칭찬 등의 정책 수단은 물질적 동기(당근)이고, 법적조항, 시행기준, 벌금, 벌칙, 야단치기 등의 정책 수단은 규칙과 규제(몽둥이)라고 할 수 있다.

동물은 당근과 몽둥이만으로도 그 움직임을 통제하거나 조절할 수 있다. 그러나 사람은 당근과 몽둥이 때문에 생각하고, 일하고, 살아가지 않는다. 자의에 반하는 삶은 끊임없는 욕심과 갈등과 가치적 혼란을 일으키기 마련이다. 사람들이 단지 자기 앞에 주어진 이익이나 외부적 압력 때문에 반응하고 행동한다면 그 사회는 생명력을 유지할 수 없게 된다. 그러므로 임 박사는 말한다.

진정으로 해방된 인간은 윤리적 가치를 바탕으로 움직인다.

계획가, 교육자, 전문가, 정책수립자, 사회활동가 모두가 좇아가기나 맞춰가기가 아닌 미래창발적 시각으로 변화의 흐름을 이끌어 갈 때 비로소 망원경적 정의에 부합하는 가장 높은 차원의 계획이 구현될 수 있다는 것이다. 아울러 세상 사람들이 보지 못하는 것을 볼 수 있게 해주는 것이 비전을 지닌 자의 역할임을 역설한다.

다음 시는 '어떻게'라는 물음에 대한 답으로 해석해도 무방할 듯하다.

> 너의 가슴을 넓게 펴고
> 하늘과 땅을 맞이하라
>
> 너의 눈을 높이 뜨고
> 강과 산을 바라보라
>
> 너의 팔을 길게 뻗고

집과 마당을 가꾸어라

너의 현명한 머리와
너의 힘찬 몸뚱이로
계획하고 실천하라

풍요한 삶
평등한 삶
자유로운 삶
즐거운 삶을 위하여

임길진 詩 <계획가의 노래>

아이들이 밥걱정은 하지 말게 해줘야지

인정받고 자라는 아이는
목표를 갖는 게 좋은 일이라는 걸 배울 것이고
함께 나누면서 자라는 아이는 관대함을 배울 것이며
정직함 속에서 자라는 아이는 진실함을 배울 것이며
공정한 분위기에서 자라는 아이는 정의를 배울 것이며
친절과 배려 속에 자라는 아이는 존중심을 배울 것이며
안정감을 느끼며 자라는 아이는 신뢰감을 배울 것이며
친밀한 환경에서 자라는 아이는
이 세상이 살기 좋은 곳이라는 것을 배울 것이다.

나는 약하고 선한 사람들이 고통받는 세상은 부정의하다고 생각해. 그런 세상은 잘못된 거야. 그걸 고치는 게 운동가라구.

임길진 박사가 박현철 환경운동연합 기자에게 했던 말이라고 한다. 박 기자는 그의 생애를 일컬어 자기를 위해서가 아니라 약한 존재를 위해 분노하고 싸우는 자, 보디사트바(Bodhi Sattva)의 정신을 지닌 끝없는 이타행의 실천가로 묘사했다. 불교에선 여러 생에 걸쳐 선업을 닦아 높은 깨달음의 경지에 다다른 사람을 보디사트바로 칭한다.

임 박사는 생전에 제삼세계 60여 개국에서 도시계획 정책 자문을 맡았다. 국내에선 박 기자의 표현을 빌자면 '이름만 대면 알 수 있는 유명한 기업들이 말 한마디에 천금을 주고 가르침을 듣던 저명한 컨설턴트'로 알려졌다. 임 박사는 이런 자문 활동으로 벌어들인 수입 대부분을 시민운동 단체 후원금으로 썼다. 후원해준 단체만 수십 곳이다.

1986년 2월, 미국 샴페인-어바나에 '해송일리노이 모임'이 결성되었다. 훗날의 숙명여대 교육학부 이기범 교수와 한양대 문화인류학과 정병호 교수가 주축을 이룬 유학생들의 공부와 실천 모임이다.

이 시기 한국은 직선 개헌을 위한 1천만 서명운동이 전개되는 등 전두환 독재 정권에 맞선 민주화 투쟁이 전국적으로 퍼져나가고, 미국에선 민주화청년운동연합회 김근태 의장이 공안당국으로부터 끔찍한 고문을 당한 사실이 언론에 대서특필되었다.

유학을 왔다고 고국을 완전히 떠나온 건 아니었다. 해송일리노이 모임 회원들은 각자의 전공 분야에서 고국에 이바지할 방법을 찾고자 매월 정기적인 회합을 열었다. 조용환(교육학), 차재영(언론학), 조병구(노동사회학), 정영목(미술사), 표창우(컴퓨터학), 김정국(컴퓨터학), 권학수(고고학), 정진영(정치학), 김의영(비교문학) 등이 초창기 회원으로 활동했다.

그로부터 4개월 후.

임길진 박사가 도시 및 지역계획학과 교수로 부임했다. 정병호 교수는 임 박사가 처음 모임에 와서 했던 말이 아직도 귀에 선하다.

달동네서 학생운동하다 미국에 온 저희로선 한국의 정치상황이나 노동문제에 민감하게 반응할 수밖에 없었습니다. 임 박

사님은 '지식인이라고 잘난 척하고 큰소리치는 놈만 있지, 고국의 현실에 관심 있는 사람이 얼마나 있겠냐'면서 그날로 저희 모임의 후원자가 되셨습니다.

임 박사는 교수로서 유일한 회원이었다. 얼마 지나지 않아 정진웅(문화인류학), 장수현(문화인류학), 이만형(도시계획학), 김영찬(문화연구), 진양교(조경학), 도두형(법학), 석문주(음악학), 이영환(컴퓨터학), 이장송(언어학), 노택선(국제경제학), 조동완(영어학), 김건수(생명과학), 이기영(문화연구), 형남수(태권도사범/교포) 등의 다양한 인재풀이 구성되었다.

미국에선 이미 헤드스타트(Head Start, 저소득층 유아 대상 조기교육 프로그램) 운동이 활발하게 전개되고 있었다. 해송일리노이 모임 회원들은 매월 10불씩 회비를 갹출해서 창신동 어린이집에 보냈다. 햄버거 하나에 1불 50전 하던 시절, 가난한 유학생들로선 그야말로 금쪽 같은 돈이 아닐 수 없었다. 임 박사는 한 달에 한 번 열리는 해송일리노이 모임에는 빠짐없이 참석해, 회의를 마치면 후배들에게 영양가 있는 음식을 사 먹였다. 사정이 허락되면 자기 집을 세미나 장소로 제공하기도 했다. 이럴 땐 그가 직접 만든 요리를 자랑스럽게 내놓곤 했다. 그가 일리노이대학에 재직한 5년 동안 이 모임을 거쳐 간 회원이 50여 명에 달한다.

당시 석사과정에 있던 이기범 교수는 임 박사가 아동복지와 교육에 관해 일관된 철학을 갖고 있었다고 전한다.

선배는 사회적 불평등을 해소하는 데 있어서 제일 중요한 게 아이들이 잘 자랄 수 있는 환경을 만들어주는 것이라고 했습니다. 지역사회 주민들의 삶의 질을 개선하려면 탁아와 아동교육 시설을 겸비한 공동주택 도입이 시급하다고도 하셨죠.

뒤에 다시 언급하겠지만, 임 박사는 이 땅에 최초로 어린이 인터넷 보급 운동을 펼쳤고, 기아로 죽어가는 북녘 아동 돕기에 발 벗고 나설 만큼 어린이를 향한 사랑이 각별했다. 저소득층 어린이 보육 문제나 유아교육에 관한 논문도 여러 차례 발표했다. 그중 한 편이 『지속가능한 세계화』에 실렸다.

그는 이 논문에서 유아교육을 담당하는 이들을 '미래의 창조자'로 일컬었다. 기성세대가 꿈꾸는 미래를 가장 새롭게 실현해줄 대상이 아이들이고, 그 아이들의 인격 형성에 가장 중요한 시기에 만난 첫 번째 교사라는 이유에서다.

논문에 그가 특히 어린이들에게 관심을 기울인 배경을 짐작하게 하는 대목이 있다.

과학자들은 위치표출 부분 방사선 촬영법(Position Emission Tomography)에 따라 유아의 두뇌 발달 과정을 촬영한 결과 유의미한 결과를 도출해냈다. 루마니아의 한 고아원에서 따뜻한 접촉이 없이 자란 아이의 경우, 인간의 감정을 통제하고 정보를 흡수하는 기능을 하는 측두엽이 전혀 발달하지 못한 것이 사진상에 나타났다. 이 연구를 통해 밝혀진 또 다른 과학적 사실은 유아를 꼭 안아준다는가 흔들어주는 행동이 아이의 발육을 촉진하는 반면, 출생 초기에 충분히 아기를 다독거려주지 않으면 장기적으로 성장에 크나큰 장애가 생긴다는 점이다.

아프리카 속담에도 한 아이를 키우려면 온 마을이 나서야 한다는 말이 있다. 임 박사는 유아교육은 공공재(Public Goods)의 성격을 지닌다는 점을 누누이 강조해왔다. 유아교육을 가정이나 시장경제에만 맡겨 둘 게 아니라 국가와 사회가 나서서 교사 양성 및 아동복지에 따른 투자를 아끼지 말아야 한다는 것이다.

1988년 어바나 샴페인에서 임 박사의 첫 시집 『4개의 주제를 위한 시』가 출간되었다. 출판기념회에서 모여진 성금은 전액 창신동 어린이집으로 보냈다. 한국을 방문하면 일부러 시간을 만들어 창신동에 있는 '해송아기둥지'를 직접 찾기도 했다.

아이러니하게도 가장 불우한 환경에 처한 아이들의 집은 지상에서 가장 높은 곳에 자리 잡고 있다. 밤하늘에 저 홀로 반짝이는 별이라도 보고 꿈을 키우라고 말하기엔 너무나도 가혹한 현실이 아닐 수 없다.

임 박사는 창신동 산꼭대기 어린이집을 방문할 때면 항상 한국에 사는 조카들과 지인의 자녀들을 데려갔다. 구법모 전 SK 상무이 사는 초등학생 딸을 데리고 몇 번 임 박사와 동행한 적이 있다.

어린이집 다녀오면 아이가 꽤나 골똘한 생각에 잠기곤 하더군요. 아마 형님의 뜻이 그랬을 겁니다. 유복한 환경에서 좋은 부모 만나 부족함 없이 살아온 아이들에게 다른 세상도 있다는 걸 알게 해주고 싶었겠죠.

어린이집 아이들도 임 박사를 무척 따랐다. 어쩌다 미국에서 임 박사가 온다는 걸 알게 되면 어린이집 문밖에 옹기종기 모여 서서 멀리 출장 갔다 오는 아버지를 맞이하듯 그를 기다리곤 했다. 과자나 케이크, 인형이나 장난감 따위 푸짐한 선물 때문은 아니었으리라. 세상 물정 모르는 어린아이도 진짜 사랑이 어떤 건지는 어른보다 더 잘 안다.

아이들이 밥걱정은 하지 말게 해줘야지.

창신동 가파른 언덕길을 내려올 때마다 임 박사는 자기도 모르게 탄식을 내뱉곤 했다. 정희수 KDI 국제정책대학원 석좌교수는 굶주려 죽어가는 아프리카 어린이들을 보고 눈물 흘리는 그를 보았다고 한다.

아래는 자녀를 키우는 부모나 교사들에게 그가 종종 들려주곤 했다는 시다.

> 야단맞으며 자라는 아이는 비난을 배울 것이고
> 적대적인 분위기에서 자라는 아이는 투쟁을 배울 것이며
> 두려움 속에서 자라는 아이는 불안과 공포를 배울 것이며
> 동정받으며 자라는 아이는 자기연민을 배울 것이며
> 놀림받고 자라는 아이는 수치심을 배울 것이며
> 질투 속에 자라는 아이는 시기심을 배울 것이며
> 수치심을 느끼면서 자라는 아이는 죄책감을 배울 것이며

너그러움 속에서 자라는 아이는 인내심을 배울 것이며
포용하는 분위기에서 자라는 아이는 사랑을 배울 것이며
찬성하고 허락하는 분위기에서 자라는 아이는
자기 자신을 사랑하는 법을 배울 것이다.

인정받고 자라는 아이는
목표를 갖는 게 좋은 일이라는 걸 배울 것이고
함께 나누면서 자라는 아이는 관대함을 배울 것이며
정직함 속에서 자라는 아이는 진실함을 배울 것이며
공정한 분위기에서 자라는 아이는 정의를 배울 것이며
친절과 배려 속에 자라는 아이는 존중심을 배울 것이며
안정감을 느끼며 자라는 아이는 신뢰감을 배울 것이며
친밀한 환경에서 자라는 아이는
이 세상이 살기 좋은 곳이라는 것을 배울 것이다.

도로시 놀테, <아이들은 생활 속에서 배운다>

혁명가의 선의가
반드시 좋은 결과로 이어지진 않는다

거친 열정에 들떠 한국 사회를 난도질하던 우리들에게 길진 형은 많은 조언을 해주셨다. '따뜻한 마음을 가지고 인간을 대하되, 날카로운 지식으로 사회의 모순을 분석해달라'고 주문하셨으며, 무엇보다도 '대안을 가지고 비판할 것'을 강조하셨다. 그러나 산에 오르지 못하고 하늘을 논하던 우리는 길진 형의 그러한 가르침을 귀담아듣지 않았다. 아! 그때 길진 형은 외로웠을 것이다.

나이로는 10년 정도 차이가 났지만 임 박사는 언제나 제자들을 대형(大兄), 대인(大人) 혹은 박사(이제 곧 학위를 딸 것이므로)로 높여주었다. 몇몇은 그를 '형'이라고 불렀다.

격의가 없다고 토론이 늘 화기애애하진 않았던 모양이다.

정병호 교수는 한국의 고위 공직자들과 소통할 만큼 대단한 위치에 있던 그가 까마득한 제자들과 격론을 벌이던 장면을 이렇게 전한다.

우리가 하고자 하는 건 정치적인 민주화 운동과는 다소 결이 달랐습니다. 기존의 권력구조로는 근본적인 문제해결이 될 수 없다고 생각했습니다. 길진 형님도 엘리트 관료주의에 대해 비판적인 입장이었지만 권력구조 안에서 우리가 할 수 있는 걸 하자, 대안이 되는 정책을 제시해서 세상을 바꾸자는 쪽이었습니다. 그 당시 우리로선 현실과 동떨어진 이야기로 들릴 수밖에 없었지요.

동구권 멸망을 예로 들어 급진적인 개혁의 맹점을 지적하는 그를 한쪽에선 개량주의로 몰아 가차 없이 비판을 가했다. 정병호 교수는 그 점이 임 박사로선 매우 억울했을 것이라고 뒤늦은 소회를 털어놓았다.
이기범 교수 역시 비슷한 이야기를 추모집에 적었다.

거친 열정에 들떠 한국 사회를 난도질하던 우리들에게 길진 형은 많은 조언을 해주셨다. '따뜻한 마음을 가지고 인간을 대하되, 날카로운 지식으로 사회의 모순을 분석해달라'고 주문하셨으며, 무엇보다도 '대안을 가지고 비판할 것'을 강조하셨다. 그러나 산에 오르지 못하고 하늘을 논하던 우리는 길진 형의 그러한 가르침을 귀담아듣지 않았다. 아! 그때 길진 형은 외로웠을 것이다.

개혁의 필요성에는 대체로 공감이 이루어졌으나 방법론적 측면에서 다른 견해를 갖고 있던 스승과 제자, 그리고 선배와 후배들 사이에 수시로 격론이 오갔다.

혁명가의 선의가 반드시 좋은 결과로 이어지지는 않는다.

임 박사는 제자들이 듣기 싫어하는 말도 서슴지 않았다. 혈기왕성한 제자들이 혁명을 이야기할 때 그는 대안을 요구했다. 그가 정의롭고 풍요로운 세상을 입에 올리면 제자들은 이를 형용모순(形容矛盾)이라 비판했다. 정의와 풍요를 동일선상에 놓는 것 자체가 낭만적인 환상에 불과하다고 거친 말로 대들기도 했다. 그렇더라도 임 박사는 책망하거나 노여워하지 않았다.

대신 토론이 격해져 배가 산으로 간다 싶을 때 그가 늘 하는 말이 있었다.

  소주 얘기할 땐 소주 얘기만 하고 와인 얘기할 땐 와인 얘기만 해라.

1987년 6월 10일, 일리노이 유학생들이 촛불을 들었다. 한국에선 박종철 고문치사 사건에 이은 4·13 호헌조치에 분노한 학생들과 시민들이 곳곳에서 '호헌철폐' '독재타도'를 외치던 무렵이다.

유학생 시위대는 한인교회에서 이틀간 단식을 강행하며 광주항쟁을 다룬 영상을 틀었다. 고국에서 일어난 민주화운동을 지지하는 성명서를 채택하여 지역 언론과 시민단체에 배포하기도 했다. 시카고 한국청년연합풍물패가 함께한 시위는 미국언론에도 다뤄질 만큼 파장이 컸다.

단식 행사가 끝난 후에는 일리노이대학 정문까지 촛불 행진을 이어갔다. 3백여 명의 교민들이 민주화 지지 서명에 동참했고 3천 달러의 성금이 모였다. 이 돈은 민주헌법쟁취 국민운동본부 인명진 목사 앞으로 보내졌다.

이 무렵 임 박사의 절친인 김근태·인재근 부부는 '로버트 케네디 인권상'을 받았고 일리노이 유학생들은 국내 정치 상황을 풍자

하는 연극 무대를 열었다.

안기부 요원들이 비밀리에 유학생들의 동태를 감시하는 상황.

해송일리노이 모임 회원들이 주축이 된 연극은 전두환을 실명으로 등장시켜 노골적으로 군부독재를 비판하는 내용을 담았다. 임길진 박사는 공연 첫날 연구년을 맞아 미국에 온 성균관대 김태동 교수와 함께 연극을 관람했다. 김대중 정부 경제수석을 역임한 김 교수는 임 박사와 경기고 동문이다.

공연 장소는 재미교포 형남수 그랜드마스터가 운영하는 태권도장이었다. 1980년 미국으로 건너간 그는 어바나 샴페인에서 태권도장을 운영하면서 일리노이대학 태권도 클럽 사범으로도 활동하고 있었다.

첫 공연이 끝난 저녁에 웬 산적같이 생긴 양반이 어깨를 툭툭 치더니 얘기 좀 하자고 하더군요. 그땐 교수님인지도 몰랐죠. 대뜸 하는 말이 '말뚝이(안기부 첩자를 뜻하는 유학생들의 은어)란 놈이 한국에 다 보고할 텐데 학생들이 이런 공연을 계획했다니 놀랍지 않냐'는 것이었습니다.

임 박사와의 첫 만남을 떠올리는 형 관장의 목소리가 다소 들떠 있었다. 이야기를 나누다 보니 임 박사는 한국에서 그가 태권도를 수련했던 무덕관 선배였다. 당시 25세였던 형 관장과 임 박사는 즉석에서 호형호제하는 사이로 발전했다. 임 박사는 나이 차이가 한참 나는 형 관장을 '아우님'으로 불렀다.

태권도장 벽면에는 10년 후를 목표로 한 청사진이 걸려 있었다.

당장 건물을 지을 게 아니었기에 앞부분만 그려놓은 설계도를 보고 임 박사가 다소 아쉬운 기색을 나타냈다.

"아우님, 이건 아무래도 일본 냄새가 나는데?"

동양 건물은 다 똑같다고 생각했던 형 관장에게 임 박사는 한국, 일본, 중국의 건축물이 어떻게 다른지를 상세히 설명한 끝에 한국 느낌이 물씬 배어나도록 멋지게 태권도장을 지어보자면서 한 가지 아이디어를 냈다.

"한국의 수덕사 본관 느낌이 나게 하는 건 어때?"

직접 그림을 그려 보이기도 했다. 이때 임 박사가 설계한 도면을 거의 그대로 구현한 건물이 현재의 태권도장이라 한다.

경쟁만 하면서 평화를 이야기하는 건 허위다

미국 사회에서 인정받는 마스터로 어느 정도 자리를 잡았으나 형 관장은 나름의 갈등을 겪는 중이었다.

그 무렵 미국의 교육심리학자 알피 콘(Alfie Kohn)이 쓴 『노 콘테스트(No Contest)』란 책이 베스트셀러 목록에 올랐다. 승리와 성공은 다르다. 경쟁은 생산적이지도 효율적이지도 않다. 너와 내가 경쟁하면 누구 하나는 지게 돼 있다. 인간은 본디 경쟁하는 동물이 아니다. 경쟁보다는 협력을 통해 더 나은 결과를 만들어낼 수 있다고 하는 게 이 책의 골자다.

형 관장은 점점 서구식 스포츠화되는 한국 태권도에 대해 문제의식을 갖고 있었다. 상대평가로 등수를 매기고 실력의 우열을 가리는 건 수련이 목적인 태권도의 본질을 벗어났다. 그런 이유로 84

년 이후론 도장에 오는 학생들을 한 번도 시합에 데리고 나간 적이 없다.

하루는 형 관장이 임 박사에게 은연중에 자신의 고민을 내비쳤다.

오케스트라 지휘자는 지휘봉으로 사람을 찌르지 않아도 자신감을 잃을 필요가 없는데 왜 태권도는 남을 때려눕혀야만 자신감이 생긴다는 건지 모르겠다고 했더니 처음엔 아무 말씀이 없으셨죠. 그러고는 며칠 지나서 다시 그 얘길 꺼내시더군요.

임 박사는 항상 남의 말을 허투루 듣는 일이 없었다. 일단 상대방의 이야기를 경청한 뒤 진지하게 성찰한 결과를 내놓곤 했다.

곰곰 생각해보니 아우님 말이 맞네. 사람들은 대부분 자기 자신의 평화를 위해서 무술을 한다지만 실질적으로 그들의 마음엔 평화가 없는 것 같아. 그렇게 때리고 맞는데 어떻게 평화가 생기겠어?

며칠 후 다시 만난 임길진 박사의 첫마디였다. 같이 고민을 좀 해보자는 그에게 형 관장이 마음속에 품고 있던 생각을 꺼내 보였다. 태권도 수련을 통해 오늘 내가 이만큼 성장했고 내일 더 성장할 수 있다는 믿음이 자기 인생을 끌고 나가도록 만들어주고 싶었다. 그러자면 도장보다 학교를 세워야 했다. 언젠가는 태권도를 전문으로 가르치는 대학을 설립할 계획도 갖고 있었다.

"멋지다! 우리 이거 꼭 하자! 아우님은 수련을 가르치고 난 이론을 가르치고!"

임 박사가 무릎을 쳤다. 문제는 과연 이런 교육이 미국에서 성공할 수 있느냐 하는 것이었다. 배우는 사람과 가르치는 사람이 서로 윈윈하도록 접근방법을 달리해야 한다는 게 임 박사의 조언이었다. 그리고 얼마 후 대안학교식 도장이 탄생했다. 실험적으로 자기 계발에 중점을 둔 목표지향적 교육을 시도하기로 둘이서 합의한 결과였다.

올림픽 종목에 태권도가 채택되면서 다른 사범들은 메달을 의식할 수밖에 없는 상황.

주위에선 경쟁 없는 스포츠가 과연 살아남을 수 있을지 의구심을 나타냈으나 이때만큼은 임 박사도 단호했다.

경쟁만 하면서 평화를 이야기하는 건 허위다.

형 관장이 지도한 학생 대부분이 미국 유수의 명문대학에 진학했으며 그중 몇몇은 훗날 하버드대학 교수가 되었다.

미래를 통찰한 혜안

해송일리노이 모임은 이후 '한국사회연구회'로 명칭을 바꿔 보다 대중화된 형태로 변신을 꾀했다. 가장 큰 변화는 일리노이대학 학부생뿐만 아니라 타 대학 유학생과 그들의 가족들, 그리고 일반 교민들의 동참을 이끌어냈다는 점이다. 풍물팀과 영화팀, 여성신문사 등 다채로운 하부 조직이 모임에 활력을 불어넣었다.

1989년 어바나 샴페인에서 한국사회연구회가 주관한 해외동포 초청 한국학 세미나가 개최되었다. 일본 내 한국통으로 알려진 다카자와 히데키, 재일교포 형제 유학생 간첩단 조작 사건으로 19년을 복역하다 한국 정부에 의해 최초의 비전향 정치범으로 풀려나 버클리 대학교 객원교수로 머물고 있던 서승 교수 등이 참석했다.

임 박사는 이 단체의 명예회원으로 '통일 이후 한민족 상생의 길'을 주제로 2박 3일간 참가자들과 숙식을 함께하며 주도적으로 회의를 이끌었다. 베를린 장벽의 붕괴로 남북통일을 향한 기대감이 한창 높아갈 무렵이라 그만큼 토론의 열기도 뜨거웠다.

주요 의제로는 남북이 다시 만나면 어떤 식으로 교류할 것인가, 중국과 러시아 등지에 흩어져 사는 교민들 간의 이질감을 해소하기 위해서는 무엇을 준비해야 할 것인가 등등 통일 이후에 닥칠 현실적이고 실질적인 문제를 다뤘다.

중국교포와도 교류가 안 되던 시절이었으나 임 박사는 중국 내 조선족은 물론 사할린과 카자흐스탄, 우즈베키스탄 등 러시아와 중앙아시아 각지의 한민족 문제까지 통일에 대비한 이슈에 포함시켰다. 이때 등장한 것이 두만강 개발계획이다.

임 박사는 러시아 연해주와 중국 동북 지방(연변, 훈춘)을 나진, 선봉과 묶고 한국이 유엔개발계획 차원에서 두만강개발계획을 추진할 것을 정부에 제안했다. 우선 남북이 협력하여 상생의 길을 모색한 다음 단계적으로 통일을 논하자는 취지였다.

북한에 식량난이 닥칠 것을 예견한 그의 구상은 결코 허황된 이론이 아님이 드러났다. 그로부터 2년 후 북한은 나진, 선봉을 경제특구로 선포하고 이 지역을 경제위기의 돌파구로 삼았다.

따뜻한 완벽주의자

임 박사는 언제나 제자들의 든든한 뒷배가 돼주었다. 형편이 어려운 제자들은 개인 조교로 채용해서 일할 기회를 만들어주고 생활비를 충당하게 했다. 타국 학생이라고 예외는 아니었다. 인종이나 국적에 상관없이 경제적 이유로 학업에 곤란을 겪는 걸 알게 된 이상 그냥 지나치질 못했다.

일리노이대학에서 임길진 교수는 가장 논문을 많이 쓰는 교수로 유명했다. 주만수 한양대 경제학부 교수는 조교 자리를 수소문하던 중 도시계획학과에서 경제학 전공 조교를 구한다는 이야기를 들었다.

임 박사의 연구실은 가정집을 개조한 2층 목조건물에 있었다. 쭈뼛쭈뼛 연구실로 들어선 대학원생을 그는 환한 웃음으로 맞아주었다. 그로부터 2년 동안 조교로 일하면서 주 교수는 많은 것을 보고 느끼고 배웠다고 회고한다.

제일 놀라운 건 강의 준비에 쏟는 임 박사의 열정이었다. 학생들에게 나눠주는 자료는 각각의 특성에 따라 노란색, 파란색, 붉은색 종이로 구분되어 있었다. 일주일 동안 수업에 사용될 토론의 내용과 과제 등을 주제별로 묶은 것들이다.

당시 시카고 미식축구팀인 베어스의 쿼터백이 경기에 나올 때면 대학생들은 자신의 이름을 표시한 헤어밴드를 착용하고 응원하는 게 유행이었다. 언제부턴가 미국 학생들이 흰색 헤어밴드를 하고 다니기 시작했다. 밴드에는 'GILL'이라는 문구가 선명하게 쓰여 있었다. 임 박사의 인기가 어느 정도였는지 알 수 있는 대목이다.

임 박사가 거처로 사용한 윌라드 공항 근처 콘도미니엄에선 종종 파티가 열렸다. 도시계획을 전공하는 학부생이나 대학원생들을 위한 파티뿐 아니라 유학생 가족 초대 파티, 샴페인의 노총각들을 위한 파티 등, 명목도 다양했다. 초대장 작성에서부터 음식 장만, 기념사진 촬영에 이르기까지 파티를 조직하고 진행하는 일에서도 임 박사의 남다른 감각이 돋보였다. 집안이 꽉 들어차도록 손님들을 초대해선 파티 조명으로 한쪽 벽면에 슬라이드 필름을 쏘아댔다. 파티에 참석한 학생들은 벽면에 자기 얼굴이 나타날 때마다 환호성을 내뱉으며 즐거워했다. 분위기가 무르익을 때쯤 나오는 임 박사표 팔보떡볶이는 최고의 인기 메뉴였다.

사보이의 공공아파트를 최상의 주거지로 생각했던 유학생들에게 임 박사의 콘도미니엄은 관광지의 화려함과 낭만을 느낄 수 있는 환상의 공간이었다. 부엌 천장에 가지런히 걸려 있던 크고 작은 냄비와 프라이팬, 세계 도처에서 수집한 성냥갑으로 손수 만든 벽걸이용 액자, 향수를 달래주는 대금, 나선형 계단으로 올라가는 2층 다락방과 그 계단 옆에 세워 놓은 각양각색의 스키, 단아하게 정돈된 실내는 모두의 감탄을 자아내기에 충분했다.

학생들은 가장 감명 깊은 수업으로 임 박사의 강의를 꼽았다. 주경식 한국교원대 지리학과 교수는 그로 인해 유학생들의 긍지가 매우 높았다고 전한다.

무덥고 습한 날씨가 이어지는 여름방학에도 도시계획학과 연구실은 가장 늦게 불이 꺼졌다. 임 박사가 브라질, 필리핀 등 제삼세계 독재국가에 관한 연구로 정신없이 바쁠 때였다. 아직 논문 쓰기에 체계적인 훈련이 안 돼 있는 대학원생들은 종종 연구실로 찾아와 도움을 청했다.

"어, 그래! 뭐가 문제야?"

어느 때고 흔쾌히 문을 열어주면서 임 박사가 하는 말이었다.

1985년 일리노이대학 도시공학과로 유학한 이만형 충북대 교수는 졸업한 지 수십 년이 지난 지금도 강의 시간에 스승의 손놀림을 따라 하는 자신을 발견하곤 한다. 그는 임 박사의 조교로 일하면서 편지 봉투에 정성껏 우표 붙이는 법부터 다시 배웠다. 나름 정리정돈에 일가견이 있다고 자부하는 그였지만 임 박사 앞에선 저절로 입이 다물어지곤 했다.

자기관리에 철저한 면모는 임 박사를 아는 이들이 공통적으로 하는 이야기다. 이만형 교수에게 잊지 못할 장면은 따로 있다.

유학 후반기 논문 마감을 앞둔 때였다. 지도교수인 임 박사도 그와 함께 수시로 밤을 새웠다. 사흘 밤낮을 논문에 매달리다 기진맥진해 있는 제자에게 하룻밤만 더 분발하자고 재촉하곤 했다.

"내가 논문 쓸 땐 일주일은 예사로 넘어갔어."

며칠 밤을 꼬박 새워도 끄떡없는 스승 앞에서 아직 갈 길이 먼 제자는 말문이 막힐 수밖에 없었다.

남은 기간은 42일.

공교롭게도 이 무렵 부친이 암 진단을 받았다는 연락을 받았다. 당장 서울로 달려가지도, 논문을 포기할 수도 없는 상황.

심적으로 흔들리는 제자를 보다 못한 임 박사는 온갖 인맥을 동원하여 서울대병원에 입원을 알선했다. 그런 뒤 개인 스케줄을 모두 취소하고 논문에만 집중하게 했다. 그리하여 서론을 열다섯 번이나 고쳐 쓰면서 마감 기일에 맞춰 논문을 완성하는 동안 이만형 교수의 부친은 무사히 수술을 마쳤다.

임 박사는 언제나 제자들의 든든한 뒷배가 돼주었다. 형편이 어려운 제자들은 개인 조교로 채용해서 일할 기회를 만들어주고 생활비를 충당하게 했다. 타국 학생이라고 예외는 아니었다. 인종이나 국적에 상관없이 경제적 이유로 학업에 곤란을 겪는 걸 알게 된 이상 그냥 지나치질 못했다.

어느 겨울 일리노이에 지독한 한파가 몰아쳤다. 프리징 레인(Freezing Rain)으로 아름드리나무가 갈라지고 생필품을 사러 나갈 수조차 없는 날씨가 도시마저 얼어붙게 했다.

유학생 중에는 기혼자들도 있었다. 어린아이가 있는 아파트에 전기가 끊기자 비상사태가 벌어졌다. 다행히 임 박사가 사는 아파트는 별 탈이 없었다. 유학생들의 딱한 사정을 전해 들은 그는 흔쾌히 그들을 모두 집으로 불러들였다. 남자 혼자 사는 집에 아이들까지 합쳐 7-8가구가 사나흘을 먹고 자고 했으니 난민 수용소가 따로 없었다. 그 와중에도 임 박사는 아침마다 아이들 먹일 미역국을 한 솥 끓여놓고 연구실로 향하곤 했다. 흔히들 '건강한 신체에 건강한 정신이 깃든다'고 하지만 그것을 일상적으로 실천하기란 쉽지 않은 일일 것이다. 임 박사에겐 말이 곧 실천이었다.

북미대륙 가운데 위치한 어바나 샴페인 주위로는 드넓은 옥수수 밭이 펼쳐져 있었다. 그는 태권도장에서 수련하는 틈틈이 들판에 나가 연을 날렸다. 겨울엔 스키를 타고 광활한 설원을 누볐다. 스키 광 소릴 들을 만큼 겨울 스포츠를 좋아했던 그는 여름방학을 이용해 남미 안데스산맥까지 헬기를 타고 가서 헬리스키를 즐기고 오기도 했다.

"누구든지 동네 바(Bar)에서 나를 발견하면 그날은 양껏 술을 사주겠다."

임 박사가 강의실에서 곧잘 하는 말이었다. 술을 즐기는 편은 아니었으나 아예 입에 대지도 않는 건 아니었다. 날씨가 술을 부른다 싶으면 남학생들은 시내 술집을 기웃거렸다.

공짜 술을 얻어먹을 심산으로 임 교수를 찾아다녔으나 대개는 헛걸음하기 일쑤.

진짜로 운이 좋으면 꼭지가 돌도록 임 교수의 술을 얻어 마실 수 있었다. 많은 이들이 임길진 박사의 최대강점을 완벽주의로 꼽는다. 조교들은 그 완벽주의 때문에 어느 해 여름방학을 고스란히 헌납해야만 했다.

개발연구협의체의 학술대회 논문을 책으로 엮는 작업을 할 때 일입니다. 수식과 표가 많아 꽤 까다로운 일이었는데, 4백여 쪽이나 되는 본문을 워드 퍼펙트(Word Perfect)로 편집을 마쳤을 때 매킨토시 워드 프로그램이 새로 나왔습니다. 그걸 이용하면 수식이나 표를 더 세련되게 만들 수 있겠다 싶었죠. 무심코 매킨토시로 편집한 샘플을 길진 형에게 보여줬다가 그야말로 사서 고생을 한 겁니다.

이기범 교수의 회고담이다.

일 욕심이 많은 임 박사가 신기술을 탐한 건 당연한 일이었다. 이미 편집이 완료된 책을 재편집하느라 여름방학이 어떻게 지나갔는지도 몰랐다.

전공과는 무관한 일을 하다 보니 툭하면 문제가 생겼다. 국제 논문학회 자료집을 출판할 때는 1년이 넘도록 OK 사인이 떨어지질 않아 애를 태웠다. 한참 머리를 싸매고 있을 때 임 박사가 논문집 샘플을 구해와선 툭 한마디 던졌다.

"이런 게 바로 글로벌 스탠다드다."

샘플 덕에 고품질의 결과물을 생산해내긴 했으나 자료집 두 권 출판에 꼬박 2년 반이 걸렸다. 이기범 교수는 그때를 떠올리며 추모집에 한 자락 소회를 얹었다.

"일을 시작하면 완성도가 최고에 이를 때까지 부단히 노력하라."

길진 형의 가르침이 바로 그것이다. 길진 형은 말씀만 그렇게 하시는 것이 아니라 자신도 그렇게 했다. 나에게도 만일 일에 관한 한 남다른 억척스러움이 있다면, 그것 역시 많은 부분은 길진 형에게서 배운 것이 그랬기 때문이라 생각하면 틀림없을 것이다.

Gill-Lim은 장차 세계의 대통령이 될 인물

일리노이대학에 재직한 5년 동안 임 박사는 학생들을 가장 잘 가르치는 교수로 내리 이름을 올렸다. 1987년에는 학부교육상을, 1988년에는 학부교육 AMOCO상, 1990년에는 학부교육표창장을 받았다.

도시계획이든 지역개발이든 교육이든 인간적인 통찰력이 우선되어야 하며, 우리는 그런 능력을 지닌 사람을 길러내야 한다.

임길진 박사가 후배 교수들에게 늘 강조했던 말이다. 동양의 인본사상에 기초한 그의 강의는 3백 명이 넘는 학부생들에게 일상생활에서 앎을 실천하는 방법론으로 지적 호기심을 불러일으켰다.

1987년 유엔은 사회(Social), 환경(Environment), 윤리경영(Ethical Management)을 지속가능의 필수요소로 규정한 브룬틀란 보고서(Brundland Report)를 발표했다. 기존의 성장중심 기업경영 방식으로는 미래세대의 생존을 보장할 수 없다는 판단에 따라 사회적, 환경적 책임을 바탕으로 지속가능한 발전을 추구하는 경영의 패러다임을 전환한 게 브룬틀란 보고서의 요체라 할 수 있다.

같은 해 임길진 박사는 어바나 샴페인에 개발연구협의체(CODS, Consortium on Development Studies)를 창립한다.

1982년 프린스턴대학에서 열린 제1회 국제학술대회를 계기로 설립한 개발도상국 도시 및 정책 협의체(CURPDC, Consortium on

Urban and Regional Policies in Developing Countries)의 후신인 CODS는 인간, 자연, 기술의 조화를 모토로 '건강하고 지속가능한 사회'를 궁극의 목표로 내세웠다.

한국에선 '지속가능한 발전'이란 용어조차 생소한 때였다. 학술단체와 시민단체 성격을 통합한 열린 조직을 염두에 두었던 임 박사는 미국에서 공부하는 유학생들을 중심으로 각 분야의 인재들을 끌어모았다.

CODS는 전공에 제한을 두지 않았다. MIT 공과대학의 원제무, 미네소타대학의 전경수, 하버드대학의 김헌민 등 다양한 분야의 전공자들이 귀국 후 CODS의 중심축을 이루었다.

개인 조교의 역할에는 CODS 업무도 포함되어 있었다. 주만수 한양대학교 경제학부 교수는 조교 시절 처음엔 화려한 임원진 명단을 보고 놀라고, 이런 세계적인 행사가 한 명의 힘으로 이루어질 수 있다는 사실에 두 번 놀랐다고 회고한다.

> 샴페인에서 이틀 이상 대형 컨퍼런스를 진행할 때였습니다. 기획에서 참가자의 숙소에 이르기까지 전 과정을 그렇게 철저히 준비하고 실행하는 일이 한 사람의 능력으로는 가능해 보이지 않았습니다. 제가 그 당시 갖고 있던 생각은 '어떤 사람들은 통이 커서 새로운 일을 잘 벌이고, 그런 일을 마무리하는 건 꼼꼼한 사람들의 몫이라 서로 도우며 살 수밖에 없다'는 것이었습니다. 지금도 그 생각에는 변함이 없지만, 교수님께서는 예외가 있음을 보여주셨습니다.

이듬해 일리노이대학 종신 교수직에 임명된 임길진 박사는 루이스 홉킨스(Lewis Hopkins) 교수와 더불어 미국교육협회 학술지(Journal of Planning Education and Research) 공동편집장으로 활동하는 한편, 국제도시과학학술지(Journal of Urban Arts and Sciences) 편집위원에 선임되었다. 양대 학회지의 편집장과 편집위원이라는 직책은 그가 세계적인 계획가로서 입지를 굳혔음을 의미한다.

메릴랜드주립대학에서 열린 CODS 학술대회는 체스터 랩킨 교수의 참석으로 더욱 자리가 빛났다. 이만형 조교는 행사가 끝나갈 무렵 임 박사의 부탁으로 랩킨 교수를 워싱턴 D.C.의 유니언 역으로 배웅하게 되었다. 그리고 그날 스승의 스승으로부터 특별한 당부의 말을 들었다.

　　　Gill-Lim은 장차 세계의 대통령(UN사무총장)이 될 인물이니 잘 모시게.

스승과 제자 사이의 신뢰는 여기서 그치지 않았다.
1990년 한국에서 동아시아 계획 및 주택기구(EAROPH)와 국토개발연구원이 공동 주최한 세미나가 열렸다. 훗날 국토연구원으로 명칭을 바꾼 이곳에 임길진 박사가 초청연구원으로 와 있었다.

스위스그랜드호텔에서 3일간 계속된 학술 세미나는 조순 전 부총리의 "90년대 계획의 방향", 체스터 랩킨 프린스턴대학 명예교수의 "90년, 주택정책의 전환점"이란 기조연설로 시작되었다.

주택문제와 관련해서는 개발도상국들이 가장 큰 어려움을 겪고 있다. 개도국 정부가 주택문제를 완화하기 위해 사용하는 정책 수단, 즉 가격통제, 최저주거기준의 적용, 그린벨트 설정 등의 지나친 규제가 오히려 주택문제 심화 요인으로 작용하기 때문이다. 2000년대를 향한 세계 주택정책은 중앙정부로부터 지방정부로의 이관 및 주택 촉진 확대에 대한 법규 개정을 우선 과제로 삼아야 한다. 또한 주택문제 해결을 위한 노력을 국가 차원에서 비영리단체를 포함한 민간부문으로 이전해야 한다.

체스터 랩킨 교수의 연설은 평소 임 박사의 주장에 힘을 실었다. 생전에 그토록 임 박사를 아꼈던 랩킨 교수는 2001년 미국에서 영면에 들었다. 임 박사는 세계 곳곳에 진출해 있는 프린스턴 동문을 모아 미국 계획교육협회 내에 체스터 랩킨 교수의 업적을 기리는 '체스터 랩킨 어워드(Chester Rapkin Awards)' 기금 마련과 최우수 논문상 제도화에 발 벗고 나섰다. 이 과정에서 유가족보다 몇 배 더 많은 액수의 기부금을 출연한 것으로 알려졌다.

교수와 박사과정 해당자를 대상으로 하는 체스터 랩킨 어워드는 그가 생존해 있던 1987년부터 한해도 거르지 않고 시행되어왔다. 현재도 미국교육협회 홈페이지 시상 부문의 맨 위쪽에 체스터 랩킨 최우수논문상이 표기되어 있다.

강의 노트를 복사해주는 교수

> 한 번 맺은 인연은 영원해야 하고 그 인연은 신의를 바탕으로 맺어져야 한다. 받기보다는 주는 사람임을 더 자랑스럽게 생각하고, 가르치기보다는 항상 배우는 사람이 되어야 하며, 서두르기보다는 항상 준비되어 있어야 한다.
>
> 임 박사가 평소 입버릇처럼 하던 말이다. 그는 만나는 사람 하나하나를 소중히 여겼다. 논문작성이든 유학이든 취업이든 인생 문제든 도움이 필요한 이들에겐 기꺼이 손을 내밀어주었다.

강현수 국토연구원 원장은 임길진 박사가 서울대학교 환경대학원에 1년간 방문교수로 와 있을 때 석사논문 지도교수와 제자로 인연을 맺었다. 당시는 환경대학원이 대학원 과정임에도 불구하고 지도교수별로 엄격히 구분된 연구실 체계가 아니었다. 평소에는 자유롭게 수업을 듣다가 논문 학기가 되면 학생들이 지도교수를 선택하게 되어 있었다.

임 박사의 화려한 명성은 익히 들어 알던 터라 권위적일 거라고 여겼던 선입견은 첫 대면에서 완전히 깨져버렸다. 잔뜩 주눅 들어 있던 지도학생에게 논문에 도움이 될 만한 책을 여러 권 내주며 호탕하게 웃는 모습이 더없이 소탈하게 다가왔다.

무엇보다도 큰 도움이 되었던 건 용기를 북돋워주는 격려와 정신적인 자극이었다. 덕분에 박사과정까지 무사히 마칠 수 있었던 강 원장은 90년대 진보적인 젊은 도시연구자들의 모임인 공간환경학회 회원이기도 했다.

임 박사는 신림동 주택가의 차고를 개조한 조그마한 학회의 고문을 자처하고 국내에 있을 때면 거의 예외 없이 기조강연이나 종합토론회에 참석해 자리를 빛내주었다. 서울대학교에서 학술대회 행사를 마친 어느 날은 참석자들과 함께한 뒤풀이 자리에서 우리나라 도시계획의 문제점과 해결방안에 대해 밤새 열띤 토론을 벌였다.

소외된 사람들에게 관심을 잃지 않고 그들에게 필요한 일을 하는 것이 바로 젊은 계획가들의 역할이다. 당장 급하게 하려고 하지도 말고 평생에 걸쳐 꾸준히, 그러나 확실하게 실천할 수 있도록 준비해야 한다.

이날의 뜨거운 약속을 실천하자는 의미로 결성된 모임이 마지막 뒤풀이 장소인 맥주집 이름을 딴 '보리학파'였다.

주로 20~30대의 석, 박사과정 학생들이 주축을 이룬 보리학파는 임 박사를 만나고자 하는 젊은 학생들 모두에게 문호를 개방했다. 해서 이 모임에 오는 사람들은 숫자가 늘어도 평균 연령은 거의 변하지 않았다.

임 박사는 귀국해서 이들을 만날 때마다 빈손으로 오는 법이 없었다. 자신의 저서나 직접 도안한 기념품 따위를 항상 선물로 가져왔다. 줄 게 없으면 하다못해 수업에 도움이 되라고 강의 노트를 복사해왔다. 강 원장 표현을 빌자면 마치 뭐라도 하나 챙겨주지 않으면 절대로 안 되는 것처럼.

　　한 번 맺은 인연은 영원해야 하고 그 인연은 신의를 바탕으로 맺어져야 한다. 받기보다는 주는 사람임을 더 자랑스럽게 생각하고, 가르치기보다는 항상 배우는 사람이 되어야 하며, 서두르기보다는 항상 준비되어 있어야 한다.

　임 박사가 평소 입버릇처럼 하던 말이다. 그는 만나는 사람 하나하나를 소중히 여겼다. 논문작성이든 유학이든 취업이든 인생 문제든 도움이 필요한 이들에겐 기꺼이 손을 내밀어주었다. 특히 유학 관련 장학금 알선이나 추천서가 필요한 경우는 상대방이 먼저 말하지 않아도 자청해서 도와주곤 했다.

　뉴저지대학의 이근철 교수는 미시간주립대학 시절 사회과학대학의 다른 교수와 더불어 한국 자동차 산업의 현주소와 미래에 대한 논문을 쓰다 난관에 봉착했다. 사회과학에 기초한 논문과 기술적 측면을 서술한 논문을 서로 연결하고 꿰맞춰서 매끄러운 결론을 도출해내기가 쉽지 않았다.

　두 사람은 한참을 망설이던 끝에 임 박사에게 도움을 청했다. 당시 임 박사는 미시간주립대학 국제대학장이었다. 바쁜 일정을 잘 알고 있었기에 많은 걸 기대하지는 않았다. 몇 마디 조언 정도 듣고 논문을 마무리할 요량이었다. 더군다나 임 박사는 다음 날 아침 일찍 회의가 예정되어 있었다.

　　그런데 뜻밖이었다. 학장님께서는 그 밤을 꼬박 새워가며 그

논문에 관해 조언을 해주셨다. 그뿐만 아니라 개인적인 일을 포함한 많은 이야기들을 우리는 그날 밤에 나눌 수가 있었다. 그날 나는 공학을 비롯한 사회과학의 여러 분야에 걸친 광범위하고도 깊이 있는 학장님의 지식을 느낄 수 있었다. 부러웠다.

이근철 교수가 추모집에 쓴 글이다. 이후 그는 학생들을 진정으로 아끼는 자애로운 교육자의 모습을 볼 수 있었다. 한 번은 주변에 있는 누군가가 임 박사의 리더십에 누가 되는 행동을 한다고 생각되었다. 사실대로 말해주는 게 임 박사를 돕는 길이라고 여긴 그가 조심스럽게 이야기를 꺼냈다. 그러자 임 박사는 이렇게 말했다.

> 설령 내게 해가 된다고 하더라도 모두 다 내 역량에 의한 것이다. 왜냐하면 이 또한 내가 거둬야 할 업이기 때문이다.

제자들에게 임 박사는 평범한 지도교수가 아니었다. 중국 절강대학교 토지 및 도시관리학과 박인성 교수는 불과 한 학기 동안 그를 은사로 모셨을 뿐이지만 끊임없는 자극과 동기를 부여받았다고 이야기한다.

임 박사가 북경대학 지리학과 객좌교수로 갔을 때 일이다. 몇 안되는 초기 북경대학과 인민대학의 한국 유학생들에게 그는 유쾌한 멘토 역할을 했다. 인민대 광장에선 매주 금요일 '잉글리시 코너'라는 프로그램이 운영되고 있었다. 학생들이 영어 실력을 키우기 위해 영어로만 이야기하는 프로그램이었다.

"야, 여기 참 재미있는 곳인데!"

우연히 이곳을 지나던 임 박사가 걸음을 멈추곤 이들의 대화를 유심히 경청했다. 나중엔 어느 한 그룹의 대화에 직접 끼어들어 학생들의 질문에 답하기도 하고 더러는 궁금한 걸 물어보기도 했다. 시간이 지나자 학생들이 겹겹이 그를 에워싸고 흥미롭게 귀를 기울였다.

그 당시 중국에서 유학한다는 건 그다지 좋은 조건이라 할 수 없었다. 공부를 마치고 귀국한다 해도 전망이 밝지 않았다. 중국 정치경제학을 전공한 이상만 박사는 서울에서 박사과정을 마친 뒤 가족을 동반한 유학길에 올랐다. 일찍이 중국의 정치경제에 관심을 가졌던 그로선 고생을 각오하고 선택한 길이었으나 미래가 보장되지 않은 유학 생활은 살얼음판을 걷는 기분이었다. 그럴 때 박인성 교수의 소개로 임 박사를 만났다.

청바지에 팔을 걷어붙인 자켓 차림, 작지만 온화한 눈빛, 커다란 키, 짧고 굵고 맑은 톤의 목소리.

이상만 박사가 떠올린 임 박사의 첫인상이다. 심리적으로 예민해져 있는 그에게 몇 번 만나지도 않았는데 중국과 북한 이야기를 거리낌 없이 꺼내는 임 박사의 자유로운 기질은 매우 낯설게 다가왔다. 한편으론 모종의 정보를 확보하려는 듯한 의구심이 들기도 했다.

"이 박사, 중국공산당사 한 자락 읊어보시지? 앞으로 중국이 어떻게 변할 것 같은가? 이제부턴 이 박사가 할 일이 많아질 걸세."

앞엣말은 특유의 유머 감각에서 비롯된 농담이고 뒤엣말은 임 박사의 진심이었다. 아직 그를 잘 알지 못하는 상대방으로선 그런 말이 예사로 들리지 않았을 터였다. 물론 여러 번의 만남을 거치면서 이 또한 추억이 되었지만.

임 박사는 종종 한국 유학생들을 위한 특강을 열었다. 주말이면 인민대 앞 식당 혹은 청화대 인근 우다오커우 거리의 찻집이나 맥줏집에서 국제사회가 돌아가는 방향에 관한 토론을 벌이기도 했다.

1996년 말 인민대학과 북경대학의 박사과정 연구생들을 중심으로 한중사회과학연구회(약칭 한중연)가 창설되었다. 임 박사는 흔쾌히 상임고문을 맡았다. 당시는 북경대학의 의뢰로 국내 한샘기업이 추진하는 대규모 조립식 단지를 설계하는 프로젝트를 진행 중이었다.

이 상황에서 뜻하지 않은 사건이 벌어졌다.

한중연 회원 중에 임 박사가 특별히 신임하는 조선족 출신의 대학원생이 있었다. 어려운 여건임에도 열심히 노력하는 자세를 높이 평가해 사비를 털어 연구비를 후원할 만큼 기대가 컸던 제자였다.

박사과정을 마쳤을 땐 북경대학 교수로 추천하기도 했다. 조선족을 교수로 받아준 전례가 없는 북경대학에서 조선족을 채용한 건 그만큼 임 박사에 대한 신뢰가 컸다는 걸 의미한다. 문제는 그다음이었다. 같은 조선족의 밀고로 논물 표절 시비가 일자 당사자가 갑자기 종적을 감춰버린 것이었다.

결국 그로 인해 임 박사와 북경대학은 관계가 서먹해졌고 프로젝트는 무산되고 말았다. 옆에서 지켜보기 안타까울 정도였으나 임 박사는 지도교수로서 온전히 책임을 떠안고 북경을 떠나왔다.

이미 벌어진 결과 앞에선 누구도 원망하거나 탓하지 않는 것, 이것이 그가 교육자로서 사람을 대하는 방식이었다. 심지어 누군가는 스승이 공들여 계획한 프로그램을 빼돌려 제 잇속을 채우기도 했다. 그럴 때도 오히려 상대를 포용하고 도움을 베풀었다.

대의를 위해 작은 손해는 감수해야 한다고 생각하는 분이었지요. 본인은 교육자니까 남들이 모르는 걸 일깨워줘야 한다는 사명감이 유독 강하셨어요.

동국대학교 지리학과 이혜은 교수의 전언이다.

중국을 제대로 알려면 대륙을 샅샅이 둘러봐야 해! 우리가 중국대륙과 시베리아를 횡단하는 프로그램을 만들자.

임 박사가 한중연 회원들과 했던 약속은 지켜지지 못했으나 중요한 몇 가지는 시간이 지난 후에라도 끝내 이루었다. KDI 국제정책대학원 초대 원장 시절 중국 관련 과목을 개설한 것도 그중 하나다.

임길진 박사의 교수법

I. 실천적 지침
    1. 인식 영역별로 다른 교육 방식을 사용한다.
    2. 단어보다는 이미지를 사용한다.
    3. 말보다는 보여주는 것을 택한다.
    4. 너무 많은 것은 너무 적은 것보다 오히려 나쁘다.
    5. 걱정은 창의성을 억누른다.
    6. 학생의 긍정적인 면을 강화시킨다.
    7. 반복이 중요하다.

II. 교사의 역할
    1. 동기부여인.
    2. 교사는 본 과정의 실질적 교재.
    3. 학문 및 진로의 상담자.
    4. 학문 전수 및 학문 과정의 관리자.
    5. 규칙을 교육하는 사람.
    6. 편안한 학습 분위기를 만들어주는 사람.
    7. 스스로 교사로서 자질이 있는지 파악하라.
    8. 최초 몇 수업의 중요성을 잊지 마라.

III. 면담 방식
    1. 개별적으로 학생들을 알아간다.
    2. 관심을 표한다.

3. 면담의 개요를 설명한다.
4. 나의 경험과 연관시킨다.
5. 긍정적으로 강화시킨다.

Ⅳ. 교수법의 개념적 핵심
  1. 항상 3가지 전문 역량을 이용한다.
    i) 기술적 역량.
    ii) 대인관계 역량.
    iii) 핵심 역량.
  2. 또한 유능한 소통 방법의 원칙을 활용한다.
    i) 학생들이 당신의 뜻을 이해할 수 있게 말해야 한다.
    ii) 자신이 아는 최대한의 진실과 사실을 제시해야 한다.
    iii) 진실한 태도로 학생을 대해야 한다.
  3. 마지막으로, 만족스러운 교직 생활을 위해선 세 가지 "사랑"이 필요하다.
    i) 사람에 대한 사랑.
    ii) 과정에 대한 사랑.
    iii) 결과에 대한 사랑.

교수와 학생의 성공적인 팀워크를 위한 수업의 시너지 창조법

나는 문화적으로 다양한 출신의 학생들을 가르칠 때마다 편안한 학습 분위기를 조성하고 모든 학생들 사이의 생산적인 상호작용을 장려하기 위해 다음의 방식을 따르고 있다.

1. 아시아인, 아프리카인, 아프리카계 미국인 등 다양한 사람들로 구성된 몇 개의 팀을 만든다. 수업 중 팀 과제를 내준다. 그들이 전문직 동료로서뿐만 아니라 친구로서 과제를 수행해야 함을 분명히 한다.
2. 나는 수업 외에 각 팀 별로 모아 저녁 식사와 술을 하면서, 수업과 그들의 생활에 관해 자유로운 대화를 갖는다.
3. 학생들과 개별면담을 갖고 그들의 학업과 개인적인 문제를 논의한다. 그들에게 나의 관심과 존중을 표한다.
4. 가끔씩 모두를 우리 집이나 동네 식당으로 초대해 저녁 식사를 함께한다.
5. 인간적 세계화의 일곱 가지 원칙을 실천하도록 당부한다.
6. 기본적으로 성공적인 수업을 위해서는, 수업이 현재 진행 중인 문화적, 인간적 노력 그 자체가 되어야 한다.

멘토링의 4가지 차원

1. 학문적 차원: 멘토는 학생의 학문적 노력에 적합하게 지적, 기술적, 전략적 조언을 제공해야 한다. 조언의 궁극적인 목적은 조언받는 이가 스스로 기존 지식 체계를 넓히고 신중한 결정을 내릴 수 있는 전문가가 되도록 하는 데 있다.
2. 물질적 차원: 멘토는 학생이 양질의 생활을 하는 데 필요한, 주거, 건강관리, 교통, 음식 및 기타 필수품 등 모든 물질적인 것들을 갖출 수 있게 도와야 한다.
3. 도덕적 차원: 멘토는 학생과 협력해 그가 청렴, 명예에 대한 신념, 정직 및 책임을 지닌 건전한 도덕성을 갖도록 노력해야 한다.
4. 정서적 차원: 멘토는 학생이 학문 외의 생활에서도 정서적으로 안정되고 즐거운 문화생활을 할 수 있도록 도와야 할 의무가 있다.

전부를 숙지하기 어려우면 한 가지만 기억해도 좋다.

좋은 멘토가 되려면 항상 대상에 대한 사랑과 존중을 보일 것!
우수한 학교는 좋은 책, 컴퓨터, 교실로만 이루어지는 게 아니다.
좋은 사람들이 주변에 있어야 좋은 학교가 될 수 있다.

협상을 해야지 왜 싸워?

백 명의 사람에겐 백 개의 사정이 있기 마련입니다. 그 나라와 사회가 처한 상황에 따라 적용 방법을 달리해야 하는 게 협상이론의 기본입니다. 불행히도 우리나라의 정치인, 관료, 경제인, 시민지도자들은 가장 기본적인 협상기술을 습득하지 못한 채 입장주의적 대결, 불투명한 막후협상 등으로 분쟁을 해소하고 국가를 운영해왔습니다. 협상에는 스킬이 필요합니다. 갈등에 대한 인식 없이 분쟁이 해소되길 원하는 건 플러스섬(plus-sum)이 아닌 제로섬(zero-sum)으로 가자는 말과 다르지 않습니다.

'세상의 8할은 협상이다.'
세계적인 협상가 허브 코헨(Herb Cohen)이 한 말이다. 또한 그는 협상은 누구나 하는 인생 게임이며 세상에 불가능한 협상은 없다고도 했다. 그런데 어째서 세상엔 전쟁이 끊이지 않고 사람들은 갈등과 분쟁의 요지경 속에서 힘든 나날을 이어가고 있는 것일까?
이에 대해 코헨은 사람들이 게임을 대하듯 협상을 대하는 태도에 맹점이 있다고 진단한다. 게임에 신경을 쓰긴 해도 진심으로 중요하게 생각하진 않는 것과 마찬가지로 협상 대상자를 진지하게 대하면서도 절실하게 여기진 않기 때문에 원만한 협상에 도달하지 못한 채로 항상 분쟁의 여지를 남긴다는 것이다.
협상이론(Negotiation Theory)은 1980년대 미국에서 등장했다.

임 박사는 협상학의 정의를 '분쟁해소의 결과가 모두에게 득이 되는 상태 상태 혹은 모두가 승리하는 상태가 되도록 돕는 학문'으로 규정하고 여러 편의 논문을 발표했다. 그중 1986년 계획교육과 연구 저널(Journal of Planning Education and Research)에 발표한 "현대 계획이론의 통합을 위하여(Toward a Synthesis of Contemporary Planning Theories)"라는 논문은 미국을 비롯한 여러 나라에서 도시계획 및 도시정책 석·박사과정의 필독 논문으로 통한다.

이 논문은 협상을 통한 분쟁 해소 방안을 다음 두 가지로 요약하고 있다.

첫째, 협상에 대한 비교문화적 연구가 필요하다. 협상의 목적, 대상, 방법, 양상 등이 나라와 사회에 따라 어떻게 다르게 나타나는가에 대한 연구가 있어야 협상이론의 일반성과 한계성을 파악할 수 있기 때문이다.

둘째, 이러한 비교연구를 바탕으로 서로 다른 여러 사회에 적합한 협상이론과 방법을 연구해야 한다. 이러한 노력이 있어야 외국에서 도입된 이론과 방법이 지닌 한계를 극복하고 특정한 다른 나라의 분쟁 해결에 도움이 되는 새로운 방법을 창출할 수 있기 때문이다.

2001년 우리말로 펴낸 『21세기의 도전: 계획과 전략』은 위에 제시한 연구 결과를 바탕으로 협상이론 및 계획이론 논문들을 엮은 책으로, 특히 한국적 협상이론 개발의 필요성을 자극하는 실마리가 되었다.

1987년 일리노이대학에서 개발연구협의체 2차 학술대회가 열렸다. 당시 한국은 6.29선언을 계기로 각계각층의 민주화 요구가 분출하는 가운데 극심한 내홍을 겪는 중이었다. 진념 경제기획원 차관보 등이 참석한 이 학술대회에서 제기된 한국 사회의 문제는 갈등 해결에 드는 비용이 너무 크다는 것이었다. 임 박사는 기조연설을 통해 처음으로 협상이론을 한국에 도입했다.

백 명의 사람에겐 백 개의 사정이 있기 마련입니다. 그 나라와 사회가 처한 상황에 따라 적용 방법을 달리해야 하는 게 협상이론의 기본입니다. 불행히도 우리나라의 정치인, 관료, 경제인, 시민지도자들은 가장 기본적인 협상기술을 습득하지 못한 채 입장주의적 대결, 불투명한 막후협상 등으로 분쟁을 해소하고 국가를 운영해왔습니다. 협상에는 스킬이 필요합니다. 갈등에 대한 인식 없이 분쟁이 해소되길 원하는 건 플러스섬(plus-sum)이 아닌 제로섬(zero-sum)으로 가자는 말과 다르지 않습니다.

한국 사회에 상존하는 권력의 불균형, 사회적 신뢰 부족을 갈등의 제일 큰 요인으로 지적한 임 박사는 어떤 경우를 막론하고 협상 테이블에서 지켜야 할 일곱 가지 원칙을 제시했다.

첫째, 인신공격을 피하고 문제를 집중적으로 다룰 것.
둘째, 한쪽의 입장만을 고수하지 말고 공동이익에 초점을 맞출 것.
셋째, 분쟁 당사자들의 상호이익을 위한 대안을 찾을 것.
넷째, 객관적 기준을 사용하여 협상의 대안을 만들어낼 것.

다섯째, 설득(억지가 아닌 정당한 논법)을 앞세워 대화할 것.
여섯째, 분쟁 당사자들은 공동으로 새로운 가치를 만들어내고 공동으로 문제를 해결할 것.
일곱째, 결정을 하기 전에 해당 전문가의 자문을 구할 것.

어려운 듯하면서 쉽고 쉬운 듯하면서도 어려운 게 협상이다. 협상이 중요하다는 건 알아도 실천이 어려운 사람들을 위한 임 박사의 조언은 단 세 마디로 요약될 수 있다.

상대방을 대화상대로 인정할 것.
어떤 경우에도 인신공격을 피할 것.
무엇보다 '입장'과 '이익'을 분리할 것.

임 박사의 연설은 참가자들에게 깊은 통찰을 주었다. 이후 개발연구협의체 회원들을 중심으로 임 박사의 한국형 협상이론이 국내로 전파되었다.
송휘국 전 개발연구협의체 이사장은 임길진 박사가 존경한 인물로 남아공의 넬슨 만델라 대통령을 꼽는다.
약자가 희망을 빼앗긴 땅에서 평등을 외쳤던 만델라는 임 박사가 대학생이 되던 해 무기징역을 선고받았다. 온 세상 사람들에게 억압의 상징으로 인식되어온 그가 27년간의 옥살이에서 풀려나 남아공 최초의 흑인 대통령에 선출됐을 때 임 박사는 미시간주립대학 국제대학장이었다.
대통령이 된 만델라가 혼란에 빠진 민심을 수습하기 위해 내세운 정책이 '복수가 아닌 관용'을 호소하는 톨레랑스(tolerance) 운동이다. 이는 다수가 아닌 모두의 상생을 추구한다는 점에서 임길진 사상의 요체인 인간적 세계화(Humanistic Globalization) 정신과 맥이 닿아 있다.

무엇보다 임 박사는 실천하는 집단지성의 힘을 믿었다. 1988년 서울대에서 열린 '협상에 관한 국제 세미나'는 그 가능성의 일단을 보여주었다. 일리노이대학 학술대회에 참가했던 이상곤 인하대 교수가 주도한 행사다. 임 박사는 이 행사를 측면 지원하기 위해 하버드 협상연구소의 협상전문가들을 초청하고 국내 각 대학 교수들과 공무원, 기업인, 정치인, 시민운동 관련 인사들을 한자리에 모으는 등 글로벌 네트워킹을 가동했다.

현역 국회의원들이 발제자로 나선 이 행사는 국내 최초로 체계적인 협상의 원칙에 관한 논의가 이뤄졌다는 점에서 각별한 의미를 지닌다.

우루과이라운드(UR) 협상 문제로 한국 사회가 대내외적인 몸살을 앓았던 1995년 이상곤 교수를 중심으로 한국협상학회가 설립되었다. 정치색을 띠지 않기 위해 학계 인사 위주로 구성된 학회 초대 회장으로는 유장희 이화여대 교수가 영입되고 임 박사는 정회원이었다.

임 박사가 초대원장으로 재직했던 KDI 국제정책대학원에는 임 박사가 개설한 분쟁 및 협상센터(Center for Conflict Resolution and Negotiation)가 운영되고 있다.

현대의 리더는 계속해서 도전적인 정책 결정의 문제에 직면

한다. 그들의 결정은 자신들이 속한 조직뿐 아니라 전 사회에 영향을 끼친다.

　효율적이고 바람직한 윤리적 결정을 내리기 위해서는 조직 경영에 관한 직업적 전문 의식을 가지고 있어야 한다. 그렇지 않으면 조직의 목표를 달성할 수도 없을뿐더러 자신의 경력을 망치고 사회적으로 큰 피해를 입힌다. 리더십(지도력)과 팔로어십(지지력)이 합쳐졌을 때 비로소 원만한 협상이 이루어진다.

　위는 KDI 국제정책대학원 제자가 개인 블로그에 올린 임 박사의 협상학 강의 메모, 다음은 단계별 협상전략을 요약한 것이다.

임길진 박사의 협상전략 18단계

1장: 준비 (분석 및 계획)
 1단계: 자신이 관여하고 있는 갈등의 정치, 경제, 사회 및 문화의 맥락을 이해한다.
 2단계: 상대방 정보를 수집한다.
 3단계: 자신의 유용 자원 및 역량을 검토한다.
 4단계: 자신과 상대방의 강점과 약점을 비교한 후, 팀을 구성한다.
 5단계: 협상에 영향을 미칠 가능성 있는 제3자와 접촉한다.
 6단계: 협상 과정, 목표 기준, 상상할 수 있는 최선 및 최악의 절충안, 제3의 갈등 해결 방안을 포함하는 협상 계획을 준비한다.

2장: 실행 (토론 및 접촉)
 7단계: 협상절차를 시작한다.
 8단계: 관련 당사자들의 공동 관심사와 일련의 평가 기준 등 상호 공통점을 파악한다.
 9단계: 객관적 기준과 상호 이해관계를 충족하는 가능한 협상안을 제시한다.
 10단계: 강경한 협상가의 제안을 아무런 대응 없이 수락하지 않는다. 서로 수용할 수 있는 중간 타협점을 찾으려 노력한다.
 11단계: 협상 이외에도, 법적 방식이나, 제3자 개입 및 중재 등을 포함해 다른 갈등 해결법을 고려한다. 상대방이 응하지 않을 때, 기다리거나 이런 다른 방식들을 제안한다.

12단계: 합의된 내용과 합의되지 않은 내용을 명확히 분류한다.

3장: 사후 협상 (협약 유지, 합의 이행 및 재정리)

13단계: 협상에 사용된 모든 문서를 정리한다. 포괄적으로 평가한다. 특히 이쪽과 저쪽이 얻게 된 손익을 평가하고, 다음 협상을 위한 교훈을 요약한다.
14단계: 협상된 결과의 이행을 확인하고 지켜본다.
15단계: 협상결과가 미치는 영향을 요약한다. 긍정적 결과를 최대한 활용하고 부정적 결과에 대비한 적절한 보완책을 강구해야 한다.
16단계: 팀을 재정비하고 교육한다.
17단계: 결과를 자신의 공적 홍보에 사용한다.
18단계: 1단계부터 시작한다.

그리운 시절 그리운 사람

박원순 (전 서울시장)

사람이 그리운 것은 그 사람과 맺은 사연과 추억이 그립기 때문이다.

임길진 교수님이 그리운 것은 그분과 사귀었던 그 시대와 그 시대를 통해 우리가 맺은 정과 활동들이 그립고 소중하기 때문이다. 그분과 함께 꿈꾸었던 일들이 아직 미완성의 것들이 더 많기 때문에 더욱 안타까울 뿐이다.

1991년 하버드법대에 객원연구원으로 유학하고 있던 시절, 임길진 교수님은 당신이 학장으로 있던 미시간주립대학교에 나를 초청하였다. 한국의 인권에 대한 강의를 한 번 해 달라는 것이었다. 지도를 찾아보니 '이스트랜싱'이라는 곳이 내가 있던 보스턴과는 아주 먼 거리에 있었다.

이왕이면 일리노이에 있던 정병호, 이기범 등 내 친구들이자 임길진 교수 '팬 클럽'(임길진 교수님이 일리노이대학 교수로 있을 때 학위를 했던 친구들이다) 멤버들과 합류하기로 했다. 보스턴에서 어바나와 시카고를 거쳐 미시간으로 가는 데 사나흘이 걸렸던 것으로 기억이 난다.

한국의 인권문제에 관하여 관심이 있는 사람들이 얼마나 되랴 싶었지만 막상 그 강의에 참석한 사람들은 자리를 가득 메우고 있었다. 임길진 교수는 그 대학에 이미 한국학파, 한국 관심자를 가득 만들어

두었던 것이었다.

 뒷자리는 계속 이어져 마침내 임 교수님의 댁까지 쳐들어가게 되었다. 혼자 살기에는 큰 집이었다. 그러나 많은 일행으로 북적였던 그런 공간이었기에 불필요하게 컸다고 생각되지는 않았다. 그의 주변에는 언제나 사람들이 붐비고 있었다.

 그렇게 맺은 인연은 계속되어, 마침내 임길진 교수님은 내가 사무처장으로 일하던 참여연대의 후원자가 되었고, 나중에 만들어진 아름다운재단의 이사로까지 선임되었다. 멀리 미국에서 활동 중이었지만 이사회에 꼬박꼬박 출석한 것으로 기억된다.

 언제나 회의 중간에는 많은 아이디어를 내놓으셨고 또 주도적으로 회의를 진행하셨으므로 답답하기 쉬운 재단 이사회에 활력소를 불어넣어주시곤 하였다.

 미국과 한국은 물론, 중국과 아프리카 등 전 세계를 주름잡고 활동을 하셨기 때문에 부득이 회의를 놓칠 때에는 어김없이 그 다음 방문 시에 간사들을 불러 모아 밥을 사주시기도 하셨다.

 교수님이 관여하시는 단체들이 많은데도 불구하고 한 단체, 한 간사까지도 이렇게 챙기시는 것을 보면서 얼마나 다정다감한 분인가를 알 수 있었다.

 그분은 우리 간사들을 포함하여 시민단체 간사들에게는 자신이 재직하는 대학에 무료로 연수할 수 있는 기회를 제공하셨다. 아름다운가게 김연희 간사의 경우, 생전에 초청을 해 주셨고, 이후 안타깝게도 돌아가셨지만 그 약속대로 지금 미국에 가서 연수중이다. 이렇게 행운을 잡은 간사들이 적지 않을 터이다.

 시민사회에 대한 끔찍한 애정과 배려, 그리고 젊은이들의 꿈을 키워 주고 실천할 수 있도록 온갖 지원을 아끼지 않으신 그 애정들이 바로 밑바탕에 있었기 때문에 가능한 일들이었다.

개인적으로는 우리 시대가 처한 많은 문제들에 대해 임길진 교수님과 논의하곤 했다. 그분이 전공한 도시계획을 넘어 한국의 국제적 위상, 환경문제, 부패와 사회정의 등 다양한 주제에 대해 이런저런 기회에 토론과 대화를 나누었다.

나는 임 교수님이 가진 비전과 생각이 현실 속에서도 좀더 구체적으로 반영되었으면 하는 소망을 갖고 있었다. 언젠가는 최열 환경연합 대표님께 "우리가 이분을 국무총리나 대통령비서실장으로 추천 한 번 해 보면 어떨까요?"라고 말한 적도 있었다. 그 분은 그러한 직책을 담당하고도 남을 만한 해박한 지식과 국제적 감각, 그리고 경륜과 열정을 가지신 분이었다.

그런데 갑자기 돌아가셨다는 비보를 듣고 한동안 그 사실이 믿기지 않았다. 그렇게 건강하신 분이 그럴 리 없다는 생각이 들었던 것이다. 진실로 우리는 이 나라의 미래를 밝혀 줄 지도자 한 분을 잃었다. 우리 시민사회의 든든한 기둥을 하나 잃었다. 그분이 미처 다하지 못한 일들을 우리가 맡아 실천하는 것이 그분을 진정으로 추모하고 계승하는 길이 될 것이다.

참으로 그분이 그립다.

*박원순 님은 이 평전이 진행되는 동안 유명을 달리하여 인터뷰가 성사되지 못했다. 삼가 고인의 명복을 빈다.

제 4 부

완전히 세계화된 한국인
완전히 한국화한 세계인

미시간주립대학교
최초·최연소 동양인 학장

국제화라는 것은 달랑 두 나라만 서로 교류해도 붙일 수 있는 말이거든요. 그래서 국제화는 까딱 잘못하면 편파적인 의미로 변할 수 있습니다. 지구상의 모든 사람들이 함께 일하고 즐겁게 살면서 하나가 될 때 진정한 의미의 인류평화와 정의가 구현될 수 있다는 의미에서 세계화라는 말이 국제화라는 말보다 훨씬 더 좋은 뜻을 담고 있습니다.

1991년 1월, 미시간주립대학교 국제대학에 최초의 동양인 학장이 부임했다.

백여 명의 지원자 가운데 유일한 한국인, 미시간주립대학교 역사상 최연소 학장, 그가 바로 임길진이다.

유색인종에 엔지니어 출신인 그가 내로라하는 경쟁자들을 물리치고 국제대학장으로 발탁된 데에는 그럴만한 이유가 있었다.

임길진 박사는 도시계획학 외에도 교육학과 국제학을 같이 공부했고 이를 발전시켜 글로벌 소사이어티 교육 개발자로 거듭났다. 이기범 숙명여대 교수를 비롯한 지인들의 증언에 따르면, 당시 임 박사는 몇몇 미국대학에서 다른 제안을 받았다고 한다. 어쩌면 본인의 비전을 펼치기에 가장 적합한 자리라고 판단했기에 임 박사 스스로 미시간주립대를 선택할 것일 수도 있다는 것. 미시간주립대학의 국제대학은 전 세계에서 연구하고 실천하는 수십 개의 프로그램이 설치된 기관으로 그 규모나 예산과 인력 면에서 미국의 웬만한 종합대학에 견줄 만하다.

임길진 학장은 부임과 동시에 세계화(globalization)를 슬로건으로 내걸고 교육, 문화, 연구 분야의 다양한 국제교류 행사를 개최한다. 10여 년의 역사를 가진 미시간주립대학 국제 페스티벌은 글로벌 페스티벌로 명칭을 바꿨다.

한국은 물론 미국에서도 세계화(globalization)보다는 국제화(internationalization)라는 용어가 더 흔하게 쓰이거나 의미가 혼용되고 있을 때 임길진 학장은 의도적으로 '인터내셔널'을 버리고 '글로벌'을 택했다.

이에 대한 배경은 2000년 <신동아>가 주관한 이윤기 작가와의 좌담회에서 그가 직접 설명하고 있다.

국제화라는 것은 달랑 두 나라만 서로 교류해도 붙일 수 있는 말이거든요. 그래서 국제화는 까딱 잘못하면 편파적인 의미로 변할 수 있습니다. 지구상의 모든 사람들이 함께 일하고 즐겁게 살면서 하나가 될 때 진정한 의미의 인류평화와 정의가 구현될 수 있다는 의미에서 세계화라는 말이 국제화라는 말보다 훨씬 더 좋은 뜻을 담고 있습니다.

그런 이유로 미시간주립대 문화행사를 국제 페스티벌에서 글로벌 페스티벌로 바꿨고, 교수와 학생들이 학문적 능력을 세계화하도록 고무하기 위해 다양한 프로그램을 만들었습니다. 예를 들면 교수가 외국에 가서 논문을 발표한다거나 또 누군가가 외국학교와 자매결연을 통해 세계적인 능력을 함양하겠다고 하면 적극적으로 해외여행을 지원해주었습니다. 그때 저희가 강조했던 게 글로벌 역량(global competence)이었습니다.

애초부터 그가 기획한 세계화프로그램들은 국제적 지역주의를 넘어서 있었고 그로써 미시간주립대학은 단기간에 글로벌 대학으로 발돋움할 수 있었다.
그와 함께 일했던 대학 임원들의 이야기를 들어보자.

그는 학자이자 휴머니스트였으며 확고한 '세계주의자'였다. 이러한 품성들이 그의 전체 재직기간을 대표한다. 그는 열정적으로 MSU를 발전시키려 지칠 줄 모르는 노력을 경주했다. 심지어 학장 임기를 마치고 석좌교수로 연구 활동을 하면서도 대학이 나아갈 방향에 대해 끊임없이 상기시키는 지적 기반이 되어 주었다.
Gill과 나는 그가 죽을 때까지 거의 10년 동안 주기적으로 만났다. 내게 이러한 만남은 여러 가지 이유로 소중했다. 만날 때마다 항상 신선한 아이디어들과 글로벌 인류를 위한 미래 비전을 접할 수 있던 기회였다는 점도 포함된다. 후자는 임길진의 시간과 생각의 많은 부분을 차지했다. 관리직에 종사하는 이들은 경험을 통해 알겠지만, 관료적이고 사무적인 것에 사로잡혀서 우리가 어디로, 왜 가고 있는지에 대한 비전을 상실하기 쉽다. 내겐 임길진과의 주기적인 만남이 그에 대한 치유책이었다. 나는 학교의 공통 목표를 진전시키고자 할 때 부딪히는 문제들과 제약들을 종종 그와 공유하곤 했다. 그는 내게 문제의 본질은 일시적인 것이지만, 비전은 유지되어야 하는 것이며 그것을 성취하는 것이 지속적으로 사고의 중심이 되어야 함을 상기시켜 주곤 했다.

John K. Hudzk 학장

　내가 임 교수와 처음 만난 것은 그가 MSU 국제대학의 새로운 리더로 부임한 때였다. 그는 과학, 인문학, 사회과학 등 다양한 분야에서 사람 대 사람의 학술외교를 통해 새로운 방향을 모색하는 중이었다. 그 접근 방식은 세계화가 상투적인 용어가 되기 훨씬 전부터, 상호연결성이란 지역적 연계가 아니라 학술적 교육이라는 선제적 이해를 반영하고 있었다.

　임 박사는 강하고 단호한 성격을 가졌다. 때로는 특정 프로젝트에 대해 나와 시각차가 있기도 했다. 그러나 우리가 항상 말없이 동의했던 한 가지는 MSU의 국제대학을 질적으로 향상시키려는 공동 노력에 대한 상호 존중이었다.

　학장으로서 그는 많은 업적을 쌓았다. 미시간 주립 대학교에서 한국학을 일으키는 역할을 했고, 국제전문가프로그램 창설의 원동력이었으며, 여기에 적절히 기술하기엔 너무도 많고 다양한 방식으로 MSU의 국제적 프로그램에 지대한 공헌을 했다. 한마디로 그는 게스탈트 사상가이자 실천가였다. 그는 항상 가치를 더했고, 그의 훌륭한 작업들의 합은 항상 어떤 개별적 활동보다 더 위대한 것이 창조되는 보너스로 따라왔다.

　임 학장을 아는 모든 사람들이 그를 그리워한다.
　그가 없는 국제센터 홀은 텅 빈 것 같다.

Michael Lewis 아시아 연구센터 소장

분명한 건 MSU의 세계화에 있어서 임길진이 중요한 역할을 했다는 점이다. 1993년 10월, 내가 총장으로 부임할 당시 그는 학장이었다. MSU를 중심으로 한국은 물론 세계와의 관계를 심화시키려는 그의 의지는 매우 강했다. 세월이 흐르면서 그런 그의 의지는 꾸준한 작업을 통해 반영되었다.

사람들이 말했듯이, 그리고 그는 역사가 되었다.

Peter McPherson 총장

임 교수는 MSU에 지울 수 없는 족적을 남겼다. 국제화, 세계화, 인간주의에 대한 그의 강하고 변함없는 헌신은 미시간주립대학을 많은 면에서 더 나은 방향으로 변화시켰다. 현명한 조언으로, 때로는 개인적인 재정 지원으로, 인도주의적 가치에 봉사하는 세계 시민이 되라는 강력한 격려를 통해 그가 직접 영향을 준 수백 명의 학생과 교수진은 물론, 캠퍼스의 수백의 동료들 모두의 마음속에 그의 모든 것은 여전히 기억되고 있다.

임 교수의 많은 업적과 미래에 대한 비전은 그가 이곳에서 설립한 프로그램들을 통해 살아있다. 가령 국제전문가 프로그램(VIPP)을 통해 캠퍼스에 초청된 수백 명의 국제 전문직 종사자들은 MSU의 생활과 학습 환경을 풍요롭게 했다. 글로벌 휴머니즘이란 주제를 바탕으로 교육과 연구에 바친 임 교수의 헌신은 우리 캠퍼스뿐 아니라 전 세계 많은 캠퍼스에 영향을 미쳤다.

Lou Anna K. Simon 총장

이들이 공통적으로 이야기하는 임 박사의 업적은 그가 미시간주립대학에 창설한 국제전문가 프로그램(VIPP, Visiting International Professional Program), 국제전문가 양성 프로그램(PIPD, Program in International Professional Development) 등의 국제교류 프로그램을 말한다.

이 프로그램들을 매개로 지구촌 전역의 인재들이 미시간주립대학으로 모여 들였다. 소위 명문대 졸업생이 아니면 미국대학 문턱을 넘기 어려웠던 한국의 지방대학 출신에게도 길이 열렸다. 연수생의 숫자가 많게는 75명에 달했다.

VIPP는 각 나라의 기업인, 공무원, 언론기관 등에 근무하는 중견 간부 이상 전문직 종사자들을 위한 연수 프로그램으로 운영되었다. 현직 교수가 아니면 미국 대학 연수의 기회가 없던 시절의 이야기다. 이후로는 고등학생과 문화예술인들에게도 프로그램이 다양화되었다.

임길진 학장은 미시간주립대학을 한국과 세계를 잇는 국제적 플랫폼으로 만들고자 했고 국내에선 송휘국 전 개발연구협의체 이사장을 비롯한 미국 유학 동료들이 연수생 모집에 힘을 보탰다. 따라서 연수생 가운데 한국인들이 가장 많은 수를 차지했다. 박사과정 중인 김재진 현 한국조세연구원 원장, 도준호 숙명여대 언론정보학부 교수 등이 한국인 연수생을 인솔하는 스탭으로 활동했다.

전 세계를 대상으로 한 사업이니만큼 프로그램 시행 초기부터 여러 난관이 있었다. 비자 발급부터 비용 문제까지 곳곳에서 복병이 나타났다. 그때마다 임길진 학장은 미국 정부와 대학 행정당국을 상대로 지난한 설득 작업에 나서야 했다. 그러는 동안 어쩔 수 없이 몸에 무리가 생겼다.

도준호 교수는 항상 바쁜 일정에 치여 사느라 몇 끼 식사를 햄버거로 때울 때가 많았다고 전한다. 건강을 상할까 염려하는 스탭들에겐 호기롭게 농담을 던지곤 했다.

칭기즈칸이 세계를 제패할 수 있었던 이유가 뭔지 아나? 전쟁터에 숟가락만 챙겨갔기 때문이야. 전쟁 중인데 보급품 챙길 새가 어딨어. 이겨야 먹을 것도 생기지.

그랬던 그가 몸이 불편해서 출근조차 하지 못한 날이 있었다. 급하게 보고할 게 있어 직접 집으로 찾아간 도준호 교수는 기함을 했다. 고열로 끙끙 앓아누운 임 박사의 침상 벽면이 온통 포스트잇으로 가득 채워져 있었다. 그 와중에도 틈틈이 생각나는 대로 자신이 해야 할 일을 메모장을 붙여놓은 거였다.

김태중 프로그램 코디네이터가 전하는 다른 날의 모습도 있다. 이전까지 그에게 임 박사는 철인과도 같은 이미지로 각인되어 있었다. 그런데 한번은 별로 신선하지 않은 음식을 먹고 크게 탈이 나서 병원 신세를 지게 되었다. 강인한 체력을 지닌 임 박사였으나 오랜 기간 누적된 피로가 면역력을 떨어뜨린 탓이다.

병원에 입원했어도 사무실을 병상으로 옮긴 것일 뿐, 임 박사의 일과는 별 차이가 없었다. 병상에 누워서도 자신이 해야 할 일을 꼼꼼히 챙기고 일일이 전화로 지시를 내렸으며, 평소와 다름없이 회의를 열었다. 매일 병원으로 출퇴근했던 김태중 코디네이터는 다소 당황스러웠던 일화를 추모집에 적었다.

하지만 해가 떨어진 이후에는 조금 달랐습니다. 가끔씩 병실에서의 밤이 외로우셨던 모양입니다. 병원의 규칙상 어쩔 수 없기는 했지만, 꼬박꼬박 시간에 맞춰 퇴근하는 저희들이 서운하셨던 것 같습니다. '한 시간만 더 있다 가라'는 말씀을 몇 번이나 하시곤 했습니다.

살면서 제일 고약한 때가 혼자 아플 때다. 더군다나 미국이다. 이상렬 메트로프로덕트 대표가 미시간을 방문했을 땐 친구로서 몹시 안타까운 일을 겪었다.

한 번은 점심을 먹고 나오다가 교통신호를 어긴 농부의 트럭에 부딪혀 사고가 났어요. 나하고 둘이서 병원에 실려 갔는데 이 친구가 사람들을 불러 모으는 겁니다. 누구누구와 저녁 약속을 취소하시오, 무슨 서류를 가져오시오. 그 와중에도 일 얘기만 하더군요. 성치도 않은 몸으로 공적인 책임을 다하려는 모습이 대단하기도 하고 안쓰럽기도 하고……

미시간주립대학교 국제보건센터 정성수 부원장은 임 학장의 연구조교로 일하면서 수시로 그가 밤샘 작업을 하는 걸 지켜보았다.
"학장님, 이젠 잠을 좀 주무셔야죠."
보다 못한 그가 말을 꺼냈다. 시간은 이미 자정을 넘겼다. 임 박사는 피곤한 기색도 없이 싱긋 웃으면서 말했다.

여긴 밤중이지만 이집트는 지금 초저녁이고 한국은 아침이야. 언제 어딜 가든 시차에 적응할 수 있게 몸을 만들어야지. 글로벌 세상 아닌가?

실제로 임 박사는 언젠가 모든 나라 사람들이 비자나 패스포트 없이 세계를 방문할 때가 올 것이라 믿었다. 따라서 그가 계획하는 일들은 모두 글로벌의 틀 안에 있었고 그 중심엔 당연히 한민족이 자리하고 있었다.

MSU 한국학파

중요한 사실은 그가 미국에 거주하는 한국인이었다는 사실이다. 그는 미국에서 이민자가 인간성을 잃지 않으면서 학문적 지위를 확보하는 것이 어떤 것인지 이해했다. 그에게 있어서 인간성이란 나눔과 베풂, 그리고 지지와 공감의 가치를 아는 것이었다. 계획학 커뮤니티에 게시된 글들을 보고 나는 임길진의 실천적 행동이야말로 인간다움의 개념이 확장된 증거라는 것을 깨달았다.

1990년대 초반까지 한국의 인권 문제에 대한 서방 세계의 인식은 최악이라 할 수 있었다. 김대중 납치사건, 김형욱 실종사건 등이 70년대 한국의 인권을 상징하는 대표적인 사례로 외신에 오르내렸다.

80년대 들어서도 상황은 별반 달라지지 않았다. 반정부 시위에 가담한 노동자, 학생, 농민의 의문사 및 고문치사 사건이 잇따랐다. 1991년 9월 17일 한국이 국제연합(UN) 회원국이 된 것을 계기로 유엔은 국내 인권문제를 단일의제로 상정했다.

한국이 최초 보고서 제출을 앞둔 시점.

임 박사는 하버드대학에 객원 연구원으로 와 있던 박원순 변호사를 미시간주립대학으로 초청했다. 이때까지 두 사람은 직접 만난 적은 없었으나 아예 인연이 없는 건 아니었다. 박 변호사는 임 박사의 절친 조영래 변호사와 함께 80년대 대표적인 인권변호사로 활동했다.

미국에서 만날 뻔한 적도 있었다.

때는 임 박사가 일리노이대학에 몸담았던 1989년 여름.

시카고에 있던 그는 박 변호사가 뉴욕에 와 있는 걸 알고 이만형 조교를 뉴욕으로 보냈다. 이만형 교수의 회고에 따르면, 박 변호사가 돈이 없어 학생 집에 묵고 있다는 얘길 누군가에게 전해 들었던 모양이다. 임 박사가 끊어준 비행기 티켓을 들고 곧장 뉴욕으로 날아간 그는 한밤중에 잠옷 바람으로 나온 박 변호사에게 여행 경비로 2백 달러를 전달했다.

박 변호사가 미시간주립대학교에서 한국의 인권상황에 대한 특강을 한 건 그로부터 2년 후였다. 이때는 임길진 박사가 한국학협의회(Council on Korean Studies)를 설립하고 미시간주립대학 내에 한국학파를 양성하고 있을 때였다.

'한국의 세계화, 미래화, 과학화'를 표방한 한국학협의회는 일리노이대학 등의 후배와 제자들로 이루어졌다. 규모가 점차 커지면서 미시간주립대학 교수와 임원들도 참가했다.

소여 코크 바바라(Sowyer-Koch, Barbara J.) 이사도 그중 한 명이었다.

애초에 우리가 한국과 인연을 맺게 된 것은 임길진과의 우정 덕분이었다. 그는 학장 재직 초기에 내게 국제지역 봉사활동 참여를 권했다. 그 제안으로 나의 삶과 우리 가족 모두의 삶을 영원히 바꿀 것이라는 걸 그때는 거의 깨닫지 못했다.

우리의 한국인 딸 레아와도 친구가 된 그는 자신을 레아의 삼촌이라 불러주길 원했다. 이후 '삼촌'은 우리 집에서 그를 부르는 애칭이 되었다. 그의 관대함(이 사람의 트레이드마크와도 같은)에는 '조카'에 대한 금전적 선물도 포함되어 있었다. 덕분에 내 딸은 직접 2000년 12월 김해에 있는 한국 고아원을 방문할 수 있었다.

바바라 이사가 추모집에 쓴 글이다. 이후 15년 동안 8명의 아시아 학생들이 그녀의 집에 거주하며 미시간주립대학을 마칠 수 있게 되었다. 그저 방을 내주고 음식을 제공하는 것에서 그치지 않고 부모 역할까지 도맡았다. 그중 4명이 한국 학생이다.

임길진 박사는 미시간주립대학 교수들에게도 존경받는 학장이었다. 에릭 스트라우스(Eric J. Strauss) 도시 및 지역 계획 프로그램 연구소장은 자신이 학과장으로 모시는 영광을 누린 최고의 교수로 임 박사를 꼽았다.

우선 그는 미시간주립대학 국제계획학 석사과정(Master of International Planning Studies, M.I.P.S.)이 탄생한 배경에 임 박사의 영향력이 절대적이었음을 밝혔다. 학과의 명칭은 물론 운영방식도 임 박사의 제안을 따른 것이었다고.

아울러 자신을 한국통으로 만들어준 임 박사에 대한 고마움을 표했다. 임 박사는 한국의 정부 유력자를 비롯한 주요 인사들과 방대한 인맥을 형성하도록 도왔을 뿐만 아니라 한국을 방문할 때마다 항상 환영받도록 누군가에게 연락을 취했다. 덕분에 그는 한국 사회가 어떻게 돌아가는지 이해할 수 있게 되었고 유학생들이 매력을 느낄만한 귀중한 프로그램을 창설할 수 있었다고 한다.

개인주의 성향이 강한 미국인들, 더군다나 주류사회 인사들에게 임 박사의 존재가 이토록 큰 비중을 차지한 건 무엇 때문일까.

바스케스 테레사(Vazques M. Teresa) 국제계획학 관계자 그룹 공동의장은 성공한 도시계획가, 학자, 예술가 등 다양한 분야에서 두각을 나타낸 인물로 임 박사를 평가하며 그가 미국 사회에서 인정받을 수 있었던 인간적 특성에 대한 자신의 견해를 덧붙였다.

중요한 사실은 그가 미국에 거주하는 한국인이었다는 사실이다. 그는 미국에서 이민자가 인간성을 잃지 않으면서 학문적 지위를 확보하는 것이 어떤 것인지 이해했다. 그에게 있어서 인간성이란 나눔과 베풂, 그리고 지지와 공감의 가치를 아는 것이었다. 계획학 커뮤니티에 게시된 글들을 보고 나는 임길진의 실천적 행동이야말로 인간다움의 개념이 확장된 증거라는 것을 깨달았다.

테레사 의장이 언급한 미시간주립대학 국제대학원 계획학 커뮤니티에는 임 박사 사후 동료 교수와 제자들, 대학 관계자들이 쓴 추모의 글이 끊이지 않았다. 특히 테레사 의장이 소개한 '삶의 열두 기둥'은 게시글 중 가장 많은 조회 수를 차지했다.

임 박사가 추구한 삶의 원칙을 담은 잠언 같은 글귀는 보통 사람들이 보기엔 너무나 평범해서 흘려버리기 쉬운 것들이다. 어쩌면 이 단순한 삶의 지침들에 그가 스스로 보통의 벽을 뛰어넘은 비밀이 숨어 있을지도 모르겠다.

삶의 열두 기둥

화내지 말고 웃어라.
자신을 숨기지도 과시하지도 말아라.
미워하지 말고 행복해지라.
물질적으로도 정신적으로도 독립하라.
실수를 인정하여 자신을 개선하라.
자신의 무지를 인식하고 타인으로부터 배우라.
타인의 조언을 구하되, 자신이 결정하라.
누구든지 모두를 동등하게 대하라.
새것을 대하듯 옛것을 소중히 하라.
아는 것을 실천하라.
모든 것을 사랑하라.
그리고 계속하라.

미시간엔 이런 산이 없잖아?

반미를 하건 사대주의자가 되건 미국을 제대로 알고 하라는 뼈있는 일침이었다. 임 박사는 맹목적으로 미국을 추종하는 사람이나 무조건 미국을 비판하는 사람이나 같은 부류로 취급했다. 많은 이들이 가장 한국적이면서도 가장 세계적인 마인드를 가진 인물로 임 박사를 떠올리는 까닭이다.

'Speak English, or Die!
(영어로 이야기하시오. 안 되면 죽어버리시오)'

MSU 국제대학 라운지에 걸려 있었다는 글귀가 매우 도발적이다. 주로 관공서나 기업의 고위 관리직에 있는 40~50대 한국 연수생들이 찾는 곳이라 'VIP 라운지'로 불리기도 했던 곳이다.

누구든지 라운지를 출입하려면 반드시 이 글귀를 지나쳐야만 했다. 이를 지시한 장본인은 다름 아닌 임길진 학장이다. 듣기에 거북할 수도 있는 문장으로 나이 든 연수생들을 자극한 데는 그만한 까닭이 있었다.

영어는 과거처럼 사치품이 아닙니다. 지금은 세계 어딜 가든 대부분 영어로 업무가 이루어집니다. 미국인들만 영어를 쓰는 게 아니란 얘깁니다. 특히 유럽인들은 미국인들 못지않게 영어를 잘합니다. 이 지역 사람들과 일할 때도 영어를 못하면 비즈니스가 안 됩니다. '우리말도 제대로 하지 못하는 주제에 영어는 무슨 영어냐'고 빈정거리는 사람들이 있는데, 영어 실력을 기르는 것과 우리말 잘하고 못하고는 아무 관계가 없습니다.

2000년 3월 <신동아> 좌담회에서 임길진 박사가 했던 말이다. 이 자리에서 그는 어린이 영어교육에 대해서도 확고한 견해를 피력했다. 조기유학은 반대해도 영어교육만큼은 빠를수록 좋다는 것이다. 초등학교에서의 한 시간 영어 학습이 대학에서 세 시간 영어를 배우는 것보다 효율적이라는 이유에서다.

어린 자녀를 데리고 들어온 유학생이나 이민자들은 종종 언어교육의 딜레마에 빠졌다.

"집에서 영어만 가르쳐야 할까요? 아니면 한국어도 같이 가르치는 게 나을까요?"

그들이 조언을 청할 때마다 임 박사는 단호하게 대답했다.

다 가르치세요. 왜 한 가지만 가르칩니까? 이젠 한 가지만 가르쳐선 안 되는 시대가 옵니다. 그러니 둘 다 가르치세요. 힘이 남으면 일본어와 중국어도 가르치세요. 프랑스어도 가르치고 독일어도 가르치세요. 미국인들은 외국어를 안 배우잖아요? 여러분은 한국어로도 말하고 영어로도 말하고 가능하면 다른 나라

말도 배우세요. 하나만 갖곤 안 돼요. 그래야 미국을 따라잡을 수 있어요.

이혜은 동국대 교수는 미시간주립대학에서 연구년을 보낼 당시 임 박사와 같은 국제대학 건물에 있었다. 2년간 곁에서 지켜본 임 박사는 여간해선 남한테 싫은 소리 하는 법이 없었다. 제자나 스탭들이 잘못을 저질러도 '괜찮다, 괜찮다' 하거나 기껏 야단치고도 돌아서면 후회하는 성격이었다. 단 영어 문제만큼은 예외 없이 엄격하게 굴었다고 한다. 때때로 연수생들에게 호통을 치기도 했다.

미국까지 왔으면 여기 사람처럼 먹고 말해요. 그것도 안 되면 다 틀렸으니 한국으로 돌아가요. 나는 직책상 하루가 멀다 하고 온 세상의 별의별 흉측한 음식을 다 얻어먹습니다. 나라고 집밥이 그립지 않겠습니까?

VIP 라운지에 붙은 글귀는 대충 시간이나 때우고 돌아갈 생각일랑 꿈도 꾸지 말라는 임길진 학장의 경구(警句)이자 경고였다.
"철저하게 몸으로 부딪쳐라."
"수박 겉핥기식 미국 공부는 오히려 독이 된다."
기자 시절 44세의 늦은 나이로 미국 연수길에 오른 박노황 연합뉴스 전 대표에게 이 말은 강렬한 인상을 심어주었다. 임 박사의 충고를 알차게 실천한 덕분에 그는 1년간의 연수를 마치고 돌아와 『키워드 미국영어』의 저자가 되었고 3년 후에는 워싱턴 특파원으로 파견되었다.

임 박사는 영어뿐만 아니라 중국어, 스페인어, 불어, 일어까지 자연스럽게 구사할 정도로 외국어에 능통한 실력을 갖췄다. 어느 나라에 가 있든 그 나라 문화를 빠르게 흡수하는 능력이 있었다. 그러나 본인은 한국인이라는 점을 늘 강조했다. 누군가 미국 국적을 취득하지 않는 이유를 물으면 '나는 장기간 외유 중일 뿐, 뿌리는 한국에 있다'고 응수하곤 했다.

구법모 글로벌플레이웰 대표는 이른바 386세대로, 90년대 정치 개혁 시민운동론을 펼친 나라정책연구원 기획실장으로 일했다. 미시간주립대학 연구원으로 약 2년간 머물렀던 그는 어느 날 갑작스런 임 박사의 부름을 받았다.

"구 실장, 우리 쇼핑이나 가지."

뜻밖에도 임 박사가 그를 데려간 곳은 랜싱에서 가장 저렴한 가격에 다양한 상품을 팔고 있는 쇼핑몰이었다. 매장을 돌아본 뒤 어느 커피 진열대 앞에서 걸음을 멈춘 임 박사가 그에게 물었다.

"이 커피 좀 보시오. 값이 아주 싸지 않은가?"

얼핏 보기에도 한국에선 상상도 할 수 없는 가격표가 붙어 있었다.

"그렇긴 합니다만, 학장님. 미국의 착취로 브라질산 커피가 저렇게 싼 거 아니겠습니까?"

한창 피가 끓었던 호기 어린 청년의 대꾸였다. 이에 임 박사가 빙그레 웃으면서 말했다.

"이것이 바로 미국이오, 구 실장. 미국의 힘을 보면서 한국의 힘을 키워야 한다고 생각지 않소?"

반미를 하건 사대주의자가 되건 미국을 제대로 알고 하라는 뼈

있는 일침이었다. 임 박사는 맹목적으로 미국을 추종하는 사람이나 무조건 미국을 비판하는 사람이나 같은 부류로 취급했다. 많은 이들이 가장 한국적이면서도 가장 세계적인 마인드를 가진 인물로 임 박사를 떠올리는 까닭이다.

가족과 함께 미시간에 머물렀던 오성식 영어연구원 원장은 설날 자녀들을 데리고 새해 인사를 갔다. 임 박사는 한복을 입고 반갑게 이들을 맞아주었다. 그날 오 원장의 자녀들은 세뱃돈으로 10달러를 받았다. 미국에서 수십 년을 살고 세계를 내 집 안방처럼 누비고 다녀도 임 박사는 뼛속까지 한국인이었다. 무엇보다 그는 한국적인 풍경을 좋아했다.

오성식 원장은 어느 봄날 청계산에 올라 그가 껄껄 웃으면서 했던 말이 아직도 기억에 선하다.

역시 한국이 좋아! 미시간엔 이런 산이 없잖아?

 임 박사의 선물엔 특별한 의미가 있다

고국에 들를 때마다 임 박사가 반드시 다녀가는 장소가 있었다. 인사동 골목이나 전통시장이다. 과하게 비싸지 않으면서 한국적인 느낌이 묻어나는 액세서리와 문구류, 소박한 생활용품 등이 그가 즐겨 찾는 물품이었다.

이런 물건들은 온 세상으로 퍼져나갔다. 임길진 박사에게 도시계획 정책 자문을 의뢰한 국가는 물론 그가 참석하는 행사마다 한글 문양이 새겨진 독특한 디자인의 에코백이나 전통 부채 등이 한국을 알리는 친근한 도구로 쓰였다.

　미시간주립대학 연수를 마치고 귀국하는 한국인들은 MSU 마크가 새겨진 머그잔이나 책갈피 등을 가지고 돌아왔다. 임 박사가 손수 마련한 선물이다. 오성식 원장의 표현을 빌자면, '마치 보따리장수처럼 한국에서는 한국적인 것을 미국으로 나르고, 미시간에서는 MSU를 기억할 만한 것들을 보따리에 싸서 옮겼던 아주 특이한 원장님'이었다.

　친구나 지인들의 회고담 가운데서도 빠지지 않는 게 선물에 관한 이야기다. 임 박사가 주는 선물에는 저마다 나름의 의미가 있었다. 누군가 우표를 수집한다는 이야기를 들으면 세계 각국의 우표를 모아 선물하고 티스푼 수집에 취미가 있다고 하면 외국 여행에서 모은 티스푼을, 운동을 싫어해서 건강이 염려되는 이에겐 단백질이 함유된 영양제를 선물하는 식이다.

　　시기는 불분명하지만, 임길진 님으로부터 시계를 하나 받았다. 숫자가 쓰인 초록 띠가 눈사람처럼 8자를 만들고 있는 손목시계였다. 지구촌 어디 중 두 곳의 시간을 동시에 알 수 있는 시계여서 지금도 해외여행을 나갈 때면 꼭 차고 나가고 있다. 어느 단체의 홍보용으로 만든 것이라 하던데, 정작 기억해야 할 단체 이름은 아직도 잘 모르겠다. 다만 시계 뒷면에 쓰여 있던 문구만이 생생히 살아 있을 뿐이다.

　"Vision is an ability to see something invisible(보이지 않는 것을 보는 능력이 비전이다)."

　시계보다도 그 문구가 내가 받은 선물이었다.

양길승 녹색병원 원장이 추모집에 쓴 글이다. 넥타이 매기를 싫어해서 부득이 공식 석상에선 목에 거는 펜던트로 대신했던 그는 훗날 또 다른 선물을 받았다. 창을 든 기마병을 주석으로 새긴 은은하고 고급스러운 느낌의 펜던트였다. 양 원장은 어떤 이유로 임 박사가 이런 선물을 준 것인지는 기억에 없다면서도 '이 작은 선물에 그렇게 깊은 뜻이?' 스스로 해석을 보탰다.

여기에도 파격은 빠지지 않았다. 말 탄 기병이 허리를 꾸부정하게 수그리고 있는 모습이 마치 돈키호테 같아 보였는데, 그 수그리고 있는 자세가 꼭 피로에 지친 패잔병의 모습과도 같았다. 목 아래에 바로 보이는 펜던트가 '고개를 툭 떨어뜨린 조각'이라 생각하면, 어디 가서 큰소리를 치고 싶다가도 왠지 안 어울리는 것 같아 주춤하게 한다. 혹, 누구 못지않게 목소리를 잘 높이는 나였기에 주신 것일까?

많은 이들의 기억 속에 가장 소중하게 남은 선물은 그와 함께한 '시간'이었다. 임 박사는 청년들을 무척 아꼈다. 정확히는 꿈을 향해 달리는 청년들을 사랑했다.

그가 초창기 이사장을 맡았던 개발연구협의체는 한국여성문화예술인총연합, 주거복지연대 사무실과 같은 건물에 있었다. 임 박사는 두 단체의 평생 1호 회원이었다. 한국여성문화예술인총연합은 임 박사의 배려로 개발연구협의체와 한 사무실을 썼고 주거복지연대는 바로 위층에 있었다.

아래위층에 근무하면서 친해진 청년들이 '칭찬클럽'을 결성했다.

김영래(현 몽골 IDER 대학 한국어경영학과 교수 겸 학과장), 김용을(현 극단 글로브극장 대표), 이지은(현 경찰서장), 정성수(미시간주립대학 국제보건원 부원장), 정수온(현 송파경찰서 경위), 남상오(현 주거복지연대 이사장) 등 그 당시 2030 청년들이 칭찬클럽 주축이다. 김용을 글로브극장 대표의 이야기를 들어보자.

우리끼리라도 칭찬하고 배려하면서 조금이라도 세상에 선한 영향력을 끼쳐보자고 시작한 모임입니다. 임 박사님이 우연히 모임에 대한 얘길 듣곤 '아, 그거 재밌겠는데?' 하시면서 자청해서 평생회원이 되셨어요. 저희를 꼬박 '동지'로 호칭하셨죠.

이후 임 박사는 일 년에 한두 차례 국내에 들를 때면 칭찬클럽 회원들과 고아원 등지로 봉사활동을 다녔다. 회비는 따로 없었다. 그때그때 임 박사가 주도하는 경매 이벤트를 통해 소소하게 모인 돈이 회비로 쓰였다.

경매는 항상 유쾌하게 진행되었다. 임 박사가 미국에서 가져온 티셔츠, 볼펜, 접시, 손수건, 필통, 넥타이핀, 어린이 장난감, 머플러, 직접 디자인한 열쇠고리며 여행지에서 사 온 목걸이 등 온갖 잡동사니들과 회원들이 지니고 있던 소지품이 경매 테이블에 놓였다. 임 박사는 이렇게 모인 돈에 강연료로 받은 사례비를 봉투째로 얹어 칭찬클럽 명의의 장학금을 조성하기도 했다.

임 박사의 합류로 칭찬클럽에 새로운 문화가 생겼다. 모임에 참가한 회원들은 나이가 많건 적건 직급이 높건 낮건 공평하게 '1분 스피치' 타임이 주어졌다.

넘치지도 모자라지도 않는 1분 동안 서로를 칭찬하는 시간.

나보다 좋은 일을 하거나, 옷을 잘 입거나, 잘 웃거나, 열심히 일하거나, 돌아가면서 칭찬할 거리를 찾아주다 밤이 훌쩍 넘어가기도 했다. 김용을 대표는 칭찬클럽에서 보여준 임 박사의 가르침 하나하나가 청년들에겐 리더십의 표본이 되었다고 회고한다.

정수온 경위의 경찰 초년병 시절, 그가 근무하는 직장에 임 박사가 찾아왔다.

"마침 근처에 볼일이 있어 들렀어요. 정 동지, 수고가 많소!"

특유의 쾌활한 미소로 마주 앉은 임 박사는 힘들진 않은지, 밥은 잘 챙겨 먹는지, 이것저것 자상하게 물어가며 격려의 덕담을 건넸다.

"정 동지 같은 경찰관이 있어 얼마나 든든한지 몰라요. 이 나라 치안은 정 동지 덕분에 잘 유지되는 거요."

정 경위가 듣기엔 마치 자신이 진짜로 멋진 경찰관이 된 듯한 환상에 빠질 만큼 진심 어린 칭찬이었다. 나중에 알고 보니 임 박사는 근처에 볼일이 있었던 게 아니라 일부러 그 말을 해주려고 시간을 낸 것이었다.

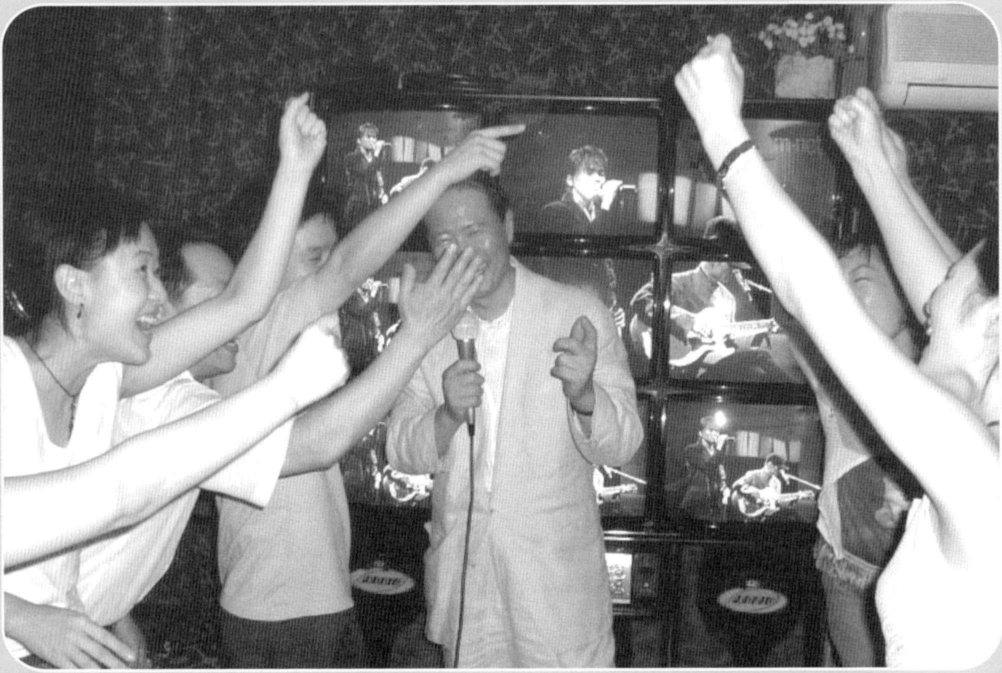

COMMUNITY VOLUNTEERS
PHI BETA DELTA
TEAM
VISITING INTERNATIONAL PROFESSIONAL PROGRAM

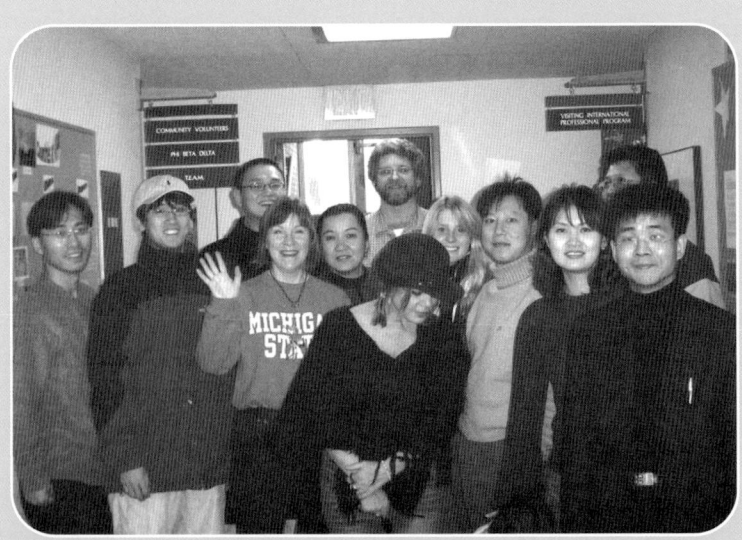

지구본을 거꾸로 세운 뜻

임길진 박사가 늘상 강조한 것이 환경운동의 세계화와 활동가의 세계화였다. 1998년부터 2001년까지는 그가 KDI 국제정책대학원 초대원장으로 재직한 기간이다. 이 시기 환경운동연합 활동가들은 미국의 NGO를 두루 돌아보며 시야를 넓히고 해마다 10여 명이 미시간주립대학 VIPP 연수를 다녀오는 특전을 누렸다.

1992년 6월 브라질 리우데자네이루.

세계 185개국 대표단과 114개국 정부 수반이 참석한 가운데 환경 및 개발에 관한 유엔회의(UNCED, United Nations Conference on Environment and Development)가 열렸다. 미국의 해양생물학자인 레이첼 카슨이 그녀의 저서 『침묵의 봄』을 통해 환경문제에 대한 경각심을 촉구한 지 30년 만의 결실이다.

한국은 지구환경 보호 활동을 한 차원 격상시킨 이 행사에 정부 대표단과 NGO 회원 175명을 급파했다. 국내에 컴퓨터가 1만 7천여 대뿐이던 시절의 이야기다. 공해추방운동연합(이후 공추련) 중심으로 꾸려진 NGO 회원들은 현지에 도착해서야 전체적인 행사의 윤곽을 파악할 수 있었다.

'리우회의'로 통칭하는 유엔환경개발회의는 각 정부 기관 공식 회의와 글로벌 NGO 포럼, 상파울로에서 열린 환경전시회로 나뉘어 진행되었다. 그중 가장 많은 참가자가 모이는 글로벌 NGO 포럼은 본 행사의 백미라 할 수 있었다. 한국은 정보가 부족해 포럼 참가 신청도 하지 않은 채 브라질에 도착했다. NGO 대표단 기획위원으로 참가했던 이덕희 현 한국분석과학원 부사장의 회고담이다.

이미 전 세계 수많은 NGO들이 부스를 설치하고 다양한 포럼을 진행하고 있더군요. 우리도 부랴부랴 장소를 섭외했지요. 다행히 빈 회의실 하나를 구해 '한국의 개발 혹은 환경(Korea Development or Environment)'이라는 제목의 포럼을 열었는데, 워낙 급조된 포럼이라 내용도 부실하고 그저 역사적인 현장에 우리의 존재를 드러냈다는 것 정도로 위안을 찾아야 했습니다.

리우회의는 어린이 지구환경 대표로 참가한 캐나다 출신 12세 소녀 세번 스즈키(Severn Suzuki)의 연설로도 유명하다. '세상의 모든 어버이들께'라는 제목으로 행해진 연설의 요지는 단 두 문장으로 요약된다.
"당신들은 오존층에 난 구멍을 수리하고, 죽은 강으로 연어를 다시 돌아오게 하고, 사라져버린 동물을 되살리고, 사막이 되어버린 곳을 푸른 숲으로 되살려 놓을 능력이 없습니다. 고칠 방법을 모른다면 제발 망가뜨리지 마십시오!"
다른 나라는 10대 소녀까지 나서서 환경문제에 경종을 울리는 마당에 한국은 정부나 민간단체나 경험 부족으로 우왕좌왕하는 상황. 이러한 때 임길진 박사가 미국 측 NGO의 일원으로 한국 측 포럼 행사장에 나타나 모두의 이목을 집중시켰다. 주제 발표에 앞서 거꾸로 된 세계지도를 OHP 필름으로 띄워놓는 것부터가 예사롭지가 않았다. 국내 NGO 1세대에 속하는 청년 이덕희에게 지금껏 그 장면은 강렬한 인상으로 남았다.

이제까지 우리는 북반구가 위에 놓인 지도만 보면서 현실과 다른 세상을 옳다고 생각해온 것은 아닐까? 환경이냐 개발이냐를 두고 첨예하게 대립하던 우리에게 임길진 박사님은 사고의 틀을 깨는 중요한 모티브를 제시하셨죠.

이덕희 부소장은 임 박사가 세계지도를 거꾸로 세워 보인 뜻은 환경의 '보존'과 '사용'이라는 두 가지 상충하는 목표를 균형 있게 바라보라는 의미였을 것이라고 해석한다.
최열 공추련 의장은 포럼이 끝난 뒤 임 박사와 첫 만남을 가졌다.

임 박사님에 대해선 김근태·손학규 선배와 동기고 유명한 학자라는 것 정도만 알고 있었죠. '임길진입니다'라고 말을 걸어왔는데, 덩치가 아주 좋고 목소리가 굵었습니다. 한국 환경운동가들이 활동하는 모습에 감명받았다고 하시더군요. 그때의 인연으로 나중에 환경운동연합 공동대표로 모시게 됐으니 정말이지 귀한 만남이었습니다.

그때만 해도 학생운동권 출신 활동가나 과학 분야의 전문가들마저 환경운동은 '나서기 좋아하는 먹물들이 딱히 할 게 없어서 하는 별난 운동'으로 치부하던 때였다.

플라멩고 해변에서 열린 글로벌 포럼 행사장에서 임길진 박사는 한국 NGO에 처음으로 인간적 세계화의 개념을 설파했다. 리우 회담 저변에 깔린 핵심 주제가 바로 '세계화'였다.

그로부터 3개월 후, 최열 공추련 의장은 이시재 지역직능위원장을 비롯한 NGO활동가들과 더불어 미시간주립대학에서 임길진 박사가 주최한 '리우 이후의 지구환경' 워크숍에 초대받는다.

"심리학자들이 그러는데 인간이 집중할 수 있는 시간은 20분 전후라고 하더군요. 내 스피치는 아주 짧습니다."

두루마기 자락을 휘날리며 단상에 오른 임 박사의 연설은 짧고 강렬했다.

지구환경을 지키기 위해 제일 먼저 할 일은 전 세계적인 군비축소를 통해 그중 극히 일부만이라도 환경보전에 쓰는 겁니다. 환경운동을 평화운동과 연결해서 진행합시다. 그러면 지구를 살리고 생명을 지킬 수 있습니다.

연설이 끝나자 지구 전역에서 모인 활동가들이 뜨거운 박수를 보냈다. 미시간주립대학 켈로그센터에서는 참가자들을 위한 환영 리셉션이 열렸다. 임 박사는 자원봉사자들을 일일이 앞으로 불러내 그들이 맡은 일을 소개하며 노고를 치하했다. 참가자 모두에겐 그가 한국에서 가져온 부채를 선물하기도 했다.

활동가들 가운데 유독 여성들이 많았다. 최열 환경연합 이사장의 이야기를 들어보자.

300여 명의 참가자 중 3분의 2가 여성이었어요. 고령의 여성 학자들이 특히 많았습니다. 아, 환경운동에서는 여성들의 영향력이 크구나! 하는 생각이 들었죠. 여기 와서 좋은 걸 배웠다고 했더니 임 박사님은 매년 상근자를 초청하는 프로그램을 마련해 보겠다고 하시더군요.

임 박사는 최열 이사장과의 약속을 지켰다. 몇 달 후 잠시 한국에 돌아온 그는 공추련 사무실에서 임직원들과 간담회를 가졌다. 현재 서울환경운동연합 공동의장인 이시재 가톨릭대학교 사회학과 교수는 그 자리에서 환경운동 실천에 관한 몇 가지 중요한 조언을 들을 수 있었다. 가령 '하루 동안 자동차 타지 않기', '하루만이라도 돈을 쓰지 않고 살아가기' 등이다.

환경 근본주의에 대한 임 박사의 즉석연설도 이루어졌다. 활동가들은 큰 정치적인 사안에 대해서도 발언할 수 있어야 하지만, 지나치게 정치적으로 흐르면 환경운동의 근본을 망각하게 된다. 이에 따른 자기성찰 및 점검이 이루어질 수 있도록 공추련에서 적절한 시스템을 도입하도록 권장하기도 했다.

송휘국 전 개발연구협의체 이사장의 증언에 의하면, 공추련은 이날 평생회원으로 등록한 임 박사의 제안에 따라 1993년 '환경운동연합'으로 간판을 바꿔 달았다. '공해추방'이라는 제한적 범위를 탈피하여 '환경'이라는 인류 공통의 이슈를 전면에 내세운 진취적인 네이밍이다.

지역의 풀뿌리를 자처하는 활동가들은 동시에 글로칼(Glocal)

을 지향해야 한다. 글로벌의 주제가 바로 지역이기 때문이다. 진실로 그대들의 무대는 세계다.

임길진 박사가 늘상 강조한 것이 환경운동의 세계화와 활동가의 세계화였다. 1998년부터 2001년까지는 그가 KDI 국제정책대학원 초대원장으로 재직한 기간이다. 이 시기 환경운동연합 활동가들은 미국의 NGO를 두루 돌아보며 시야를 넓히고 해마다 10여 명이 미시간주립대학 VIPP 연수를 다녀오는 특전을 누렸다.

임 박사는 환경운동연합 외에도 시민단체 활동가들에 대한 행정적 지원을 아끼지 않았다. 대표적인 사례로 NGO를 위한 특별장학제도를 들 수 있다.

KDI 국제정책대학원은 모든 수업이 영어로 이루어졌다. 따라서 입학전형에 영어가 차지하는 비중이 높았다. 임 박사는 영어 점수에 대한 기준을 차등 적용함으로써 시민단체 활동가들에게 교육의 기회를 열어주었다. 그리하여 다수의 환경운동연합 활동가들이 KDI 국제정책대학원을 졸업할 수 있게 되었다. 이후 아시아와 아프리카 등지의 학생들을 지역전문가로 양성하는 프로그램으로 보완되었으며 이러한 시스템은 지금까지 운영되고 있다.

한쪽에선 그를 오해하는 사람들도 있었다. 개인으로는 해내기 어려운 국제교류 사업을 추진하는가 하면, 학계나 정치계를 막론하고 해외 유력 인사들을 한국으로 불러들이는 걸 보고 모종의 흑막이 있을 거라 판단한 것이다. 세계은행 자금이 국내로 흘러들어왔다거나 미국 CIA 첩자라는 둥 온갖 루머가 떠돌았다.

임 박사가 성취한 일들이 그만큼 이례적이었다.

환경은 인권이다

2003년 3월 환경운동연합은 임길진 박사를 공동대표로 추대하였다. 임 박사는 이를 기꺼이 수락함으로써 오늘날 환경운동연합이 아시아 최대 규모의 NGO 단체로 비약적인 성장을 이루는 데 지대한 공헌을 했다.

그 당시 환경운동연합 홈페이지에 소개된 임 박사의 프로필을 요약하자면 아래와 같다.

> 그는 태평양 양쪽에서 국제적인 교육기관의 원장을 지내고 석좌교수로 있는 유일한 사람이다. 국가개발, 주택, 환경, 지역계획, 국제교육, 계획이론 등에 대해 연구를 수행하였고, 세계은행, 아시아개발은행, 미국 국제개발기구, 한국 국토개발연구원 등을 포함하는 여러 기관과 함께 일해 왔다.
> 일리노이주립대학교 재직 시절에는 자신이 강의한 모든 과목에서 최우수 교수로 선발되는 기록을 남겼다. 봉사하는 사회인으로 그는 자신이 속한 지역이나 세계 사람들의 복지향상을 위해 일하고 있다. 그는 자유, 정의, 평화 그리고 풍요로운 사회를 위한 교육적 이상을 구체적으로 실현하기 위해 노력하고 있다.

임길진 박사는 이름만 걸어놓은 공동대표가 아니었다. 국내외로 바쁜 일정을 쪼개 전국 지부를 거의 빠짐없이 방문하여 풀뿌리 활동가들의 애환을 경청하고 이들이 열심히 활동할 수 있는 여건 조성에 힘썼다.

나는 아직도 감히 선생님의 학문적 깊이에 대해 재보려 하지 않는다. 그러나 그때 나는 알았다. '이분이 탁월한 학자인지 그 이상인지는 잘 모른다. 그러나 확실한 것은 이분은 열정적인 분이시다, 이분은 운동가다.'

경주, 부산, 진주를 거치며 지역 임원들과 회원들이 참여한 많은 모임을 가졌다. 그리고 그런 모임에서 혜안과 경륜이 무엇인지를 선생님은 보여주셨다.

오랫동안 환경운동을 해왔고, 대표님을 비롯한 많은 임원들을 봐왔지만, 선생님은 완전히 새로운 분이셨다. 몇 개월에 걸친 지역순례를 통해 나는 선생님을 달리 생각하게 되었다.

'이분은 타고난 선생이시구나. 아는 걸 가르치고 그것이 현실이 되도록 만드는 능력을 가진 분이시구나.'

그 당시 조직국장으로 일했고 현재는 '임길진 NGO 스쿨'에서 활동하는 홍혜란 교무처장이 추모집에 적은 글이다.

2003년 9월 콜롬비아 카르타헤나에서 열린 지구의 벗 연차 총회. 임길진 박사는 한국 환경운동연합을 대표해서 국제회의장 연단에 올랐다.

전쟁은 환경파괴의 주범입니다. 군비의 환경예산화 캠페인을 벌여 더 이상 아까운 세금이 쓸데없는 곳에 쓰이지 않도록 제안합시다.

임 박사의 연설은 세계 여러 나라 환경단체 대표단의 열렬한 박수를 받았다. 환경과 인권운동의 국제적 연대를 촉구한 이 연설에서 그는 환경권을 인권 항목에 추가할 것을 요구하며 다음 네 가지 조건을 내세웠다.

첫째, 세계인권선언문을 비롯한 인권에 관한 문서에 환경권을 명시하도록 한다.
둘째, 환경운동가들은 인권운동에 적극적으로 참여해야 한다.
셋째, 환경운동가들은 환경권이 인간이 지닌 중요한 기본권이라는 점을 명심하고 이를 강조하는 연구, 실천사업, 교육 등을 전개해야 할 것이다.
넷째, 환경운동가들과 인권운동가들은 협동하여 일하는 것이 바람직하다.

그는 우리 한복을 입으면 백범 선생 같은 위엄이 살아났고, 양복을 빼입고 나서면 어느 국제회의장이나 의정 단상에서도 어울릴 만한 관록이 우러났으며, 헐렁한 청바지를 걸치고 나오면 금방이라도 어느 쇳물 만드는 공장에서 나온 듯한 자연스럽고 자유스러움을 보여줄 수 있는 사람이다.

김희상 전 육군대학 총장이 추모집에 쓴 글이다. 환경연합 국제담당으로 지구의 벗 연차 총회에 함께 참가했던 김춘이 활동가는 임 박사가 국제회의 연설 때는 물론 회의 기간 내내 검정 두루마기 차림이었다고 전하면서 한마디 보탰다.

그때의 인상이 강해서인지 그 후부터는 양복 입은 대표님의 모습이 오히려 낯설게 느껴질 정도였다.

회의가 끝나고 지구의 벗 전체 참가자들이 함께하는 파티가 열렸다. 이때 임 박사는 검정 두루마기 자락을 휘날리며 지구의 벗 의장인 리카르도 나바로를 비롯한 각국 참가자들과 흥겹게 춤을 추었다.
활동가들에게 주는 조언으로 임 박사가 종종 했던 말이 있다.

늙은 개도 먼 곳으로 사는 곳을 옮기면 새로운 생각과 새로운 행동을 한다. 많이 보고 많이 생각하고 많이 배워서 자신의 앎을 남을 위해 써라.

새로운 생각과 행동양식을 습득하려면 한국이라는 좁은 우물에서 벗어나 완전히 다른 환경으로 자신을 이동시켜야 한다는 의미다. 이태일 환경운동연합 국장은 영어가 모자라 해외 연수가 망설여진다는 고민을 메일로 완곡하게 털어놓았다. 그러자 임 박사로부터 즉각 답신이 왔다.

나, 대학 영어 D학점 받고 미국에서 교수한다. 이 국장! 인생은 깡이야. 영어? 하루 3시간 자고 3개월만 하면 돼.

도중에 몇 가지 우여곡절이 있었지만 임 박사의 격려에 힘입어 용기를 낸 이 국장은 미시간주립대학 VIPP 프로그램 연수를 떠났다. 그가 풀뿌리 활동가 육성에 얼마나 깊은 애정을 기울였는지 알 수 있는 대목이다.

원칙은 소나무같이,
적용은 버드나무같이

향후 10년 이내에 세계 인구는 65억 명을 넘게 되고, 그중 33억은 환경오염, 교통체증, 실업, 범죄 등의 문제들로 고통받게 될 것이다. 이러한 문제들은 이제 어떤 한 나라에 국한되는 것이 아니고 인류 전체의 공동과제이며 시민, 기업체, 정부, 언론계, 학계 등이 국내외적으로 협조해서 해결하지 않으면 안 된다.

최열 환경재단 이사장은 임길진 박사에게 가장 고마웠던 때로 공동대표직을 수락한 일을 꼽았다.

임길진 선배는 스케일이 크신 분이셨습니다. 그런 분을 공동대표로 영입한 뒤부터 환경운동연합에 많은 변화가 일어났습니다. 함께 이스탄불 유적지를 돌아보면서 우리나라 환경과 도시계획 방향, 빈민들의 주거문제 등 다양한 주제의 대화를 나눴던 기억이 생생합니다. 그때 선배가 가솔린의 폐해를 지적하기도 했는데, 우리나라가 친환경 자동차 보급 정책을 추진한 건 그보다 한참 뒤의 일이었죠.

최 이사장이 떠올린 장면은 1996년 터키 이스탄불에서 열린 제2차 유엔주거회의(HABITAT 2)가 '도시정상회담(City Summit)'이란 이름으로 개최한 국제회의 기간에 이루어졌다.

세계 각국에서 1만 3,601명이 참가한 이 회의에 한국은 주거, 환경, 여성, 지방자치 단체 등으로 구성된 153명의 민간대표단이 참가했다. 미국을 제외하곤 가장 규모가 컸다.

임길진 박사는 자신의 저서 『인간적 세계화, 실천하는 지식인』을 통해 당시 상황을 전했다.

> 이는 우리나라 각계각층의 민간인들이 삶의 질에 대해 어떤 나라보다도 높은 관심을 갖고 있다는 증거다. 이번 회의는 국제적 차원에서 인간의 문제를 토의하고 삶의 질을 개선하려는 노력의 일환으로 개최되어 의미는 사뭇 다르다.
>
> 향후 10년 이내에 세계 인구는 65억 명을 넘게 되고, 그중 33억은 환경오염, 교통체증, 실업, 범죄 등의 문제들로 고통받게 될 것이다. 이러한 문제들은 이제 어떤 한 나라에 국한되는 것이 아니고 인류 전체의 공동과제이며 시민, 기업체, 정부, 언론계, 학계 등이 국내외적으로 협조해서 해결하지 않으면 안 된다.

최열 이사장은 임 박사와 함께한 시간을 통해 '거시적인 안목의 미래설계자', '합리적인 원칙주의자', '실천하는 지성인'의 모습을 두루 볼 수 있었다고 회고한다.

평소 임 박사님이 늘 강조하는 게 환경운동은 50년, 100년 후를 내다보고 해야 한다는 이야기였습니다. 그날그날 열심히 하는 것만으론 안 된다, 미래를 보고 비전을 세울 능력을 키우라는 겁니다.

합리적인 원칙주의자란 어떤 경우를 두고 하는 말인지 물었다. 최 이사장은 이에 대한 사례로 자신이 종종 인용한다는 임 박사의 비유로 '원칙은 소나무같이, 적용은 버드나무같이'를 들었다.

시민운동가들은 원칙에 철저해야 하지만 원칙도 딱딱하고 적용도 딱딱하면 일하기가 힘들다는 이야기였습니다. 간혹 두 가지를 바꿔야 할 경우도 있다면서 어느 걸 부드럽게 하고 어느 걸 딱딱하게 할지는 알아서 결정하라고 하시더군요.

실천하는 지성인의 예로는 미국 임 박사 자택에서의 파티를 들었다. 유명한 대학 학장 집에서 여는 파티에 종이 냅킨 한 장 볼 수가 없더란 얘기다. 최 이사장은 이를 두고 임 박사는 매사에 철저하리만큼 자원을 낭비하면 안 된다는 마인드가 몸에 밴 사람임을 알 수 있었다고 전한다.

버드나무가 소나무로 바뀐 사례는 강기원 미시간주립대학교 국제대학 조교수가 추모집에 전한 에피소드에 잘 나타나 있다.

원장님 댁에서 행사를 수차례 치렀다. 그때마다 학생들은 긴장을 하게 된다. 물을 엎지른 학생이 무심코 냅킨 4~5장을 겹쳐서 닦다가 원장님께 호되게 혼난 적이 있기 때문이다. 정말 지나

치다 싶을 정도로 화를 내셨다. 물자를 절약해야 한다는 것이다. 냅킨뿐 아니라 1회용 접시, 컵, 젓가락… 등. 어느 하나도 낭비하는 것을 절대 못 참으셨던 원장님이셨다. 그 학생은 아마도 지금은 고마워하고 있으리라. 요즈음 세상에 그런 것을 나무라고 지적해주시는 분이 또 몇 분이나 계시랴.

임길진 박사의 환경운동연합 공동대표 수락 연설문

저는 우리나라 시민운동의 물줄기 속에서 선구적인 역할을 담당해 온 환경운동연합의 평생회원으로 일해 온 것을 항상 큰 보람으로 여겨 왔습니다. 그런 저에게 공동대표라는 중책을 맡아 달라는 최열 총장님의 말씀을 듣고 저는 사양의 뜻을 전하지 않을 수 없었습니다. 단지 제가 세계적 환경 분야에서 다소간 일해 왔고, 그 분야에서 환경운동연합이 하는 일을 돕는다는 마음가짐으로 여러분의 결정을 수락했습니다.

올해는 2003년입니다. 1972년 스톡홀름 환경회의가 개최된 지 31년째, 1992년 리우회의가 있은 지 11년째, 그리고 2002년 요하네스버그 WSSD가 열린 다음 해입니다. 지난 30여 년 동안 우리나라의 환경문제와 환경운동도 많은 변화를 겪어 왔습니다. 무엇보다도 환경운동연합을 주축으로 전개된 우리나라의 환경운동은 몇 가지 중요한 발자취를 남겼습니다.

첫째, 환경운동연합은 대규모 환경파괴행위를 저지시켰습니다. 동강의 보존이 그 대표적인 예라고 할 수 있습니다. 환경운동연합의 활동이 없었다면 오늘날 우리의 국토는 만신창이가 되었을지도 모릅니다.

둘째, 환경운동연합은 회원을 바탕으로 한 시민사회운동을 정착시켜 진정한 시민단체의 모범이 되었습니다. 시민단체가 특정한 이익집단의 후원으로 운영되면 결코 공익을 증진시키는 시민 활동을 할 수 없음은 자명한 사실입니다.

셋째, 환경운동연합은 환경정의개념을 정책결정과 시민운동에 도입했습니다. 단순한 공해추방이 꼭 공평한 이익의 배분을 가져오는 것은 아닙니다. 정의의 개념이 환경 운동을 인도할 때 국민의 복지가 전반적으로 향상되고 평형성이 구축되는 것입니다.

환경운동연합이 창설된 지 10년, 앞으로의 과제는 무엇일까요? 10년 후 우리는 어디에 가 있어야 할까를 함께 생각해 볼 때입니다.

첫째, 운동 방법의 전환이 필요합니다. 과거에 우리는 주로 투쟁과 반대를 주요한 운동의 방법으로 삼아 왔습니다. 분노와 좌절 속에 사는 민중은 투쟁을 정당한 사회운동의 도구로 사용할 수 있습니다. 우리가 살고 있는 전 세계가 진정한 시민사회가 되기 전에는 투쟁은 중요한, 그리고 정당한 방법으로 남아 있을 것입니다. 그러나 투쟁만으로는 부족합니다. 민주시민사회를 지향하는 우리는 합리적이고 효과 있는 해결책을 제시하려고 노력해야 할 것입니다. 이것은 다른 시민단체도 마찬가지입니다.

둘째, 전략적 계획방식을 사용하여 문제를 해결할 수 있는 능력을 배양해야 하겠습니다. 전략적 계획방식은 문제해결을 위한 목표를 설정하고 대안을 수립하고 평가분석을 한 후 구체적 해결방법을 실시하는 것입니다. 이러한 방법을 토대로 환경운동연합의 장기전략 계획을 수립할 것을 제안합니다.

셋째, 세계적 환경문제를 인식하고 세계적 유대 및 활동을 확대하고 강화할 것을 생각해야 합니다. 환경문제는 원래 지방에서 인식되었고, 그 후 국가환경문제, 세계환경문제로 커졌습니다. 세계적 환경문제를 고려하지 않고 지방적, 국가적 문제를 쉽사리 해결하기 어렵습니다.

넷째, 환경운동—일반적으로 시민운동—의 지식을 확충하고 연구, 교육, 정책결정에 참여하는 것을 병행할 필요가 있습니다. 지식을 기반으로 한 다각적 환경운동이 운동의 효과를 높일 수 있을 것입니다. 따라서 환경전문가를 양성하고 환경운동가를 위한 정규교육, 평생교육 등을 실시하게 하는 장기교육계획을 수립해야 할 것입니다. 저는 이러한 노력을 환경운동가의 세계적 역량 배양이라고 명명합니다.

제가 최열 총장과 1988년에 만난 후 한국의 환경운동가들과 본격적으로 일하기 시작한 것은 1992년 리우회의였습니다.

그 후 환경운동연합의 여러분과 국내, 국외에서 함께 일해 왔습니다. 이스탄불의 해비타트, 세계정주회의, 요하네스버그의 WSSD를 비롯해 미시간주립대학에서 국제회의를 함께하고 책자도 공동으로 출간했습니다.

앞으로 할 일이 많다고 생각합니다. 여러 직원, 회원들과 함께 생각하고 결정하고 행동함으로써 환경운동연합이 더욱 더 힘차고 알차게 일하는 데 기여하고자 합니다.

그가 대한민국을 사랑하는 법

우리는 스스로를 이 동북아의 한구석으로 몰아넣으려는 그 어느 것과도 맞서야 한다.
우리는 중국이나 일본을 뛰어넘는 그 무엇이어야 한다. 우리는 세계로 나가야 한다. 세계화는 도도한 물결이다. 싫거나 좋거나 우리는 이 세계화의 물결에 우리를 던져야 하고 그 위에 우리를 실어야 한다. 그래야 산다. 그래야 장래가 있다. 그래서 나는 한 명이라도 더 데려다가 공부를 시키려는 것이다.

세계시민기구(World Citizens Organization)의 곽영훈 회장은 '지금도 내가 아쉬워서 어쩔 줄 모르는 길진'으로 임 박사를 떠올렸다.

그는 MIT 공과대학 대학원에서 공학석사를 취득하고 하버드 교육대학원에서 교육학을 공부하던 중 임 박사를 만났다. 두 사람은 서울대학교 선후배지간이고 곽 회장이 선배다.

길진이 내게 그러더군요. 서양적 사고는 굉장히 분석적이고 이분법적이다, 우린 선험적 경험에 의지해서 일을 하자, 이론에만 능한 학자가 되지 말고 대안을 만들어내는 계획가가 되자고.

곽 회장이 임 박사와 의기투합한 이유다. 여름방학을 맞아 떠난 유럽 배낭여행에서 파리의 개선문과 몬트리올의 경기장을 돌아본 경험은 두 사람 모두에게 신선한 충격을 안겼다.

그때 떠올린 생각이 서울올림픽이었어요. 언젠가 우리 한국에서도 그런 큰 행사를 치를 수 있게 환경과 교육에 가치를 둔 융·복합 도시를 만들어 보자, 그리고 또 세계박람회 같은 것도 추진해보자.

곽 회장은 하버드 재학시절 그가 이미 세계를 품어 안았다고 이야기한다.

길진은 좌·우가 없었어요. 오롯이 대한민국만을 생각했지요. 그런 면에서도 우린 장쾌하게 혼이 통했어요. 그때 우리가 함께 구상했던 회사가 있었어요. 임 박사가 눈 모양을 크게 그리고 그 안에 '세계'를 집어넣자고 해서 로고를 그렇게 만들었지요.

그로부터 십여 년 후, 한국은 올림픽 개최국이 되었다. 올림픽공원 마스터 플랜 설계자로 곽영훈 회장의 이름이 언론에 오르내릴 때 임길진 박사는 주택연구회를 창립했다.

우리나라 서울에서 올림픽을 개최하던 1988년, 주택문제를 생각하는 몇몇 사람들은 올림픽의 외면적 찬란함이 우리 서민들의 주거생활에 어떤 영향을 끼칠 것인가를 걱정했다. 그런 생각을 중심으로 주택 철학의 문제가 제기되고 우리나라에도 주택연구회가 필요하다는 여론이 생겼다.

임 박사가 훗날 자신의 저서에 밝힌 주택연구회 창립 배경이다. 88서울올림픽은 일명 '상계동 올림픽'이라 불렸다. 도시 미관을 해친다는 이유로 삶의 터전을 빼앗기고, 올림픽 성화가 지나간다는 이유로 또다시 거리로 내몰린 상계동 판자촌 주민들의 이야기를 다룬 동명의 다큐멘터리 영화에서 비롯된 별칭이다.

임 박사는 주택문제연구회 창립총회에서 무허가주택문제 해결의 대안으로 중국과 소련을 예로 들었다.

중국은 모택동 사후 개방화정책으로 국방비 지출을 대폭 감소하고 주택투자를 증가한 결과 높은 경제성장을 이룩했다. 반면, 소련의 경제 붕괴는 국방비 증가가 주된 요인이라는 분석이다.

예나 지금이나 한국에서 국방비는 예민한 주제로 꼽힌다. 정책 입안자들은 물론 전문가들도 논리적 당위는 인정하면서도 토론 자체를 꺼렸다. 임 박사는 이를 정책적 용기와 학문적 용기만 있으면 해결될 문제라고 보았다.

말로는 사상의 전환이 필요하다고 주장하는 많은 정치가, 관료, 학자들이 아직도 주택 철학의 전환을 회피하고 있다. 빈곤이야말로 국가안보의 가장 큰 위협이다.

정부와 사회 지도층을 향한 통렬한 비판에도 불구하고 우리나라 주택정책은 정권이 몇 차례 바뀌도록 제자리걸음을 면치 못했다.

강한 시민이 강한 국가를 만든다는 게 임 박사의 신념이었다. 1992년 펴낸 『사회주의 중국의 주택정책: 이념과 현실』은 중국의 주택정책에 관한 체계적이고 유일무이한 저서로 평가되고 있다. 국

2003 8 21

대한민국
일반여권
PASSPORT
REPUBLIC OF KOREA
ВИЗА Т-II
№ 827466
4-10805
Гр. Южной КОРЕИ
Фамилия ЛИМ
Имя, отчество (имена) ДЖИЛЛ
Дата рождения 101146 Пол МУЖ
С детьми до 16 лет ОДИН
Цель поездки ТУРИЗМ
В учреждение ИНТУРИСТ
В пункты ВАШИНГТОН МОСКВА
ЛЕНИНГРАД ХАБАРОВСК
ИРКУТСК
200789
310789
через пограничные пункты СССР, открытые для пассажирского движения
Выдана 180789
К паспорту № 15798
ВЫЕЗД

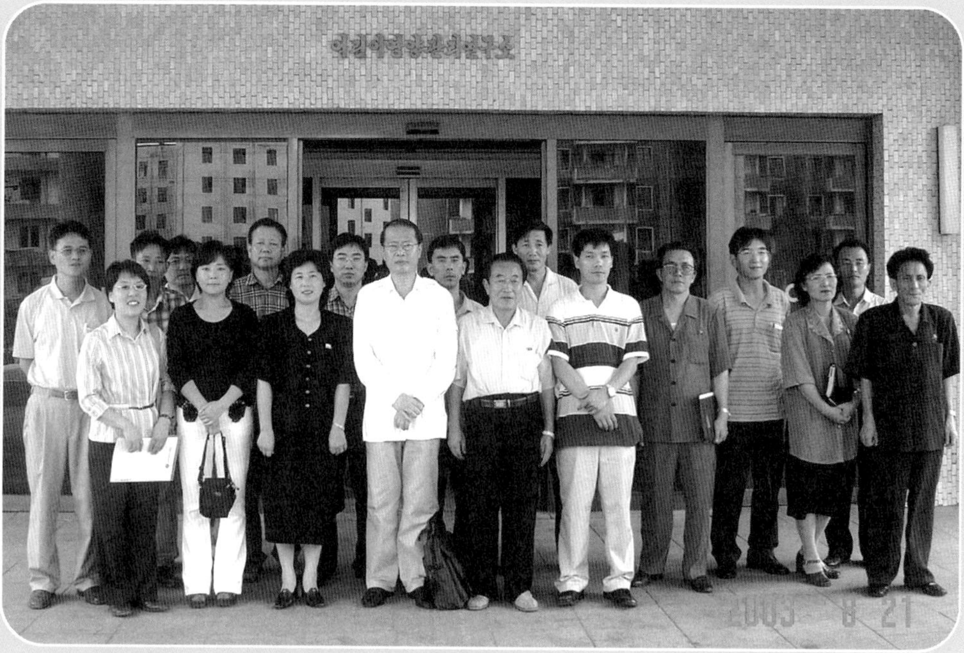

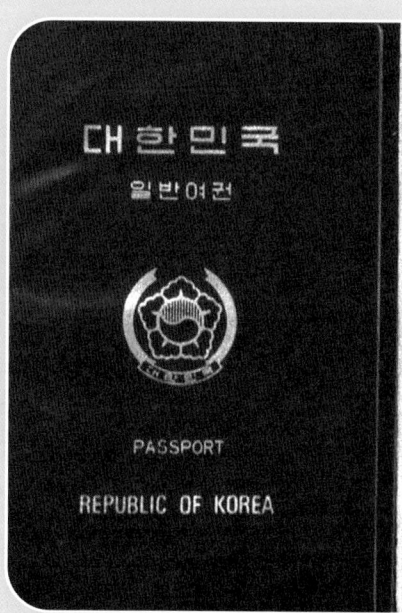

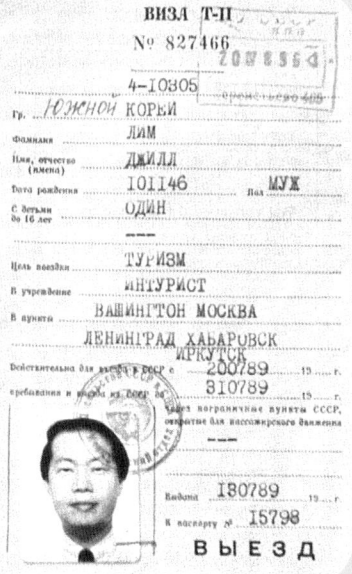

내 주택 관련 당국자와 전문가들은 이를 통해 저개발국가의 경제성장이 국방비 감축과 밀접한 관련이 있다는 사실을 확인할 수 있었다.

일부에선 진보적인 논리에 색깔을 덧씌우기도 했지만 곽영훈 회장의 표현대로 그는 '좌·우가 없는 사람'이었다. 추모집에 글을 기고했거나 인터뷰에 응해준 이들의 회고가 이를 증명하고 있다.

평사는 고국을 떠나 해외에서 가르치고 연구하는 교수였다. 하지만, 조국을 위해서 의미 있고 도움이 되는 일을 해야 한다는 사명감을 가지고 있었다.

조국을 위한 그의 노력은 자신의 명예와 지위를 추구하는 것이 결코 아니었다. 그는 항상 학자 본연의 입장에서 교육의 가치를 세워왔고, 교육자로서의 역할에 충실했다.

신의항 사우스캐롤라이나 대학 교수

임 박사는 한국인으로서 긍지를 지녔고, 한국인 역시 세계의 어느 민족보다도 우수하다는 자부심을 갖고 있었다. 그리고 그를 바탕으로 경쟁이 심한 미국사회에서 성공적으로 활동했다. 조국의 자랑스러운 문화적 전통과 눈부신 경제발전을 남달리 자랑스럽게 여기며 이를 외국인들에게 널리 알리는 데 힘썼다.

성규탁 미시간대학교 사회사업학과 교수

한국 유학생 모두의 아버지와 선생님으로서 그들을 자상하게 보살피던 길진 박사를 보면서, 무릇 잘난 체 떠들어대는 그 어떤 사람들보다도 이분이 참된 애국자로구나 생각했다.

그의 숭고한 정신은 동시대를 같이 산 우리 모두에 의해 영원히 계승되고 이어질 것이며, 그가 그토록 꿈꾸던 세계 속의 대한민국과 한국민으로 자리매김하는 데 원동력이 될 것이다.

이수성 전 국무총리

문국현 전 유한킴벌리 대표이사

그는 미국 사회에서 우리 한국을 위해서 많은 일을 했다. 굉장히 지적이고 스마트했다. 성격적으로도 깔끔하고 당당했다. 한마디로 보통 인물이 아니었다. 능히 대통령도 할 수 있는 사람이었다. 청탁이라든가 이런 게 안 통한다. 임 박사의 죽음은 국가적으로도 큰 손실이다.

장기표 전 국회의원

1993년 가을, 대전 엑스포(EXPO) 산업박람회 행사장에 임길진 박사가 나타났다. 미국 전시관의 관리와 안내 업무를 진행할 30여 명의 미시간주립대학 학생들과 함께였다.

대전엑스포는 구한말 시카고 엑스포에 도자기와 갑옷 등을 기와집 형태의 전시관에 진열하고 참가한 지 100년 만에 한국이 개최한 기념비적인 행사였다. 미국은 국제경제가 어렵다는 이유로 애초부터 대전엑스포 참가에 부정적이었다. 그러다 뒤늦게 참가를 통보하는 바람에 주최 측은 부랴부랴 미국 전시관을 만들어야 했다. 이럴 때 임 박사가 자원봉사단을 데리고 나타난 것이었다. 젊은 날 세계를 무대로 미래비전을 공유했던 곽영훈 회장은 대전엑스포 자문위원이 되어 있었다.
    자신이 미국에서 가르친 제자들을 이끌고 이 자리에 섰을 때 임 박사가 어떤 심경이었는지 자세히 알 길은 없으나, 자연스럽게 그려지는 장면은 있다.

    자네가 그 어느 여름밤 상기되어 열띠며 하던 말.
    우리는 맹목적인 민족주의의 덫에 걸려서도 안 되고, 중국과 일본만의 울타리에 갇혀 있어서도 안 된다. 민족이란 당연히 아껴야 할 대상이지만 지나친 내셔널 나르시즘은 스스로를 골방의 마약환자처럼 취하게 하고, 세계를 상대로 일해야 하는 우리의 역량을 병약하게 만든다.
    우리는 스스로를 이 동북아의 한구석으로 몰아넣으려는 그 어느 것과도 맞서야 한다.
    우리는 중국이나 일본을 뛰어넘는 그 무엇이어야 한다. 우리는 세계로 나가야 한다. 세계화는 도도한 물결이다. 싫거나 좋거나 우리는 이 세계화의 물결에 우리를 던져야 하고 그 위에 우리를 실어야 한다. 그래야 산다. 그래야 장래가 있다. 그래서 나는 한 명이라도 더 데려다가 공부를 시키려는 것이다.

    주진윤 서울대학교 동문이 추모집에 쓴 글에서 터져 나오는 임 박사의 음성은 뜨겁고 뜨겁다.

학장님, 우리들의 학장님

이윤기(소설가, 번역가)

1991년 6월 6일 오후 1시, 나는 미국 미시간주립대학교 국제대학의 한국인 학장을 만나게 되어 있었다. 서울대에서 학사, 미국 명문하버드대에서 석사, 역시 명문인 프린스턴대에서 박사 학위를 받은 인물이라고 했다. 한국 여권을 지닌 최초의 미국 주립대학교 학장이라고 했다. 호텔 밖은 몹시 더웠다. 하지만 나는 준비해간 양복, 그것도 두꺼운 춘추복으로 정장하고 땀을 뻘뻘 흘리면서 학장 댁으로 갔다. 반바지 차림의 한국 학생 서넛이 뜰에서 고기를 굽고 있었다. 나이가 좀 든 학생도 있었다. 그 학생의 반바지 길이는 거의 수영복 수준이었다.

나는 그들에게 용무를 말하고는, 쏟아지는 땀을 닦으면서 뜰을 지나 거실로 들어섰다. 학장 비슷한 사람은 보이지 않았다. 소파에 앉아서 기다렸다. 서재 문이 열리면서, 나비넥타이로 정장한, 점잖은 학자가 금방이라도 나올 것 같았다.

그가 영어로 말을 걸 것인지, 한국어로 말을 걸 것인지 그것도 견딜 수 없이 궁금했다. 영어로 말을 걸면 나는 망한다, 제발 한국어로 말을 걸어주었으면…. 거의 기도하는 심정이었다. 그런데 밖에서 고기를 굽던, 반바지 차림의, 예의 그 나이 든 학생이 거실로 들어섰다. 그는 악수를 청하고는 손을 내미는 나를 끌어 덥석 껴안더니 조금도 미국화하지 않은 한국어로 말했다. "가벼운 차림으로 오실 줄 알았는

데, 내가 틀렸네요. 양아치 임길진입니다."그 자칭 양아치가 바로 한국인 학장 임길진 박사였다. 당시 내 나이 45세, 그의 나이 46세였다. 소탈하다기보다는 탈속한 듯한 그 모습에 완전히 압도되지 않을 수 없었다. 그해 여름부터 5년 동안 나는 배우고 또 익히면서, 완전히 세계화한 이 한국인, 완전히 한국화한 이 세계인 스승의 곁을 맴돌았다. 미국 부통령과 너나들이를 하고, 주지사의 어깨를 중심이 무너지게 칠 수 있을 만큼 미국인들과 가까웠어도 그는 끝내 한국인이었다. 그는 미국대학의 행정가일 때는 증오처럼 강경했고 조선 선비일 때는 오래된 술처럼 순후했다.

그는 도시계획학 학자이기도 했고 한국어로 시집을 낸 시인이기도 했다. 그는 시를 쓰되 한글로는 물론이고, 한문으로도 쓰고, 영어로도 썼다. 그는 문인화를 습작하는 아마추어 화가이자, 판소리를 애호하는 귀명창이자, 태권도 고단자이기도 한 토종 한국인이었다. 미국의 한국인들에게 하던 그의 공격적인 제안이 귀에 쟁쟁하다."…유학생들이나 연구원들로부터, 아들딸에게 영어만 가르쳐야 하느냐, 한국어도 가르쳐야 하느냐는 질문을 자주 받지요. 다 가르치세요. 왜 한 가지만 가르쳐요? 힘이 남으면 일본어와 중국어도 가르치세요. 프랑스어도 가르치고 독일어도 가르치세요. 미국 와서까지 김치와 고추장 타령하려거든 다 틀렸으니까 한국으로 돌아가세요. 김치 타령도 하고, 햄버거 타령도 하세요. 그리고 이곳은 미국이니까 무엇보다도 영어로 말하세요. 컴퓨터를 배우세요. 영어와 컴퓨터 모르고는 반미도 안 됩니다. 배우세요, 안 되면 죽어버리세요…."독신이었던 그는 술과 담배도 즐기지 않았다. 하지만 내가 즐기는 것은 조금도 방해하지 않았다. 담배도 더러는 내 것을 빼앗아 피웠다. 중독되면 어쩌게요 하고 내가 걱정했을 때, 그가 한 말이 잊혀지지 않는다. "나는 집착하지 않으니 해탈할 일도 없을 거요." 음력 정월 초이튿날, 미국에서 날아든 그의 부고를 받았다. 미국과 한국을 오가면서 미국에서는 교수, 한국에서는 환경운동연합 공동대표 노릇을 번갈아가면서 하시더니, 아무래도 큰 별이 떨어진 것 같다.

아, 학장님, 학장님, 우리 학장님…

제 5 부

모든 인간에게 투자하라

통일을 위해 무엇을 할 것인가

누가 미국의 대통령이 되더라도 변하지 않는 것이 있다. 미국은 모든 강대국들은 자국의 이익을 위해 정책을 수립하고 집행한다는 것이다.
우리나라에서 목격되는 단절된 점진주의(disjointed incrementalism) 또는 그럭저럭 꾸려가기(muddling through)로는 우리의 국정을 이끌어 가면 국제사회에서 우리의 국익을 도모해가는 정책을 실시할 수 없다.
우리의 역사는 우리가 만드는 것이며, 우리의 운명은 우리가 개척하는 것이다.

그는 시대를 아는 사람이었다. 1980년대의 평사는 통이 큰 멋진 사람으로 통했다. 1990년대에는 영원한 자유인이라 불렸고, 2000년대에는 세계인이라는 수식어가 따라다녔다.

김정호 KDI 국제정책대학원 교수가 추모집에 쓴 글이다. 아마도 임 박사의 일생을 되짚어보는 데 있어서 이보다 맞춤한 표현은 찾아보기 어려울 듯하다.

1991년 미시간주립대학에서 최초의 남북한 학술대회가 개최되었다. 독일통일과 소련 붕괴를 계기로 세계평화에 대한 기대감이 높아가는 마당에 중동에선 걸프전이 발발하고 국제정세는 한 치 앞을 내다보기 어려운 형국이었다.

한반도에선 이념을 둘러싼 크고 작은 대립이 끊이질 않았다. 이때까지 남북은 서로를 주권국가로 인정하지 않은 상태에서 유엔의 울타리 밖을 떠도는 처지였다. 남북이 단일의석을 갖고 교대로 대표권을 행사할 것을 주장하는 북측 입장과, 단독으로라도 유엔 가입을 성사시키려는 남측 입장이 팽팽히 맞섰다.

한반도의 냉전적 상황이 해결되지 않는 한 동북아시아가 '제2의 중동'이 될 위험성도 배제할 순 없는 상황.

이러한 때 남측 인사와 북측 인사를 한 자리에 모았다는 것만으로도 기념비적인 사건이었다. 임길진 박사는 진보와 보수를 아우르는 막강한 인맥으로 이 행사를 성사시켰다.

임동원 통일부장관, 문정인 켄터키대학교 정치과 교수(전 대통령비서실 통일외교안보특별보좌관), 버클리대학의 로버트 A 스칼라피노 교수 등 국내외 한반도 문제 전문가들이 머리를 맞대고 평화를 논한 행사는 '고려학회'와 공동으로 주최되었다. 북측에서 군축문제연구소 부소장, 유엔 대표부의 리근 현 북한 외교부 미주부국장 등이 참가했다.

이제는 30년 세월 저편의 일이 되었으나 남측 대표단의 일원으로 행사에 참여했던 박홍규 외교안보교육원 교수가 기억에 담아둔 장면을 추모집에 적었다.

나는 당시의 언론이 그 자리를 만들었던 임길진의 역할을 얼마나 비중 있게 다루었는지는 잘 모른다. 다만, 이 회의에 참가한 모든 사람들을 위한 환영 리셉션에서 임길진이 행한 연설과 이를 들었던 모든 사람들의 표정을 지금도 잊지 못하고 있을 뿐이다.

"통일을 위하여 남과 북의 지도자들은 군사안보(military security)에서 벗어나 시민안보(civil security)를 모색하는 데 힘써야 할 것이다. 주택, 교육, 환경, 건강 등 '인간 향상(human betterment)'을 위하여 남북한이 공동으로 경제개발, 사회복지, 환경보전 등에 매진할 때, 비로소 한반도의 평화와 통일이 공허한 수사에서 벗어나게 될 것이다."

이러한 그의 연설은 방법론적 측면에서의 통일 문제에 골몰하던 이들에게 '통일을 위하여 무엇을 할 것인가?'라는 화두를 던졌다.

같은 해 9월 17일 제46차 유엔총회가 열린 뉴욕 유엔본부 국기 게양대에 태극기와 인공기가 나란히 걸렸다. 마침내 남한과 북한의 유엔 동시 가입이 이루어진 것이다. 남과 북이 따로 분단국가를 세운 지 43년 만의 일이었다.

유엔 동시 가입은 남과 북의 대외관계 및 양자관계를 획기적으로 변화시킨 역사의 분수령으로 평가되고 있다. 다만 분쟁 당사자 간의 상호 신뢰와 합의가 아닌 힘의 대결에 따른 결과였다는 점에서 크나큰 아쉬움을 남겼다.

미국, 중국, 소련이 남북의 유엔 가입에 동의함으로써 탈냉전의 기반이 조성되긴 했으나 한국은 중국, 소련과 수교가 이루어진 반면 북한은 미국과의 관계 정상화에 이르지 못한 채로 오늘에 이르고 있다. 그로 인해 한반도는 여전히 갈등과 대립의 와중에 있고 한민족의 미래는 협력과 적대적 관계 사이를 아슬아슬 오가는 처지가 되어버렸다.

몸은 지구상에서 가장 잘 사는 나라에 머물고 있지만 임길진 박사의 내면은 늘상 어쩌다 반쪽이 되어버린 한반도를 향했다.

이듬해 그는 같은 장소에서 "통일을 위한 해외 한인 동포들의 모임"을 열었다. 북한의 중거리 탄도미사일 발사로 미국 정부가 극도로 예민하게 반응하던 때였으나 그렇다고 우리까지 손 놓고 있을 순 없다는 판단에서 추진한 행사였다.

성규탁 미시간주립대학 교수는 이러한 임 박사의 진취적인 행보가 본의 아니게 미국인들의 의심을 사는 단초가 되었다고 전한다.

한 번은 미 정보기관이 그가 주관하고 있는 국제교류활동에 대한 전면 감사를 실시했다. 몇날 며칠 이어진 치밀한 감사에도 불구하고 어느 한 군데서도 허점이 드러나지 않자 미 국방성이 그를 자문위원으로 위촉하는 해프닝이 연출되기도 했다.

한국에서도 색안경 끼고 보는 이들이 적지 않았으나 그는 꿋꿋하게 자신이 가고자 하는 길을 향해 나아갔다.

많은 이들이 임길진 박사를 글로비언(Globian, 국제인)으로 칭한다. 그는 인간의 선한 의지에 대한 굳은 신뢰 안에서 국경 없는 세상을 꿈꾸었다. 어떤 이들에겐 공허한 외침으로 들릴지 모를 '인류평화'라는 말이 임 박사의 입을 통해서 나올 땐 지극히 현실적인 언어로 쓰였다.

그는 통일문제는 한민족 스스로 풀어갈 수 있다는 확고한 신념을 갖고 있었다.

누가 미국의 대통령이 되더라도 변하지 않는 것이 있다. 미국은—모든 강대국들은—자국의 이익을 위해 정책을 수립하고 집행

한다는 것이다.

우리나라에서 목격되는 단절된 점진주의(disjointed incrementalism) 또는 그럭저럭 꾸려가기(muddling through)로 우리의 국정을 이끌어 가면 국제사회에서 우리의 국익을 도모해가는 정책을 실시할 수 없다.

우리의 역사는 우리가 만드는 것이며, 우리의 운명은 우리가 개척하는 것이다.

이 글에서 임 박사는 미국에서 배울 점은 단 한 가지뿐이라고 단언한다. 유럽을 떠나 신개척지에 온 사람들이 역사를 만들고 운명을 개척했다는 점이다. 또한 미국의 정책 방향은 1981년 로널드 레이건 대통령 때부터 시작된 보수적 흐름을 재확인하는 것일 뿐인데 미국 대통령이 바뀔 때마다 머리를 짜야 한다면, 우리에겐 문제를 해결할 아무런 능력도 대책도 없다는 사실을 증명하는 것에 불과하다고 역설한다. 우리는 우리의 원칙에 근거한 장기적 전략에 따라 한반도의 평화를 이끌어내자는 것이다.

임 박사는 통일문제를 논하자고 하면서 이념에 얽매여선 언제까지고 장벽을 넘어설 수 없다고 보았다. 그리하여 진보든 보수든 가리지 않고 수시로 대화의 장을 만들었다.

우리는 우리의 문제점을 냉엄하게 비판하되, 우리가 세상을 바꿀 수 있는 능력을 가지고 있다는 걸 믿어야 한다.

그가 통일을 이야기할 때마다 되뇌었다는 다짐은 후대가 지켜야 할 약속으로 남았다.
누가 그랬던가.
꿈은 늙지를 않는다고.
어쩌면 그가 시를 쓰는 마음을 알 것도 같다.

여인의 허리를 보며
갈라진 땅을 생각한다

아픈 나의 조국
그 허리에 박아 논 수많은 전쟁의 도구들
철망
요새
땅굴
총칼
폭탄

애무하고 싶은 나의 손은
저 둥근 가슴에 닿지 못하여
그저 멀리서만 그려보는
백두산
개마고원
금강산

임길진 詩 <갈라진 땅>

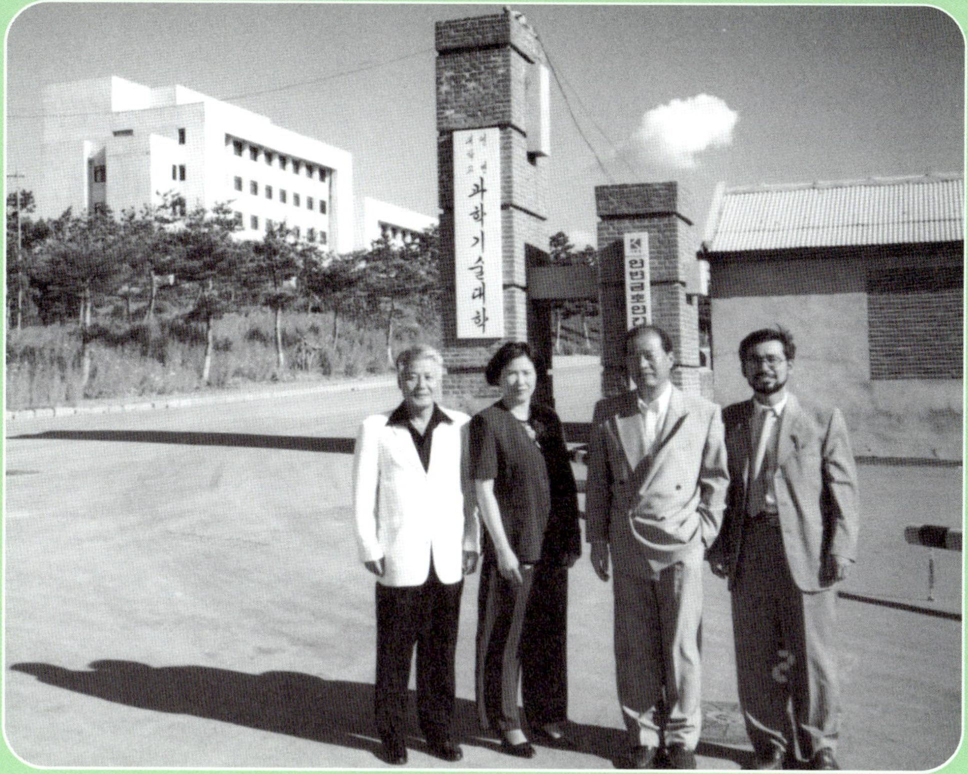
과학기술대학

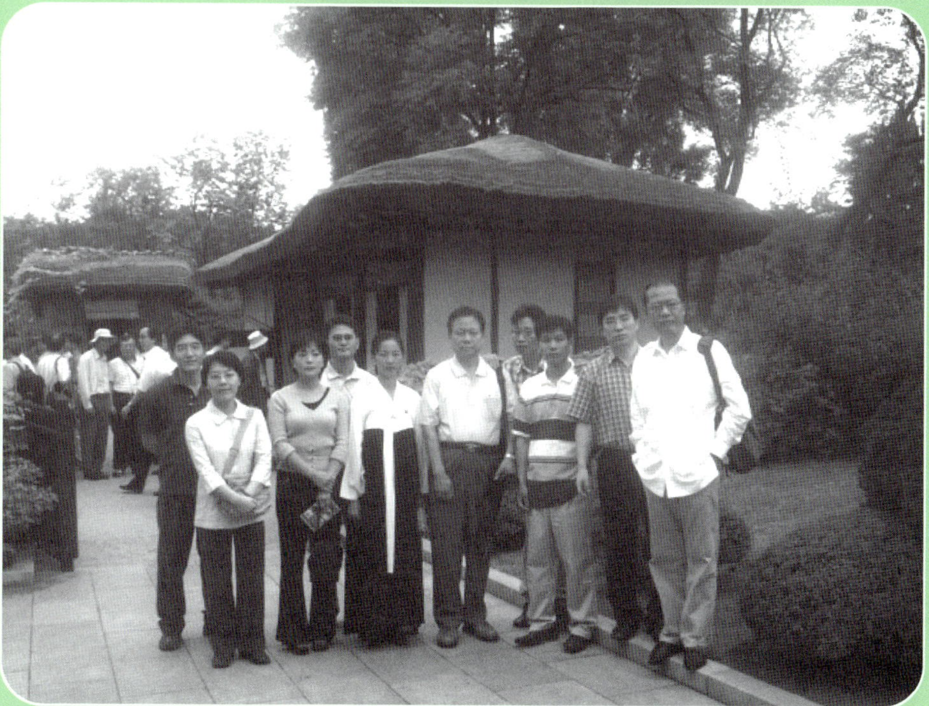

북한이여,
우리에게 108번째 학자를 보내주오

두루마기 차림으로 무대에 오른 임 박사의 뜨거운 외침에 이어 덩실덩실 춤을 추었다. 미시간의 작은 도시 랜싱에 모인 교포들이 우리 춤 우리 가락으로 하나 되는 순간이었다.

학술대회 마지막 날 임 박사의 연설은 남북통일을 갈망하는 많은 이들의 심금을 울렸다.

"북한이여, 우리에게 108번째 학자를 보내주오!"

1993년 7월 10일, 미시간주립대학에서 한국학 학술대회가 열렸다. <21세기를 향한 한반도의 변형(Transformation)―평화, 조화, 그리고 진보>를 주제로 한 이 행사의 슬로건으로 'Korea in the World, World in Korea'가 내걸렸다.

세계 20여 개국에서 700여 명의 한국학 관련 학자 및 실무자는 물론 문화예술인과 기업인들이 대거 참석한 이 대회 공식 언어로는 영어와 한국어가 채택되었다.

행사 준비를 돕는 한국인 스탭들은 다소 의아할 수밖에 없었다. 해외에서 개최된 국제행사에 우리말이 공식 언어로 쓰인 예를 들어 본 적이 없었기 때문이다.

한국학을 하는 사람이라면 한국어로 의사소통이 가능할뿐더러 당연히 한국을 사랑해야 하지 않겠소?

임길진 박사의 이 한마디에 그가 계획한 학술대회의 성격 및 의미가 함축되어 있다. 그는 이 대회를 한반도가 세계를 품고 21세기를 향해 나가는 변곡점으로 삼고자 했다. 그리하여 각종 행사 프로그램이나 팸플릿, 문서 따위에 대회 슬로건을 상징하는 컴퓨터 그래픽이 다양하게 활용되었다.

참가자들의 이름표에는 한글과 영문 이름을 나란히 표기했다. 그렇게 한반도는 세계 속으로 녹아 들어갔다. 아래는 유학생 시절 행사를 도왔던 이용환 경기개발연구원 연구위원이 추모집에 쓴 글이다.

이 학술대회 준비 과정에서 학장님의 정열을 엿볼 수 있는 가장 대표적인 것이 하나 있다. 바로, 대회를 앞두고 참석자들의 이름표를 만들었을 때이다. 이때 미시간의 기후가 이상고온으로 무척 더웠다. 이름표 제작 작업에 학장님은 짧은 반바지 차림으로 땀을 비 오듯 흘리며 참여하셨다. 이러한 학장님의 정열은 학술대회 준비로 지쳐 있던 우리들에게 신선한 자극을 주었다.

나중에 들은 이야기였지만, 학장님께서는 당신께서 하셨던 수많은 일 가운데 가장 기억에 남기고 싶은 활동으로 이 학술대회를 회상하셨다고 한다.

북미 제2단계 고위급 회담을 앞두고 한반도의 평화를 논하는 행사였으나 북측 인사 참석은 이루어지지 않았다. 국제원자력기구 특별사찰을 둘러싼 북미 간의 갈등이 고조된 상태에서 북한이 핵확산금지조약 탈퇴를 유보하는 성명을 발표함으로써 가까스로 국면 전환이 이루어진 때였다.

남북문제를 정치적으로 풀어가려면 갈 길이 구만리다. 시민운동 차원에서 먼저 물꼬를 트고 순차적으로 접근해야 한다.

임길진 박사가 온갖 어려움을 무릅쓰고 행사를 성사시킨 데는 이와 같은 신념이 주효했다. 내용상으로는 과거 한국학 세미나가 지역, 이념, 분야별로 치러진 것과 달리 한국학의 총체적 활용을 위한 학문통합에 방점을 찍었다. 바로 이 자리에서 남북문제, 환경, 문화예술, 교육 등 우리 사회 전반에 걸친 미래 비전의 큰 그림이 펼쳐졌다.

한국학 학술대회는 참가자들의 면면을 통해서도 숱한 화제를 남겼다. 아래는 김진현 세계평화포럼 이사장이 추모집에 쓴 글이다.

나는 이스트 랜싱 캠퍼스의 회의장에 도착해서야 임길진 교수의 역량을 알 수 있었다. (세계 여러 나라에서 온) 학자뿐 아니라 정치인, 배우, 시인, 작가 등, 아주 화려한 모임이었다. 더구나 일주일이나 걸린 이 회의를 물 흐르듯 진행하는 솜씨에서 범상치 않은 역량을 발견했다.
그에게는 국내와 해외라는 구별이 없어 보였다.
그의 탁월한 한국말과 영어 솜씨가 그러하듯 그의 인식, 판단,

행동은 미국에서나 한국에서나 거침이 없었다. 해방 후 1960년대까지의 미국 유학세대 중, 국내외를 거침없이 헤엄치는 지성이 매우 희귀한 데 비하여 임 교수 세대의 활달하고 거침없는 모습이 참 자랑스럽고 부럽기도 했다.

대회 기간 중 가장 주목받은 행사는 문화예술 부문이었다. 한국, 러시아, 중국에서 온 예술가와 문인들이 때론 밤을 새워가며 토론을 이어갔다. 시인 고은, 작가 이윤기, 영화감독 이장호, 배우 장미희와 김명곤 등이 주도한 예술분과는 '통일한국에서의 영화의 역할'을 테마로 세미나를 열었다.

이장호 감독은 토론에 참가자들의 반응이 예상외로 뜨거웠던 점을 떠올리며 이런 말을 했다.

임길진 박사는 내가 알았던 석학들 가운데 영화에 관심을 가진 유일한 인물입니다. 그때 저는 북측 사람들을 만나볼 기회가 없었지만, 남북한 학자들이 참석한 학술대회가 다섯 차례 정도 있었던 걸로 압니다. 통일운동을 문화예술과 연결시켰다는 면에서 아주 신선한 발상이었죠.

고은 시인의 <백두산 서시> 낭독으로 분위기가 숙연해진 가운데 이어진 예술분과 세미나 도중에 한국 영화 <서편제>가 두 차례 특별 상영되었다. 한번은 중국과 러시아, 카자흐스탄 등지에서 온 한인교포들을 위해, 또 한번은 미시간에 입양된 한국 어린이와 그 부모들을 위한 시간이었다. 영화를 통해서라도 그들도 우리와 다르지 않음을 느끼게 해주고 싶었던 임 박사의 배려였으리라.

고국의 산하가 어떻게 생겼는지도 모르는 교포 2세들도 영화를 보고 눈물을 흘렸다고 한다.

이윤기 작가와 김명곤 배우가 연출한 '한국문화의 밤' 행사에선 사물놀이와 판소리와 교포 학생 30여 명의 전통춤이 어우러진 축제 마당이 펼쳐졌다.

우리는 정치나 경제로는 통일하기 어려우니 노래와 춤으로 통일합시다!

하얀 두루마기 차림으로 무대에 오른 임 박사는 격정적으로 덩실덩실 춤을 추었다. 미시간의 작은 도시 랜싱에 모인 교포들이 우리 춤 우리 가락으로 하나 되는 순간이었다.

학술대회 마지막 날 임 박사의 연설은 남북통일을 갈망하는 많은 이들의 심금을 울렸다.

북한이여, 우리에게 108번째 학자를 보내주오!

미시간주립대학교 국제대학에는 세계 107개국에서 모여든 수백 명의 학자, 연구자, 교환교수, 학생들이 있다. 북한에서 학자를 보낸다면 108번째 국가가 되는 것이고, 이는 곧 완전한 냉전 종식을 의미했다.

한국 언론에선 전혀 다뤄지지 않은 내용이었다. 이윤기 작가는 훗날 자신의 책에 이 장면을 짧게 언급하면서 그를 '1946년 서울 태생인 한국인 도시계획학자'라고만 썼다. 시기적으로 그만큼 민감한 주제였던 까닭이다.

실명이 알려진 건 그로부터 10여 년이 지난 후에 묶은 자신의 산문집(『조르바를 춤추게 하는 글쓰기』)의 작가 노트를 통해서다.

이 글을 쓸 당시에는 실명을 밝히지 못했지만. 이 도시계획학자는 2005년 불의의 사고로 미국에서 작고한 평사 임길진 박사다. 나는 술에 취하면 이따금씩 그 이름을 부르곤 한다. 아, 평사!

고은 시인은 그가 어머니를 사랑하듯 고국에 헌신했다고 추모집에 적었다.

세상 사람들은 그가 미국 유수의 대학에서 명망 있는 교수이자 대학 운영자였던 것으로, 더 이상 바랄 것이 없는 사람이라고 할지 모른다. 하지만 나는 그렇지 않다. 지금껏 그가 한 일은 앞으로 그가 할 일의 일부분에 지나지 않는다.

그가 생각하는 문명과 저변의 합치를 지향하는 구조철학은 그가 한국에 와서 환경운동을 선도한 지도적 행적으로도 다 구현된 것이 아니다. 그가 국제적 성과를 이룬 것도 그가 어머니를 생각하듯 그가 돌아온 한국에의 헌신, 그것에 귀결되어 일했다.

같은 색깔의 나일론 양말 30켤레를 배낭에 싸 들고 고국을 떠나온 아들은 환갑이 가까운 나이가 되었다. 그사이 노모는 구순을 넘겼다. 시시때때로 걱정하는 마음이 왜 없었겠는가. 고은 시인은 '한국 문학의 현재' 행사 참여를 위해 두 번째로 미시간을 방문했을 때 일을 이렇게 적었다.

  그 기간 내내 나는 평사와 함께 자고 먹었다. 그는 내 숙소를 없애고 아예 그의 집으로 나를 데려갔다. 실컷 설왕설래한 뒤의 어느 골짝에서 그는 한국에 계시는 어머니 걱정도 했다. 물론, 그에게는 형제자매의 동기가 있다. 그 가운데서 평사 하나가 이유 없이 오랜 독신으로 살아오고 있었는데, 그런 그가 지금 어머니 생각에 잠기는 것이었다.
  내가 말했다.
  "이제까지 천하의 임길진으로 살다가 지금 이 순간에 자네 모친의 효자로 돌아가는군"이라고.
  하지만 다음날 그는 저 오대호 일대의 끝없는 초원을 달리는 말처럼 우렁찼다. 그의 말갈기는 일어서고 그의 말발굽은 땅을 차고 있는 것이다.

비전이란,
보이지 않는 것을 볼 줄 아는 능력이다

어린이와 여성, 북한, 재외국민까지 통틀어서 인간적 세계화의 대상으로 적시한 임 박사의 메시지는 하나의 문장으로 압축된다.
"한민족이 지닌 지식과 자원을 총체적으로 활용하여 민족의 이익과 인류에의 공헌을 더불어 시도하라."

1995년 미시간주립대학에 '인간적 세계화 연구 프로그램(POHG, Program on Humanistic Globalization)'이 창설되었다.

임길진 박사는 세계 각지에서 일어나는 경제적, 사회적, 종교적 갈등과 인권유린, 부패, 생태계의 불균형 및 파괴 현상 등 평화롭고 정의로운 세상을 저해하는 고질적 요인들을 인간적 세계화의 틀 안에서 해결하고자 했다. POHG는 개별 국가뿐만 아니라 전 세계로의 확산을 염두에 두고 임 박사가 계획한 '지속가능한 미래 만들기 전략'의 일환이라 할 수 있다.

그가 90년대를 인류 역사의 중요한 전환기로 파악한 이유는 지구상에서 동시다발적으로 일어나고 있는 다섯 가지 새로운 경향에 주목했기 때문이다.

1. 국가 간의 경제적 상호연관성 증대
2. 민주주의와 시장경제로의 이념적 전환
3. 국가조직, 국제조직, 정부 체제 등의 구조적 개편
4. 과학과 기술의 빠른 변화
5. 세계적으로 형성되어가는 다문화 가치관 및 생활양식

임 박사는 이러한 21세기의 도전에 효율적으로 대처하려면 전문가 그룹-계획가, 정책 입안가, 기업인, 시민사회 지도자, 교육자 등-이 솔선수범해서 지속가능한 세계시민사회 형성에 이바지할 수 있어야 한다고 보았다. 이는 전문인들이 규범과 도덕에 따라 생각하고 움직일 때 모든 인류가 평화와 정의의 바탕 안에서 행복한 삶을 영위하는 세계시민사회가 구현될 수 있다는 철학의 소산이다.

바로 이 대목에서 많은 이들에게 영감을 준 명언이 탄생한다.

나는 비전(vision)이란 보이지 않는 것을 보는 능력이며 그것을 통해 본 미래상이라고 생각한다. 지속가능한 세계시민사회란 평화, 정의, 자유, 평등, 믿음, 사랑, 풍요 등 인간의 기본적 가치가 세계시민 생활의 모든 국면에서 실천되는 사회를 의미한다. 이러한 혜안을 바탕으로 사회를 미래로 이끄는 구체적인 전략적 방향이 설정되고 행동지침이 실행되어야 한다.

비전을 가진 사람은 보이지 않는 먼 미래를 보고 그곳으로 가는 항로를 설계한다.

미시간주립대학의 명강의로 알려진 임길진 박사의 비교문화론은

학생들의 집 주소를 묻는 것으로 시작된다.

이때 한국인과 중국인, 일본인은 국가-도-군-면-동의 행정단위를 차례로 말한 다음 마지막으로 자기 이름을 대고, 미국인들은 자기 이름-번지-거리-도시-주로 이어지다가 마지막에 나라 이름을 댄다. 이것은 동양인은 가장 큰 전체부터 생각하기 시작해서 가장 적은 것으로 끝을 맺고 서양인은 가장 작은 것부터 생각하기 시작해서 가장 큰 전체로 끝을 맺는다는 것을 말해 준다.

임 박사는 이 대답의 차이를 동양인과 서양인의 문화적 사고방식의 차이로 규정했다. 아울러 이를 통해 개인의 자기 정체성 및 국가에 대한 인식, 나아가 세계를 인식하는 사고의 차이를 분석했다. 결론은 동양인의 자기 정체성 및 세계 인식은 국가라는 명제를 전제로 발전하는 연역적 인식에 기초하는 데 반해, 서양인은 자신의 정체 확인으로부터 국가라는 명제로 발전하는 귀납적 인식에 기초한다는 것이다. 인류 공동의 정의를 실현하기 위한 인간적 세계화론은 이러한 차이를 이해하고 인정하는 것에서부터 출발하며 교육이 그 중추적인 역할을 담당하는 것을 전제로 한다.

교육을 통해 동양과 서양의 장점을 결합할 수 있는 새로운 세대를 길러낼 수 있기 때문이다. 이 새로운 세대는 합리적인 동시에 과학적으로 사고하는 사람들을 말한다. 문화의 장벽을 뛰어넘는 이해력을 구비하고 보다 효과적으로, 또한 보다 인간존중의 입장에서 중요한 세계적 과제에 도전하고 대처할 수 있는 사람들이다. 임 박사가 이러한 신념의 토대 안에서 구성한 인간적 세계화는 크게 두 가지 요소로 압축된다.

* 다문화적인 가치와 사고방식을 통합한다.
* 모든 사람이 인간주의적 기본가치를 공유하고 일상생활에서 실천한다.

임 박사는 전문 계획가들뿐만 아니라 개개의 시민들이 인간적 세계화에 참여할 때 인류역사상 네 번째 혁명인 '가치혁명'을 수행할 수 있다고 보았다. 가치혁명 수행의 본질은 지속가능한 시민사회 조성을 위한 규범적 준칙의 수립에 두었다. 『21세기의 도전』에서 밝힌 인간적 세계화의 규범은 다음 일곱 가지다.

첫째, 문제점에 대하여 비판하라. 그러나 동시에 바람직한 방향으로 사회를 이끌 수 있다는 낙관적 태도를 견지하라.
둘째, 다른 문화, 사고방식, 외국어를 끊임없이 공부하라. 자신과 다른 문화에 속하는 훌륭한 서적들-책과 만화를 포함해서-을 읽어라.
　주변의 사람으로부터 배우고 스스로 지식을 쌓아가는 것을 중단하지 말라. 매일 새롭게 태어나라.
셋째, 주변 사람, 부모, 자녀, 친구, 선생님을 교육하라. 특히 옛 습관을 버리지 못하고 이 뜻깊은 변화의 시기에 행동양식의 변화를 거부하는 사람들을 교육하라.
넷째, 자원봉사와 공공정책의 결정 과정에 적극적으로 참여하라. 실제의 행동에, 그리고 비판적으로 대화하는 데 참여하여 말하고, 쓰고, 투표하고, 조직의 일원이 되어라. 이러한 참여의 목적은 단순히 갈등을 격화시키는 것이 아니라, 상황을 이해하고 합의를 도출하기 위한 것이다.
다섯째, 공공투자 결정의 우선순위를 변화시키도록 해라. 공공투자 결정에서 기준이 되는 것은 평화, 사랑, 정의, 풍요, 평등이라는 인간의 기본적 가치이다.

또한 시민의 복지향상에 더 많이 투자하라. 기본 식량의 확보, 주택, 건강, 교육에 보다 많은 자원을 배당할 필요가 있다. 교육 부문에서는 세계적 과제, 여성, 아동과 관련된 계획에 보다 많은 투자가 필요하다.
여섯째, 상호 존중하라. 아는 사람이든 모르는 사람이든, 약한 자든 강한 자든, 세력이 있는 사람이든 없는 사람이든, 가난한 자든 부유한 자든, 무식한 사람이든 지식이 풍부한 사람이든 모든 사람을 존경하라.
마지막으로 출생국가, 문화, 민족, 철학이 다른 사람들과 친구가 되어라. 도저히 친구가 될 수 없다고 생각한 사람들과 친구가 됨으로써 놀랍게도 문명된 사회의 주춧돌인 평화, 정의, 자유, 사랑, 평등, 풍요와 같은 인간의 기본적 가치를 우리가 함께 공유하고 있음을 알게 된다. 이것이야말로 인간적 세계화를 성취하는 가장 중요한 덕목이다.

한민족이 통일된 복지사회로 나아가기 위해 주효한 수단이자 전제조건으로 임 박사는 인간적 세계화를 내세웠다. 요컨대 하나가 된 남과 북이 다른 나라와 함께 일하면서 평화와 정의를 추구할 때 진정한 인류의 화합을 이룰 수 있다는 얘기다.

그렇다면 누구를 세계화해야 하는가?

세계화가 효과적이고 성공적인 수단이 되기 위해서는 세계화 계획에 어린이와 여성을 포함시켜야 한다. 다음 세기의 주역인 아이들에 대한 지금의 1원 투자와 정성은 10년 뒤에 100원을 집어넣는 것보다 낫다.

더욱이 인구의 절반을 차지하는 여성의 세계화 없이는 우리의 세계화는 반쪽 세계화가 된다. 우선 회사나 정부나 민간단체가 그 대상이다. 교육기관 등은 여성 전문인과 일반 여성 직원을 세계화하는 재정적, 정책적 지원체계를 마련해야 한다. 덧붙여 남한의 세계화 작업은 북한의 세계화라는 과제를 염두에 두고 실행되어야 할 것이다.

이즈음 베이징 회담의 결과로 남한이 북한에 쌀을 보낸 것을 계기로 모처럼 남북 화해 무드가 조성되는 듯하다 불상사가 빚어졌다. 남한은 분단 사상 최초의 식량 지원을 계기로 대북 접촉 창구를 마련할 요량이었으나 우리 측 선원이 사진을 찍었다는 이유로 북한이 쌀 수송선을 청진항에 억류한 것이다. 이로써 베이징 회담은 더 이상 진전을 이루지 못했으나 임 박사는 끝내 통일에의 희망을 버리지 않았다. 재외국민과 북한 주민까지 통틀어 인간적 세계화의 대상으로 적시한 이 글을 통해 그가 전하고자 하는 메시지는 하나의 문장으로 압축된다.

한민족이 지닌 지식과 자원을 총체적으로 활용하여 민족의 이익과 인류 평화에 공헌하라.

임길진 사상의 요체 '인간적 세계화'
(Humanistic Globalization)

인간적 세계화의 주요 요소들은 우리의 연구에 중요한 역할을 한다. 특히, 형평성은 임길진의 핵심적 실천 요소였으며 우리의 연구에서도 마찬가지였다. 따라서 나와 윌슨 교수 역시 전면적인 지역 혹은 국제개발에 있어 정보 및 통신의 역할이 매우 중요하다고 생각했다.

Kenneth E. Corey 미시간주립대학 명예교수
특별 기고문

일찍이 그는 더 좋은 세상을 위한 계획을 세우기에 앞서 세상의 다양한 측면과 인간의 욕구에 따라 야기되는 여러 가지 문제들을 분석해야 한다는 점을 깨우쳤다. 그것들을 철저히 분석할 수만 있다면 적절한 대응책을 마련할 수 있을뿐더러 제대로 이해된 인간 욕구에 대처할 수 있다는 것이다. 이를 통해 분석에서부터 전략적 대응까지의 절차들을 효과적으로 수행하는 이 방면의 권위자가 될 수 있었다.

계획가로서 그가 마주한 세계적 도전과제 중 주요한 것들은 기후변화, 평화와 안전에 대한 다양한 위협, 경제발전, 과학 기술의 혁신, 주택문제, 보건문제, 무엇보다도 정부 행정의 역량과 민주성에 있다.

임길진은 인간이 지닌 긍정의 힘과 무한한 잠재력이야말로 사람들의 욕구에 제대로 부응하는 미래 구상으로 연결된다는 세계관을 가지고 모든 도전과제에 임했다. 이러한 깨달음과 그에 따른 체험을 바탕으로 스스로 혁신적이고 선도적인 리더십에 매진했으며, 마침내 '긍정의 힘'을 바탕으로 분석과 대응을 위한 구상 체계를 구축했고, 이를 '인간적 세계화'라 칭했다.

이러한 체계는 임길진의 철학과 실용주의 양쪽 모두를 반영하고 있다. 그는 인간적 세계화 체계를 자신의 전문가적인 태도와 실천의 지침으로 사용하였다. 복잡하고 미묘한 개념들과 범주들이 그를 통해 조직적으로 구성되었으며, 사람들은 체계적으로 증명된 계획적인 대응으로 세상을 개선할 수 있게 되었다. 그것이 바로 임길진이 규정한 인간적 세계화의 원칙이다. 이 원칙은 현재와 미래의 글로벌시대에 성공의 필요조건으로서, 인간적 가치와 기본적인 인간 욕구에 기초한 시민사회 구현을 추구한다.

인간적 가치는 평화, 사랑, 정의, 풍요, 평등으로 정의되며, 기본적 인간 욕구는 식량, 안전, 주거, 건강, 그리고 교육이다. 인간적 세계화라는 목표를 구현하기 위해 개인은 다음의 품성을 지녀야 한다.
- 긍정성과 단호함: 이런 품성은 목표를 성취하려는 과정에서의 모든 위협과 장애를 극복하게 해준다.
- 열망과 개방성: 타민족의 문화와 그들의 사고방식에 관해 배울 수 있는 자세가 필요하다.
- 배움의 의지: 인간의 가치를 지키기 위한 필수적인 방법으로서의 교육을 추구한다. 또한 구습을 버리고 필요한 변혁을 배

우고 실천할 수 있어야 한다.

우리는 자원봉사 활동과 공적 판단 과정(가령 투표)에 참여함으로써 필요한 개혁에 기여할 수 있다. 타인을 존중하고, 타인에 관여할 때, 비로소 우리는 각각의 차별성으로부터 배울 수 있고, 동시에 공통성도 경험할 수 있게 될 것이다. 더 나아가 기본적 인간 가치와 기본적 인간 욕구에 대해서도 학습할 수 있다.

현실에 적용할 수 있는 임길진의 학문적 업적은 가히 주목할 만하다. 특히, 합리적이고 전문가적인 발전의 이정표로서 인간적 세계화는 현시대와 미래에 계승되어야 할 필요가 있다.

그의 중요한 공적은 아래의 6P 원칙으로 구체화할 수 있다.

Prescience (통찰)

30여 년에 걸쳐 그가 영문으로 펴낸 출판물을 한곳에 모아 보면, 미래 발전의 핵심 동력을 정의하는 통찰력이 남다르다는 것을 발견하게 된다. 그는 현실을 변화시키고 21세기를 대비한 잠재력을 개발하는 데 있어 정보와 정보소통 기술이 핵심임을 인식한 선구적 계획자 중 한 명이었다.

Practice (실천)

그는 자신의 지식을 완성하고, 갈고 닦아 사회에 봉사하였다. 사회봉사의 주된 수단은 연구는 물론 그것을 학회나 출판물을 통해, 또는 지속적인 강의를 통해 전파하는 일이었다. 사회개선을 위한 그의 직업적 헌신 방식은, 자신의 전문성을 학계 동료들과 공유하는 데서 그치지 않고 일상적으로 개발 및 계획 실무자들과 협업하여 원활히 적용하는 것이었다. 나아가 이론에서 실천으로 이행하며 얻게 된 교훈들이 그가 전 세계에서 가르쳤던 명문대학 학생들에게 전달되었다.

임길진의 학문과 가르침은, 최상의 시너지 효과와 호혜적 지식 나눔, 그리고 개발 주체들 사이의 네트워킹 속에서 강화되고 세밀해졌으며, 이를 통한 풍부한 분석과 실천의 관계 속에서 발전했다.

Place (장소)

임길진의 업적에 포함된 또 다른 중요한 특징은 그가 다양한 범위의 대표 지역들에 관한 연구를 수행했다는 점이다. 그중에는 미국과 한국은 물론 콜롬비아, 중국, 멕시코, 브라질, 그리고 아세안 국가들이 포함되어 있고, 전체적으로 개발도상국에 대한 논문과 저서들이 많았다. 또한 그 내용은 지역과 장소를 통한 비교분석이 주를 이루었다. 따라서 그는 지역적 맥락에 따른 관점 혹은 관계를 제시했는데, 이는 계획 실무에서 흔히 간과되는 것들이다.

Philosophy (철학)

세계의 광범위한 지역에 대해 연구하고 그 지역 사람들이나 단체들과 교류하면서 그는 다양한 문화와 사고 및 행동양식에 대한 감수성을 얻게 되었다. 이런 접촉을 통해 알게 된 것들이 결과적으로 그의 연구에 영향을 미쳤으며, 이로써 그는 다양한 철학 학파에 깊은 관심을 갖게 되었고, 특히 아시아의 전통 철학 학파에 몰두하게 되었다. 여기에는 유가, 도가, 법가, 병가, 불가를 비롯해 현대에 이와 비슷한 역할을 하는 철학적이고 실용주의적인 기관들, 가령 UN, 세계은행, OECD 등이 포함된다(『아시아인이 생각하는 이상적인 지배구조』, 임길진, 2003). 바람직한 발전에 관심을 가진 서양인들이라면 아시아의 다양한 철학 학파에 친숙해질 필요가 있다. 특히 동양 문화 속에서 발전하며 독특하게 각인되어 있는 철학들에 친숙해질수록 교차 문화적 이해는 깊어지기 때문이다.

Pragmatism (실용주의)

계획 전문가로서 임길진은 학문과 실천의 효과적 균형을 최고의 수준에서 완성했다. 그의 영문 출판물 중에는 유용한 정보가 잘 정리된, 지적 개발의 실용적 측면에 관련한 것들이 다양하게 존재한다. 여기에는 계획가 교육을 위한 연수, 전문 계획 프로세스의 개선, 계획 실행에 관한 적절한 이론과 실천을 계획 이론 개발 방식으로 연관시키기, 그리고 향후 계획 응용의 개선을 위한 사례연구 분석 및 실천적 교훈 도출하기가 포함된다. 그는 자신의 경력 전반에 걸쳐 연구를 통한 실천, 실천을 통한 연구로 이행되는 상호 해석에 전념했다. 이는 개발계획 학자나 실무자가 자신의 경력 개발 전략을 세울 때 고려해야 할 모델이다. 이런 그의 현명하고 전문적인 태도는 실무자든 학자든 개발 전문가가 되려는 젊은이들의 귀감이 되었다.

Progressivity (진보)

임길진 경력의 전반적인 특징은 그가 사회와 그 개발에 대해 주목할 만하고 의미 있는 진보를 가져왔다는 데 있다. 구체적으로 특히 한국과 미국을 비롯한 세계의 다양한 지역의 시민사회 발전에 영향력을 미쳤으며, 이제 그것은 더욱 깊어져 미국과 한국만이 아니라 세계적으로도 개발계획 분야에 진보의 유산으로 남게 되었다. 세계 곳곳의 많은 제자들과 동료들을 통해, 영문 출판물을 통해, 그리고 수많은 이타적이고 관대했던 공헌에 대한 우리의 기억을 통해 그의 존재는 계속해서 커져가고 퍼져나갈 것이다. 그렇게 그는 계속해서 더 나은 개발 지식 생성과 더 많은 지적 개발 실천을 자극할 것이다.

마크 윌슨 교수와 내가 발전시킨 『도시 및 지역의 기술 계획: 세계적 지식 경제 속 계획 실천』(Corey and Wilson, 2006)의 골격은 바로 그런 자극에서 시작된 예다. 그렇게 점점 더 세계화되는 세상에서 임길진의 인간적 세계화 개념은, 우리가 개발 계획을 발전시켜 정보화하는 데 계속해서 학문적 실천적 자극을 주고 있다. 『세계적 정보화 사회: 기술과 지식, 이동성』(Wilson, Kellerman and Corey, 2010).

인간적 세계화의 주요 요소들은 우리의 연구에 중요한 역할을 한다. 특히, 형평성은 임길진의 핵심적 실천 요소였으며 우리의 연구에서도 마찬가지였다. 따라서 나와 윌슨 교수 역시 전면적인 지역 혹은 국제개발에 있어 정보 및 통신의 역할이 매우 중요하다고 생각했다.

이런 다양한 기술적 수단들이 현대화 · 현지화 · 확산됨에 따라, 우리 또한 임길진이 그랬던 것처럼 네트워크로 연결된 정보와 콘텐츠에 전략적인 관심을 가지고 세계화된 경제 동인들을 지역적으로 활용하는 데 연구의 중점을 두었다.

이러한 임길진의 영향력은 다시 우리의 제자들에 의해 다음 세대로 이어지며 더욱 정교하게 확장될 것이다.

민족의 미래를 끊어 놓을 수는 없다

생명을 거두어 기르는 일이 곧 환경운동의 본령임을 역설한 외침은 여러 사회적 기업의 동참을 이끌어냈다. 어린이깨동무는 이에 힘입어 평양의과대학병원 내 어린이병동 250병상을 설립한 외에도 어린이병원 한 곳과 모자병원 건설에 착수했다.

칼은 음식을 만드는 데 사용될 수도 있고 사람을 죽이는 데 사용될 수도 있다. 과학기술도 인간의 복지를 향상하는 데 사용될 수도 있고 인간을 파멸로 몰고 가는 데 사용될 수도 있다.

정보과학기술이 인간적 가치를 다시금 확인하고 생산성을 높이고, 한민족의 문화를 세계적으로 알리는 데 사용된다면, 우리 민족은 더 큰 걸음을 걷게 될 것이다. 따라서 우리는 농업혁명, 산업혁명, 정보혁명에 이은 제4의 혁명, 즉 가치혁명을 시작해야 한다.

1996년 남북관계는 북핵 문제로 인해 악화일로를 걷고 있었다. 임 박사는 핵무기 개발에 소요되는 천문학적 비용이 한민족의 발전을 위해 쓰이지 못하는 현실을 안타까워하며 이 글을 썼다.

같은 해 6월 국내에선 어린이어깨동무와 한겨레신문이 주최한 '안녕 친구야!' 캠페인이 시작되었다. 어린이어깨동무는 이기범 숙명여대 교수와 정병호 한양대 교수를 비롯한 많은 뜻있는 이들이 남북 어린이 평화교육과 인도적 지원을 목표로 설립한 순수 민간단체다.

어른들보다 먼저 어린이들끼리 분단으로 인한 이질감을 극복할 수 있도록 소통의 물꼬를 터주기 위해 기획한 행사가 '안녕 친구야!' 캠페인이었다.

캠페인의 시작은 남녘 어린이가 자신의 얼굴을 그린 그림에 간단한 인사말을 써서 북녘 어린이들에게 보내주는 행사로 막을 열었다. 남북관계에 일촉즉발의 긴장감이 감도는 상태였음에도 아동교육가, 만화가, 화가 등 뜻있는 문화예술계 인사들이 힘을 보탰다.

어린이어깨동무 사무총장으로 쉰한 번의 방북을 통해 북녘 어린이를 위한 인도적 지원 사업을 펼쳐온 이기범 교수의 이야기를 들어보자.

석 달 동안 진행된 행사에 2만 명이 넘는 어린이들이 참여할 만큼 열기가 뜨거웠습니다. 아이들에게 꼭 답장을 받아주겠다고 약속했지요. 그런데 상황이 여의치가 않아 그림 편지 5백여 점을 북측에 전달하고 30점의 그림 답장을 받는 데 꼬박 2년이 걸렸습니다.

이 무렵 북한은 최악의 식량난에 봉착했다. 미국 뉴욕의 북한 유엔 대표부는 1995년 8월 유엔 인도주의사무국에 긴급 구호를 요청하면서 전 국토의 75퍼센트가 재해를 입었고 피해 인구는 520만 명에 달한다고 밝혔다. 이 와중에 수많은 북녘 아이들이 굶주려 죽어가고 그 아이들의 어머니들은 식량을 구하러 국경을 넘었다가 인신매매 조직에 팔려 가는 참상이 빚어졌다.

당시 김영삼 정부는 민간단체의 개별 지원과 북한 주민과의 접촉을 절대적으로 금지하는 대북 강경노선을 취했다. 민간단체가 모은 기금을 북한에 보내려면 반드시 유니세프나 국제 적십자연맹 같은 국제기구를 거쳐야만 했다.

남녘에서 국제 적십자연맹을 거치지 않고 물품을 전할 수 있게 된 게 1997년 5월이었다. 어린이어깨동무는 그해 9월 북녘 어린이를 위한 의약품과 이유식을 배에 실어 보냈으나 남녘 아이들의 그림편지는 전달할 방법이 없었다. 남북어린이 서신 교환이 이루어지려면 합법적인 지위가 필요했다.

1998년 김대중 정부가 출범하면서 대북정책 기조는 보다 많은 접촉과 대화, 협력에 방점이 찍힌 이른바 '햇볕정책'으로 바뀌었다. 같은 해 8월 어린이 단체로는 최초로 통일부로부터 사단법인 승인을 받은 어린이어깨동무는 권근술 한겨레신문사 사장을 초대 이사장으로 추대하고 각 분야의 전문가와 독지가들로 이사진을 구성했다.

김수환 추기경을 위시하여 권정생, 박완서, 윤석중, 이오덕, 한완상, 강대인, 김수정, 김영동, 문성근, 서태지, 안성기, 조혜정, 차범근 등 각계각층의 인사들이 자문위원과 추진위원으로 이름을 올렸다. 이기범 교수가 사무처장을 맡고, 통일문화운동 경험이 풍부한 박진원 남북공동연락사무소 처장이 사무국장을, 정병호 교수는 이

사직을 맡아 각각 실무를 담당했다.

김대중 정부는 햇볕정책으로 평화적 통일을 이끌어낼 방침이었으나 반대 여론도 만만치 않았다. 덮어놓고 퍼주면 북한의 전쟁 준비를 돕는 꼴이나 마찬가지라는 것이었다.

여러모로 어려운 상황 속에서도 어린이어깨동무는 네 차례에 걸쳐 총 5억 원 이상의 기초의약품과 분유, 천 기저귀 등을 북한에 전달했다. 그런 뒤 이기범 사무처장과 정병호 이사가 어린이어깨동무 대표로 베이징에서 북측 관계자들과 만나 방북 일정을 협의했다.

> 우리는 북측과 처음 만나는 자리지만 진심은 통한다고 믿고 있었다. 어깨동무는 정부 관련 단체가 아니라 북녘 어린이를 돕고, 남북 어린이들이 함께 평화를 만드는 일에만 관심 있는 민간단체라는 사실을 알리려고 힘을 쏟았다.
> 그러나 북측 반응은 뜻밖이었다. 수해로 식량 사정이 힘들지만 아이들이 모은 돈을 받을 정도는 아니며, 남측에서 한미 군사훈련이 계속되는 마당에 무슨 그림을 교환하자는 소리냐는 것이다.
> <남과 북 아이들에겐 철조망이 없다 / 이기범>

정치적 의도를 의심하는 북측 관계자들을 설득하고 설득한 끝에 어린이어깨동무 방북단이 평양 땅을 밟은 게 1998년 11월이었다. 돌아올 땐 북녘 어린이들의 그림 편지 답장을 들고 왔다.

첫 번째 방북을 통해 북한 영유아와 임산부의 영양상태의 심각성을 인식한 이기범 사무처장과 정병호 이사는 때마침 KDI 국제정책대학원 원장으로 부임한 임길진 박사를 새로운 이사로 영입했다. 여기에는 임 박사라면 여타의 개발주의자들과는 다른 모형의 계획으로 접근하리라는 두 사람의 신뢰가 큰 몫을 차지했다.

흔쾌히 이들의 요청을 수락한 임 박사는 이화여대와 공동으로 '북한 어린이의 영양 문제: 실태와 대책'이라는 국제학술회의를 개최하고 국내외의 관심을 고취시켰다.

2000년대 들어서도 북한의 식량문제는 벼랑 끝에 있었다. 북한 어린이들의 주된 사망 원인은 영양실조와 폐렴, 설사병으로 나타났다. 학자들은 일 년에 구충제 한 알만 먹어도 15~20퍼센트 영양 흡수가 늘어날 수 있다는 연구 결과를 발표했다. 북한은 이조차도 감당할 수 없는 형편이었다.

어린이어깨동무는 구충제와 영양제 등을 보내며 꾸준히 인도적 지원 사업을 이어가던 중 북측 어린이영양관리소 측으로부터 두유 생산 설비 및 제조기술, 원료 공급을 요청받기에 이르렀다.

문제는 막대한 비용이었다. 민간단체의 모금만으로는 한계가 있었다. 임 박사는 통일부와 미시간주립대학을 연계해서 기금을 조성하는 한편, 관련자들을 상대로 일정을 조율해 나갔다. UN 주재 북한 차석 대사와 참사, 통일부 대북 담당자들과 기금 조성 및 전달 방법에 관한 합의에 이르기까지 3박 4일이 걸렸다. 그리고도 막상 합의사항을 이행할 때가 되자 미시간주립대학 총장이 차일피일 시간을 끌었다.

이 시기 미국은 대북관계에 비교적 유화적이던 클린턴의 민주당에서 조지 워커 부시가 이끄는 공화당으로 정권이 넘어가면서 대북

정책에 변화가 생겼다. 자국 대통령 눈치 보기에 급급한 총장은 여차하면 합의를 뒤엎을 태세였다.

재미교포 피터 윤의 증언에 따르면, 이때 임 박사는 총장에게 항의하다 주먹으로 책상을 세게 내리쳐 왼손잡이인 그가 왼손에 꽤 큰 부상을 입었다고 한다.

> 소위 가진 자들 앞에선 타협이란 걸 모르는 성품이셨죠. 총장 때문에 화가 나서 다친 손은 신경도 안 썼어요. 평소 통일문제에 관심이 많은 분인지라 속이 바짝바짝 타들어가는 것 같았어요.

피터 윤은 미시간주립대학 한국학연구회(Council On Korean Study) 주요 회원 가운데 한 명이다. 강기원, 백원광 교수와 더불어 미시간주립대학 VIPP 프로그램 시상제도의 하나인 Global Korea Award(한민족의 문화를 전파하는 데 공헌한 사람에게 주는 상)를 진행하는 그는 임 박사가 북한의 농업 관련 학자와 학생들을 미시간으로 초청할 계획이었다고 전했다. 출발 전에 이미 장기적이고 체계적인 지원 방안을 염두에 두었다는 얘기다.

우여곡절 끝에 두유 제조 설비를 배에 실어 북에 보낸 게 2001년 여름이었다.

건축 기술자들과 의과대학 학생들로 구성된 자원봉사단이 평양에 당도했다. 기술진이 두유 공장 건축현장에서 일하는 동안 대학생들은 콩기름과 지사제, 비타민 등을 북녘 어린이들에게 전달하고 간단한 건강검진을 실시했다. 임길진 박사는 이 모든 일을 총괄하는 단장을 맡아 현장을 진두지휘했다.

어린이어깨동무 사무국장으로 대표단과 동행했던 박진원 남북공동연락사무소 처장의 이야기를 들어보자.

임 박사님 정도 위치라면 그늘에서 뒷짐 지고 유력자들과 한담이나 나눌 줄 알았는데 그렇지 않더군요. '이래 봬도 내가 공학자야'라고 하시면서 와이셔츠를 걷어붙이곤 기술자들과 함께 기계를 나르고 설치하고 …… 북쪽 사람들이 비싼 실크 와이셔츠 버리기 전에 웃통을 벗는 게 낫겠다고 하니까 '젠틀맨은 속살을 보이면 안 된다'고 하셔서 한바탕 폭소가 터졌죠.

임길진 단장의 호방한 기질은 북측 당국자들에게도 호감을 샀다. 저녁이면 기관 대표가 나와서 식사를 대접하곤 했다. 하루는 임 박사가 그 기관 대표에게 특별한 부탁을 했다.

"기관장 선생, 북녘 아우들을 돕겠다고 온 남녘 학생들 성의를 봐서 상을 하나 주면 어떻겠소?"
"상이라면, 무슨 상을 말씀하시는 겁니까?"
북측 대표가 묻자 임 박사가 점잖게 말했다.
"이를테면 평양 지하철 관람도 좋지 않을까 싶소만."

덕분에 대학생들은 세계에서 가장 깊은 땅속에 있는 대중교통 시설을 관람하는 행운을 누릴 수 있었다.
이후로도 북녘의 희생자는 기하급수적으로 늘어나 2004년까지 적게는 수십만 명 혹은 많게는 300만 명이 숨졌다는 연구들이 있는데,

그 정확한 통계는 아직 누구도 모른다.

임 박사는 북한의 식량난으로 가장 치명적인 피해를 입는 계층은 어린이와 임산부라는 점을 들어 민족적 차원에서의 협력을 촉구하는 강연 및 저술 활동을 펼쳤다.

1944년 9월부터 1945년 5월 사이에 독일군은 당시 점령하고 있던 네덜란드 서부에 대해 식량보급을 차단했다. 약 9개월 동안 계속된 이 혹독한 인위적 기아를 '네덜란드의 굶주린 겨울'이라고 부른다.

전쟁이 끝난 후, 영양실조에 시달린 어머니들이 출산한 아이들의 건강상태에 관한 연구 결과를 따르자면, 굶주린 겨울의 영향을 받은 아이들은 성인이 되었을 때 비만증, 당뇨병, 정신분열증에 걸리게 될 확률이 높았다.

북한의 어린이와 산모를 위한 식량공급의 중요성은 단순히 인도주의적 견지에서만 지지되는 것이 아니다. 현재 북한의 어린이와 산모가 겪고 있는 영양실조는 광범하고 장기적인 의학적, 교육적, 정신적, 경제적 손실을 가져올 것이라는 것을 깨닫게 한다. 설령 몇 년 내로 북한의 기아문제를 해결한다고 하더라도 이미 피해를 받은 어린이들에 대한 장기적 대책이 체계적으로 마련돼야 한다.

어린이들은 미래다. 민족의 미래를 끊어 놓을 수는 없다. 한민족 전체가 이념과 체제를 떠나 합심하여 산모와 어린이들의 영양문제를 해결하기 위해 최우선의 노력을 기울여야 한다.

한 생명을 살리는 일이 인간적 세계화의 실천임을 역설한 외침은 여러 사회적 기업의 동참을 이끌어냈다. 어린어깨동무는 이에 힘입어 평양의과대학병원 내 어린이병동 250병상을 설립한 외에도 어린이병원 한 곳과 모자병원 건설에 착수했다.

병원 설립 실무자로 일했던 박진원 남북공동연락무소 처장은 학생 운동권 출신이다. 북한에서 병원 세 곳을 완공할 무렵 그는 미시간주립대학으로 돌아가던 임 박사로부터 뜻밖의 초대를 받았다.

진보는 다양한 경험을 하는 게 중요하오. 우선 미국을 알아야 하니까 학비 부담해줄 테니 편하게 오시오.

특유의 시원시원한 말투로 미국 연수를 제안한 임 박사는 박 처장이 공사를 마치고 안식년을 맞이한 것과 때를 맞춰 초청장을 보내왔다.

전 세계를 아이들의 교실로

인터넷을 통한 자매결연은 단순한 편지 교환이 아닙니다. 이를 통하여 한국의 학생들에게는 외국의 문화를 배우도록 하고 외국의 학생들에게는 우리의 문화를 올바로 알릴 수 있도록 하는 것입니다. 인터넷 교육은 나이가 어릴수록 효과적입니다.

어린이들이 어떻게 인터넷을 쓰고 더군다나 영어를 배우겠냐고 묻는 사람들이 있는데, 이는 너무나 편협한 생각입니다.

1996년 3월 6일 '꿈같은 교육혁명'이란 제목으로 게재된 조선일보와의 인터뷰에서 임길진 박사가 한 말이다.

현재 우리나라는 세계에서 인터넷 접속 속도가 가장 빠른 나라로 부상했으나 이때는 인터넷망이라는 게 아예 없었다. 컴퓨터에 다이얼 앱을 깔아놓고 전화를 거는 방식으로 PC통신을 이용하는 게 고작이었다. 당시 PC통신 가입자는 30만 명 안팎이었다.

이러한 때 임 박사가 개발연구협의체 산하 기구인 세계청소년네트워크(GYN, Global Youth Network for Peace and Justice)를 설립하고 세계 최초로 한 나라의 모든 초등학교를 하나의 정보망으로 연결하는 키드넷(KidNet)운동을 벌였다.

인터넷은 1969년 미국에서 주로 국방의 목적으로 사용되다 1996년을 기점으로 폭발적인 증가세를 나타내며 전 세계 170여 국가에서 비군사적 목적의 정부 기관과 기업 등에서 폭넓게 활용되었다.

임 박사는 특히 한국과 같은 개발도상국가에서의 인터넷 사용이 교육의 세계화 및 교육행정의 민주화에 지대한 공헌을 할 수 있을 것으로 예견했다. 그 혜안이 옳았음은 오늘의 현실이 증명해주고 있다.

인터넷을 통한 자매결연은 단순한 편지 교환이 아닙니다. 이를 통하여 한국의 학생들에게는 외국의 문화를 배우도록 하고, 외국의 학생들에게는 우리의 문화를 올바로 알릴 수 있도록 하는 것입니다. 인터넷 교육은 나이가 어릴수록 효과적입니다.

임 박사가 세계청소년네트워크 발족식에서 했던 말이다. '어린이에게 인터넷을!'이란 슬로건을 내걸고 조선일보와 함께한 키드넷 운동은 김영삼 당시 대통령의 동참으로 짧은 기간 내에 일반 시민들의 인터넷에 대한 관심을 증폭시켰다. 키드넷 본부는 『만화로 배우는 컴퓨터 통신과 인터넷』 책자를 전국 초등학교에 배포하는 등 대대적인 홍보에 나섰다.

우리나라에선 대학교를 비롯한 각종 연구기관과 일부 고등학교에만 컴퓨터 통신망이 깔려 있을 뿐 중학교와 초등학교는 열외로 치던 때.

키드넷이란, '정보문맹'을 퇴치하기 위해 어려서부터 정보화 습관을 길러주고 세계화의 필수 매개체인 영어에 익숙하게 하기 위해 각 학교에 PC를 공급하고 네트워크로 연결하는 등 어린이들에게 인터넷을 이용할 수 있는 환경을 만들어주기 위한 운동입니다.

시범학교로는 전북 진안초등학교가 선정되었다. 진안은 최신 통신 기술 보급과는 거리가 먼 오지에 속했다. 아무도 이 지역에 컴퓨터 통신망이 연결되리라고는 상상도 하지 못했다.

진안초등학교 학생들에게 이메일을 지도한 문미자 교사는 당시 상황을 추모집에 이렇게 전한다.

시설 좋고 인적 자원이 풍부한 다른 큰 도시의 학교를 선택할 수도 있었지만, 학장님께서는 작은 시골 학교에 기회를 주셨다. 온 지역사회는 설렘으로 들끓었다.

인터넷이라는 말조차도 생소했던 터에 학생들을 지도해야 하는 나는 참으로 난감한 상황이었다. GYN 본부에서는 안준성 선생님을 파견해 주셨다. 어려움을 극복하기 위해 정말 열심히 공부했다. 밤 11시까지 학교 컴퓨터실에서 보내는 날이 많았다. 그래도 신바람이 났고, 학생들과 함께 머피 초등학교 친구들에게 이메일을 보낼 수 있는 아침이 빨리 오기만을 기다렸다.

그런 우리들을 위해 서울에서 진안까지 한걸음에 달려오신 분들이 있었다. 바쁜 일정도 마다하고 오셔서 시골의 아이들에게 미래의 꿈과 희망을 심어주셨던 임길진 학장님, 송휘국 사장님, 이혜은 교수님!

임 학장님은 어린이들과 나의 일생을 통해 가장 큰 추억으로 영원히 자리 잡을 한 장면을 선물해주셨다.

키드넷 운동은 세계에서도 전례를 찾아볼 수 없는 교육정보화 운동으로 미국의 교육혁명을 이끈 주역들이 관심을 한국으로 돌리는 계기가 되었다. 선마이크로시스템스의 존 게이지 수석연구원, KQED방송의 마이클 카우프먼 이사가 자문위원으로 합류한 것이다.

임 박사는 도농 간의 격차를 줄일 수 있는 하나의 예를 만들고자 대도시가 아닌 벽지에 있는 초등학교를 첫 번째 시범학교로 선정했다. 이미 미국의 머피초등학교와 인터넷 자매결연을 추진했고 진안초등학교에 컴퓨터와 인터넷 회선도 설치했다.

백원광(미국 센트럴미시간대 교수), 표창우(홍익대 교수), 송휘국(미시간주립대 객좌교수), 이기범(숙명여대 교수), 이혜은(동국대 교수), 박태상(한국방송통신대학 교수), 신용태(숭실대 교수), 황석만(창원대학교 사회학과), 임수정(경상대학 인문대학 교수) 등 이스트랜싱과 서울에 본부를 둔 150여 명의 GYN 전문위원들이 교재개발과 홍보를 담당했다.

1996년 3월 12일은 지구 반대편에 위치한 두 초등학교 아이들이 이메일로 인사를 나눈 역사적인 날이다. 이후 진안초등학교와 머피초등학교 학생들은 일주일에 한 번 정도 이메일을 교환했다.

아이들은 양국의 역사, 문화, 언어, 학교, 가족 상황, 소소한 일상생활을 공유하며 서로 배움을 얻고 세계를 보는 눈을 키웠다. 그해 8월에는 진안초등학교 학생, 교사, 학부모 11명이 머피초등학교를 방문했다. 지금처럼 영상지원 되는 시스템이 아닌 이메일 소통 방식이었으나 효과는 어른들의 상상을 초월했다. 아이들은 5개월 남짓 이메일 편지를 주고받으면서 이미 친구가 되어 있었다. 미시간 주립대학 한국학연구회가 주최한 광복절 기념행사에 한복을 입고 참가한 우리 어린이들과 미국의 어린이들이 양국의 노래를 합창하는 감동적인 장면이 연출되기도 했다.

이듬해 봄방학 땐 머피초등학교 학생, 교사, 학부모 22명이 한국을 찾았다. 서울에선 환영회가 열렸다. 미국에서 온 친구들과 마찬가지로 진안초등학교 어린이들도 대부분 서울 구경은 처음이었다.

GYN은 양국 어린이들에게 서울 나들이의 추억을 선사했고, 진안읍에선 학부모들이 미국 손님들을 위한 민박과 음식을 제공했다. 아이들을 매개로 학부모와 학부모, 교사와 교사 간의 교류로 확장되면서 소통의 선순환이 이루어지는 순간이었다.

키드넷 운동은 초등학교에서 중학교로, 미국에서 뉴질랜드로 범위를 넓혀갔다. 97년 한 해 동안 제주 삼양초등학교-미국 호라이즌 초등학교, 경북 봉화초등학교-뉴질랜드 스프링스턴 초등학교, 광주 무등초학교-미국 노드초등학교, 제주동여자중학교-미국 델리중학교 등 초등학교 4곳과 중학교 1곳이 외국학교와 자매결연을 맺었다.

이에 GYN은 교육정보관리 체계를 구축하고 10년간의 장기계획을 세웠다.

우리의 계획은 10년 동안에 우리나라의 모든 어린이가 인터넷을 사용할 수 있도록 모든 초등학교에 시설을 완료하는 것이며, 북한 및 전 세계 국가의 어린이들과도 인터넷을 이용한 교류를 할 수 있도록 하였다. 또한 대학이 분포하는 지역사회 내에 위치한 초등학교를 지원하도록 협조를 요청하였다. 이는 대학이 '교육공동체를 주도한다'는 개념 하에 인터넷과 멀티미디어 교육을 포함하는 대학의 사회봉사기능을 실천하는 방법으로, 하나의 대학이 초, 중, 고등학교를 하나의 집단으로 조직하여 초, 중, 고등학교에 교육정보화가 원활히 진행되도록 지원하는 것이다.

교육정보화운동은 어느 하나의 세대만을 대상으로 할 수 없으나 그 시작은 어린이부터 이루어져야 한다는 게 임 박사의 신념이었다. 불과 10년도 못 돼서 당연하게 받아들여질 현상이었건만 그 시절엔 누구도 어린이 인터넷 교육의 중요성에 주목하지 않았다. 나름 신문물 흡수에 빠르다고 자부하는 사람들조차 집에 컴퓨터 한 대 들여놓고 보물 다루듯 애들은 건드리지도 못하게 하는 경우가 다반사였다.

이즈음 중앙일보와 동아일보가 인터넷 보급 운동을 시작했다. 중앙일보는 중,고등학교 홈페이지 구축을, 동아일보는 대학정보화운동을 지원했다. 이는 키드넷 운동이 국내 인터넷 확산에 불을 지핀 결과였다. 국내 3대 신문사가 경쟁적으로 인터넷 보급 운동을 전개하자 정보통신부는 2005년까지 전국적인 인터넷 전용망을 깔기로 한 약속을 2년 앞당겨 2003년 완공했다. 이는 본격적인 키드넷 열풍의 신호탄이었.

임 박사는 국내 3대 언론사가 인터넷 보급 운동에 동참한 것을 무엇보다 고무적인 현상으로 받아들였다.

사실상 이것은 형식적인 분리라고 사료된다. 왜냐하면 초등학생은 중학생이 되고 고등학생이 되며 결국은 대학생이 될 것이기 때문이다. 또한 시간적인 차이가 있을 뿐, 하나의 시계열적인 형태로 볼 때 궁극적으로는 하나의 인터넷 보급 운동이기 때문이다.

결국은 우리나라의 인터넷과 연관되어 이루어지고 있는 교육정보화운동은 초, 중, 고등학교, 대학교 및 일반인에 이르기까지 모든 사람을 대상으로 정부와 민간기업 등이 모두 힘을 합쳐 추진할 때 진정한 교육정보화 운동이 성취되리라고 본다.

교육 당국을 향해서는 어린이 인터넷 교육이 얼마나 체계적인가에 한국의 미래가 달려 있음을 누차 강조했다. 그러나 공무원 몇 명의 의지로 될 일이 아니었다. 결국 관이 주도하는 정보화 운동의 한계를 절감한 임 박사는 민간운동 차원의 정보공동체 운동(EduCom)을 선언했다.

이 운동은 자체의 능력을 키우며 일하는 풀뿌리 운동이기 때문에 오랜 시간 우리의 용기와 인내를 필요로 할 것입니다. 그래서 여러분과 함께 서산대사가 하신 말씀을 가슴에 새겨봅니다.

'이 일은 마치 모기가 무쇠로 된 소에게 덤벼드는 것 같아서, 모기가 함부로 주둥이를 댈 수 없는 곳이라도 목숨을 내놓고 한 번 뚫어보면 몸뚱이째 들어갈 것이다.'

키드넷운동에 동참한 회원들에게 보낸 고별인사다. 전 세계를 아이들의 교실로 만들고자 했던 임 박사의 바람은 결국 이루어졌다. 그로부터 2년 후, 김대중 정부는 '사이버 코리아 21 계획'을 발표했다. 2002년 세계 10위권 이내 지식정보화국 진입 목표에 따라 전국 각 학교의 교직원 및 교실에 컴퓨터와 인터넷 회선이 설치되었다.

작은 불씨는 잉걸불이 되어 타올랐으며 작은 모기는 기어코 무쇠로 된 소를 뚫었다. 98년 310만 명이던 인터넷 인구는 2003년 전 국민의 65%로 불어났다. 이에 임 박사는 정보공동체 운동 슬로건에 하나의 메시지를 더했다.

편하게 쓰고 아름답게 쓰기!

 우리가 제4혁명의 종주국이 되자 / 임길진

많은 사람들이 쓰고 있는 정보기술과 인터넷은 잘 사용하면 인간의 삶을 윤택하고 아름답게 할 수 있지만 잘못 사용하면 사회를 혼란에 빠뜨릴 수도 있다.

'연장을 사용하는 인간(*Homo Habilis*)'으로서 우리는 줄곧 많은 도구와 기계를 만들어 냈다. 농기구를 만들고, 농사를 짓고, 공장을 짓고, 달에 가는 우주선을 만들고, 높은 집을 짓고, 인류를 몰살할 수 있는 가공할 핵무기를 제작하게 되었다. 농업혁명과 산업혁명을 통해서 의식주 생활을 크게 향상시키고, 정보혁명시대로 들어섰다.

이렇게 사회가 변화해 가는 과정 속에서 우리는 원하지 않는 새로운 문제들을 접하게 되었다. 산업혁명이 계속되면서 공장노동자들은 비참한 생활을 하게 되었고 도시는 혼잡해졌으며 자연은 크게 파괴되었다. 산업혁명은 정보혁명으로 이어졌다. 전기의 발명, TV의 등장, 컴퓨터의 출현은 인간사회가 좀 더 빠르게 지식을 생산하고, 교환하고, 쓸 수 있게 함으로써 여러 분야의 생산성을 한층 높여 놓았다. 그러나 컴퓨터를 통한 금전적 범죄, 음란물의 확산, 어린이들의 불균형한 시간활용 등이 걱정거리로 등장했다.

인터넷이 대중화되면서 그 폐해는 더 이상 보고만 있을 수 없는 상태에 이르렀다. 상업광고 및 음란물의 홍수, 바이러스 침투에 의한 정보망 파괴, 언어 파괴, 언어폭력, 정보격차에 따른 소외계층의 발생 등이 그것이다. 동아일보와 개발연구협의체를 비롯해 여러 기관 및 기업이 건강한 인터넷 운동을 추진하는 것은 이런 이유에서다. 인터넷의 역기능을 해결하고 올바른 언어소통에 의해 정보를 교환하고 정책을 결정하는 사회를 만들기 위함이다.

물론 이 사업을 성공적으로 실천하기 위해서는 여러 시민단체, 교육기관, 학술단체, 정부기관, 언론기관 등의 긴밀한 협력이 절실하다. 이러한 운동에 가장 중요한 것은 운동의 철학적 바탕이다. 칼이 문명의 이기냐 흉기냐를 결정하는 것은 칼을 손에 쥔 사람의 가치관이다.

아무리 효율적인 스팸 제거방법이 창안되고, 엄격한 벌칙이 집행되더라도 가치가 전도된 사회에서는 인터넷을 올바로 사용하기가 어렵다. 새로운 가치관이 우리의 기술적 발전을 이끌어야 우리의 사회가 기술의 혜택을 누릴 수 있다.

건강한 인터넷 운동은 정보혁명 시대의 문제를 단순히 기술적으로 해결하려는 운동이 아니다. 이 운동은 제4의 혁명, 즉 '가치혁명' 시대를 여는 새로운 종합적인 국민운동이다. 가치의 기준을 확립하고, 기술을 윤리적으로 사용해서 우리의 새로운 미래를 창조해야 한다.

농업혁명, 산업혁명, 정보혁명은 다른 나라에서 우리나라로 들어왔다.

'가치혁명'은 우리가 종주국이 되자.

내 인생의 한마디 '정신적으로 물질적으로 독립하라'

이덕희 (한국분석과학기술원 부사장)

2000년대 초반 환경운동연합이 한국뿐만 아니라 아시아 최대의 환경 NGO라는 것이 알려지면서 그린피스(Greenpeace), 지구의 벗 등 국제환경단체는 물론 미국, EU 등 해외 정부기관 인사들이 자주 한국을 방문했다. 당시 나는 국제협력위원회의를 주관했는데 환경연합 대표로 참석한 임길진 박사님은 뒤풀이 자리에도 늘 함께해 주셨다.

한참 후배인 나로선 회의를 주재하고 모임을 이끈다는 것이 쉽지 않았다. 임 박사님은 당신의 주장을 내세우기보다는 진지하게 경청한 뒤에 전체의견을 수렴하는 데 힘을 보태주는 역할을 해주셨다. 당신의 기준에서 보면 여러 면에서 많이 부족한 후배였겠으나 긍정적인 측면에서 열의를 높게 평가해주셨다.

무릇 학자란 새로운 것을 밝혀내는 데서 끝나지 않고 아는 것, 옳다고 생각하는 것을 직접 실천해야 한다는 걸 임 박사님이 앞서 제시하고 보여주셨다. 나는 이런 게 바로 지식인에 대한 새로운 정의라고 생각한다. 당장 떠안고 있는 문제가 산적해 있어도 무엇이 문제인지조차 모르는 사람들에겐 '이것이 문제다'라고 현실을 드러내주는 것만도 중요한 일일 것이다. 임 박사님은 문제 자체에서 머무르지 않고 그것을 어떻게 해결해야 하는가를 항상 고민하셨다.

임길진 박사님은 유머 감각이 풍부한 분이었다. 당신이 환경연합 대표와 함께 주거복지연대 이사장 겸 공동대표도 맡고 계셔서 NGO

단체들이 모이는 자리에 양 단체의 실무자들이 함께하는 경우도 많았다. 어느 뒤풀이 자리에서 주거복지연대 이야기가 나오자, '죽어서 연대하면 안 되고 살아서 연대해야 한다'고 말씀하셔서 다 같이 웃었던 기억이 난다.

나는 임 박사님과 개인적인 관계보다는 반 공식적인 공간 속에서 만났다. 개인적으로는 긴 인생을 살아가는 데 닮고 싶은 모델 중의 한 분이셨다. 그리고 이분이 우리나라를 위해서 나아가 세계를 위해서 무슨 일을 맡으면 좋을까 생각해 보았다.

한국에 기회가 와서 2006년 반기문 씨가 UN 사무총장에 선출되기도 했지만 개인적으로 한국이 내세울 수 있는 가장 적합한 인물은 임길진 박사뿐이라는 생각을 갖고 있었고, 지금도 그 생각은 변함이 없다.

현재 UN은 정치, 경제, 사회, 문화를 넘어 환경과 지구의 미래를 다루는 기구로 확대되었다. 국가를 대표하는 기관뿐만 아니라 전 세계 학자, 기업, NGO, NPO 등 참여의 폭도 확대되었다. UN 사무총장의 자리는 다뤄야 할 문제의 스펙트럼이 넓다. 이해관계자도 상상을 초월할 정도로 많고 다양하다. 이런 자리를 맡기에 적합한 인물은 대한민국은 물론 세계 어디에도 많지 않은데, 임길진 박사라면 능히 그 역할을 감당하셨으리라 생각된다.

아쉽게도 나는 길고 깊게 임길진 박사님을 만날 기회는 없었지만 그때그때 보여주신 삶의 모습과 향기는 짙게 남아 있다. 박사님은 늘 주변 사람들에게 세상을 앞서가는 비전을 보여주셨고 더 중요하게 깨우친 지식을 어떻게 실천해야 하고, 개인의 삶의 자세는 어떠해야 하는가를 말이 아닌 행동으로 보여주셨다.

임길진 박사님의 '삶의 12기둥' 가운데 내 인생의 한 마디를 꼽으라면 '정신적으로 물질적으로 독립하라'는 말씀이다.

남에게 손 벌리지 않고 살 수 있는 건 그래도 어렵지 않은 일일 수 있다. 하지만 정신적으로 독립한다는 것은 말처럼 쉽지가 않다.

많은 사람들이 자기 생각인 듯 뭔가를 주장하면서도 정작 내 생각은 어떻게 내 것이 되었는지를 알지 못한다. 젊은 시절에 진리, 자유, 평등, 민주, 민중, 생명을 외치던 사람들이 세월이 지나 그 반대의 길에 서 있는 모습을 보면 정신적으로 독립하지 못했기 때문이라는 생각을 한다.

임길진 박사님은 "비전이란 보이지 않는 것을 보는 능력이다"라고 말씀하셨다. 오늘 이 시점에 당신이 바라보는 비전이란 무엇인가를 듣고 싶다. 좀 더 솔직하게는 비전을 어떻게 내가 만들어야 하는가를 듣고 싶다.

눈은 멀리, 발은 이 땅에

－김용철 대상(주) 대표이사

오호, 애재(哀哉)라.

어찌 그리도 허망하게 가셨단 말씀입니까? 임 박사님이 떠나시던 날, 남은 사람들은 명망 높은 세계적인 석학 하나만을 잃은 것이 아니었습니다. 사람과 환경을 지극히 사랑했던 환경운동가, 전통을 사랑하는 예술가, 세계적인 후학의 양성을 위해 몸 바친 교육자, 풍류를 아는 시인… 이 모두를 한꺼번에 잃은 것입니다. 그 슬픔과 안타까움으로 지인 모두는 어찌할 바를 몰라 그저 황망할 뿐입니다.

생전의 임 박사님은 세계적인 대학들을 넘나들며 후학 양성에도 힘쓰셨습니다. 특히 한국인 학생들에게는 진정한 의미의 세계화를 일깨워주셨고, 이를 통해 우리 전통문화를 잊지 않으면서도 세계 여러 나라의 다양한 문화 속에서 살아남을 수 있도록 가르치셨습니다. 후학들 모두가 세계화를 위해 현지에 적응하되, 한국 전통의 것을 잊지 않도록 여러 방면으로 노력하셨으며, 세계의 석학들이 경쟁하는 미국 유수의 대학에서 강의를 하며, 대한민국과 한국인의 위상을 드높이 떨치셨던 것입니다.

임 박사님은 늘 '눈은 멀리, 발은 이 땅에!'를 실천하신 분이셨습니다. 세계를 향한 열린 가슴과 사람에 대한 소탈한 연민을 바탕으로 높은 이상을 추구하셨고, 전통과 사람을 사랑하는 따뜻한 마음으로 지인들을 감싸주셨습니다. 사람과 세상에 대한 깊고 한없는 애정으로…

임 박사님은 지난 2004년 저희 회사가 새로운 경영이념의 틀을 확립하고자 조언을 청했을 때도 많은 도움을 주셨습니다. 미래에 대한 통찰력과 해박한 지식, 그리고 넘치는 인간미로 정도경영, 윤리경영의 근간을 마련하고 올바른 기업이 나아가야 할 방향에 대해 쓰디쓴 충고도 아끼지 않으셨습니다. 우리나라와 우리 기업을 진정으로 아끼고 사랑하는 마음으로 베풀어주셨던 임 박사님의 고언들이었기에 지금까지 더욱 귀한 말씀으로 저희들 가슴속에 남아 있습니다.

이 시대의 진정한 휴머니스트 임길진 박사님.

당신께서 이루어야 할 수많은 일들을 남겨두고 어찌 홀로 먼길을 떠나셨단 말입니까?

많은 사람들은 명성 있는 세계적인 석학의 돌연한 떠남을 슬퍼할 것입니다. 하지만, 개인적으로는 인생을 함께 논해왔고 앞으로도 논하고자 했던 한 지인을 잃은 슬픔과 안타까움이 더 크게 다가오는 게 어쩔 수 없는 인정(人情)인가 봅니다. 아마도 사람들과 어울리기 좋아했던 박사님의 소탈한 품성 때문이겠지요.

최고의 명성과 지위를 지녔으면서도 늘 자세를 낮추어 주변 사람들을 살피고 스스럼없이 다가서던 인간적인 박사님의 그 모습을 지울 수가 없습니다. 그런 당신이었기에, 항상 사람과 환경에 대하여 더 큰 애착을 보여주셨고, 환경운동연합과 한국부패학회 등을 통해 활발한 사회활동을 펼쳐 나가며 사람과 환경에 대한 간곡한 심정을 표현하셨습니다.

박사님을 떠나보내고 난 후, 더 많이 만나 더 많은 얘기를 나누지 못한 것이 끝내 한으로 남습니다. 하지만, 떠난 사람을 그리워하며 후

회하는 것은 오히려 박사님을 더욱더 안타깝게 해드릴 뿐이라는 것을 잘 알고 있습니다. 그리하여 저희도 다시 힘을 내어 일어서고자 합니다. 박사님의 뜻을 받들어 우리 전통의 맥을 이어감은 물론, 세계 속에 우리 전통의 음식문화를 심는 최고의 기업으로 거듭나고자 합니다. 늘 저와 저희 회사에 각별한 조언을 많이 해주셨던 박사님. 멀리서나마 꼭 지켜봐 주십시오.

세계를 품에 안고 우리 전통문화를 각별히 사랑했던 임길진 박사님의 열정과 헌신에 사의(謝意)를 표하며, 부디 먼 곳에서도 평안하시기를 기원합니다.

제 6 부

시대 흐름을 주도한 통찰

동양사상에서 윤리경영의 해법을 찾다

임 박사가 주창한 윤리경영의 요체는 부패는 처벌이 아니라 예방에 초점이 맞춰져야 한다는 데 있다. 또한 윤리경영이 요구되는 조직으로는 기업체뿐만이 아니라 정부, 교육기관, 정치인 및 정당, 시민단체 등 사회적으로 영향을 미치는 모든 조직을 포괄했다.

    부패에는 크게 세 가지가 있습니다.
    첫째는, 금품의 수수를 통해 비합법적, 비윤리적 행위를 저지르는 것입니다. 둘째는, 권력과 직위 등을 사용하여 부당한 행위를 자행하는 것입니다. 셋째는, 원칙이나 합리성에 벗어나는 행위를 당사자들이 결탁하여 실행하는 것입니다. 이 모든 부패행위의 바닥에는 윤리적 원칙을 무시하는 도덕적 부패가 깔려 있습니다.
    결국 부패 문제의 가장 중요한 핵심은 도덕성입니다.
    우리나라의 기업들이 스스로 부패의 창출자가 되지 않으려면 그리고 정치권 부패의 연루자-또는 희생물-이 되지 않으려면, 철저한 윤리경영을 실천해야 합니다. 윤리경영을 통하여 내부를 정화하고, 외부에서 오는 부패 창출적 압력을 제거해야 합니다.

2004 한국부패학회 정기학술대회, 임길진 회장 개회사 中

"부패방지와 윤리경영"이란 제목의 이 행사를 개최할 당시 모 자동차 회사와 노조가 결탁하여 직원을 불법 채용한 사실이 드러나 사회에 충격을 안겼다.

2002년 유엔의 거버넌스 연구에 의하면, 한국의 법치주의와 정부의 효율성 지수는 173개국 중 하위권에 속했다. 이에 따른 여론 조사 결과 우리나라의 사회적 부패의 원인은 근본적으로 정부와 정치권에 있다고 본 의견이 압도적이었다. 이러한 상황에서 임길진 박사가 2003년 3월 한국 부패학회 제5대 회장으로 취임했다. 한국 부패학회 총무이사를 역임한 임종헌 한양대 교수는 이전까지 잘 알려지지 않았던 부패학회가 이때부터 새로운 전환점을 맞았다고 회고한다.

그간 한국 부패학회는 주로 행정학 위주의 부패문제 연구에 중점을 두고 연구를 진행했지만, 임길진 회장님은 취임 직후 '윤리경영'이란 화두를 던졌습니다. "기업이 부패에 휘말리지 않기는 굉장히 어렵다. 그럼에도 불구하고 기업이 살지 않고는 국가가 살 수 없다. 그러니 윤리경영, 투명경영으로 정경유착을 벗어날 수 있게 해서 기업 활동을 강화해줘야 한다"는 것입니다. 박사님의 철학은 한국에서 전혀 시도되지 않았던 미국과 유럽의 트렌드를 반영한 것이었습니다.

임 박사가 주창한 윤리경영의 요체는, 부패는 처벌이 아니라 예방에 초점이 맞춰져야 한다는 데 있다. 또한 윤리경영이 요구되는 조직으로는 기업체뿐만이 아니라 정부, 교육기관, 정치인 및 정당,

시민단체 등 사회적으로 영향을 미치는 모든 조직을 포괄했다.

부패학회 회장 취임 직후 그가 한국부패학회 학술지에 발표한 "바람직한 공공운영(Good Governance)을 위한 동양사상의 고찰"은 윤리경영의 철학적 배경을 동양사상의 원류에서 찾고 있다.

> 건전한 지배체제는 국민들에게 긍정적인 사회적·정치적·경제적 이익을 돌려줌으로써 공공운영을 강화시키기 위한 목적들에 대한 투자가 정당화된다.
>
> 지속 가능한 공공운영의 첫째 조건은 정부 및 구성 주체들이 3가지 종류의 능력—기술적 능력, 상호 주관적 능력, 그리고 도덕적 능력—을 갖추는 것이다. 기술적 능력은 분석적 및 과학적 기술과 같은 기술적 지식을 겸비하고 자신의 업무를 수행하는 능력을 의미한다. 기술적 능력이 없다면 실수나 태만으로 인한 과실 및 인적 과실 등이 빈번하게 발생할 것이다. 상호 주관적 능력은 갈등을 최소화하고 상호 수용 가능한 합의점에 도달하기 위해 정부 내의 다른 주체들과 커뮤니케이션하고 협상하는 능력을 의미한다. 상호 주관적 능력이 없다면 개인 및 각 그룹 단위들은 효과적으로 대화를 할 수 없고 의도하지 않은 의사전달상의 오해와 오인으로 인해 불신을 야기할 수도 있다. 도덕적 능력은 건전한 도덕적 판단을 내리고 책임성 있고 투명한 행위를 하도록 하는 원동력이다. 도덕적 능력을 겸비하지 않는다면 기술적 및 상호-주관적 능력들은 아무런 소용이 없다.
>
> 정부체제 내의 주요 개인 단위들이 위의 세 가지 능력들을 구비하지 않는다면, 우리의 세계는 지속 가능한 공공운영을 확립

할 수 없을 것이고 국민들은 연속적인 위기에 직면한 채 불신과 공모가 지배하는 세상에서 불안한 삶을 영위할 수밖에 없게 된다.

현대사회에서 바람직한 공공운영의 방향성을 탐색하기 위한 방법으로 동양사상의 주요 특질들을 도구로 활용한 점에 대해선 별도의 설명을 덧붙였다.

장기간에 걸쳐서 유가(儒家) 사상이 여러 국가들의 공공운영에 철학적 원칙으로 적용되었지만, 사회적 가치 및 공공운영의 형성에 있어 실질적인 영향을 끼친 다른 사상들이 존재한다. 나는 이러한 사상들로 도가(道家), 법가(法家), 병가(兵家), 불가(佛家) 사상들을 포함시켰다.

공자, 노자, 한비자, 손자, 부처로 대표되는 5개 학파를 연구 범위에 넣고 공공운영에 대한 관점을 분석한 결과 임 박사는 각각의 특성을 이끌어냈다.

즉 공자는 백성의 복지와 교육을, 노자는 조화로운 우주를, 한비자는 강한 국가를, 손자는 싸우지 않고 이기는 방법을 목적으로 삼았으며, 부처의 세계에는 통치 자체가 존재하지 않는다는 점이다.

다른 한편으로는 동양사상이 공공운영의 시행수단으로 삼았던 도덕적 설득, 규칙과 규제, 동기(인센티브) 및 포상, 동등한 법의 적용이 세계은행, UN, OECD 등 현대의 주요 기관들이 내세우는 목표와도 일치한다는 사실을 밝혀냈다.

이로써 공공운영에 관한 동양사상의 기본 요소들이 현대적 개념의 공공경영 모형보다 포괄적이며 광범한 사고의 틀 안에 존재한다는 결론이 도출되었다. 임 박사는 그에 따른 자신의 견해를 다음과 같이 피력하고 있다.

이 시대의 정책 결정가들은 공자가 교육, 국민복지, 투명성 등을 강조했다는 것을 기억해야 한다. 도가가 원하는 인간과 자연의 조화로운 삶은 오늘날 지속가능한 개발을 추구하는 많은 사람들의 생각과 같은 것이다. 요즈음의 정치지도자들은 평화를 설파하지만 실상 전쟁과 갈등이 발발하면 병가가 주장하는 승리가 목표가 된다. 한비자가 주장하는 강한 국가라는 목표를 더 크고 강한 경제력을 원하는 오늘날의 많은 국가경영자들은 채택할 것이다.

그리고 두 개의 흐름은 기본적으로 여러 가지 동일한 시행수단을 택하고 있다. 반전 평화주의자들은 노자의 무위(無爲) 반무기 사상을 선호할 것이다. 한비자는 법의 동등한 적용을 설파했는데 이는 현대 법치국가의 기본적 규칙이다. 현대적 사고와 동양적 사고가 공유하는 기본적 가치들이 있다. 즉 충심, 정직, 투명이다.

현대적 공공운영과 동양 사상은 상당히 대조적인 측면이 있다. 한비자는 현대의 민주적 절차와는 맞지 않는 집행방식을 주장했다. 불신과 기만 속에 사는 오늘날의 많은 정치가들과 기업가들은 보편적 신뢰를 주장하는 공자, 노자, 부처를 받아들이지 않을 것이다. 어떤 이들은 정부와 기업이 살아가는 거친 정글 속에서 선택적 내부 신뢰를 통해 이기주의적 실리 획득과 생존의 길을 갈지도 모른다.

그러나 보편적 신뢰는 사기와 부패가 만연한 현대조직을 위한 윤리강령을 만드는 데 유용하게 사용될 수 있다. 정부와 기업체에서 일하는 사람들에게 정직과 신뢰가 결여되어 있는 한 기업 부정행위의 제거는 결코 실현되기 어렵다. 가장 효율적인 경쟁력을 갖춘 조직은 내부적으로 보편적인 신뢰를 공유하는 조직이다.

아마도 이 논문에서 가장 의미 있는 대목은 이 부분일 것이다.
공공운영에 관한 동양사상의 특질 가운데 지배구조의 투명성에 주목한 임 박사는 한국을 비롯한 아시아권 국가들의 지속가능한 공공운영을 위한 전략적 대안으로 다음 일곱 가지를 내세웠다.

첫째, 3가지 유형의 능력 – 도덕적, 기술적, 상호주관적 능력 – 을 강화시키기 위해 교육부문에 투자해야 한다. 특히 한국은 정규 교육체제의 상호주관적 및 도덕적 능력 부문의 교육 프로그램을 개혁할 필요가 있다.
기존의 교육체제는 기술을 가르치되, 효과적으로 의사소통하고 도덕적 목적을 추구하는 방법은 가르치지 않고 있다.
정규교육에 병행하여 사회 및 가정교육 또한 중요하다. 평생교육 체제는 현재 파편적인 교육의 3대 영역 사이에 연계를 구축하는 중요한 교육적 원동력이 될 수 있다.
둘째, 공공정책의 영역에서 실질적으로 개혁이 이루어져야 한다. 공직자들에 대한 재교육, 특히 도덕적 소양의 함양을 위한 교육이 모든 공공 개혁의 전제조건이 되어야 한다.
그다음, 공직자에 대한 확고한 원칙들을 수립해야 한다. 각 정부 단위는 '참여형 윤리위원회'를 설립하고 윤리규정을 제정해야 한다.

셋째, 기업 부문에도 인력의 재교육을 시행하며, 관리·운영체제의 재편성을 단행하고 윤리위원회와 윤리규정을 구축해야 한다.

넷째, 기술적 능력에 관하여 높은 표준기술 코드 시스템을 구축하고 강화시켜야 한다. 기술은 몰가치적인 것이 아니며, 그 운영의 경과와 결과가 미치는 사회적 영향은 폭넓고 장기적이다. 이것은 건설, 제조, 교통, 농업, 광산, 자연 자원의 효율적인 관리에 광범위하게 적용되는 사항이다. 기술 코드는 무관심과 사고를 방지함으로써 재정을 절약하고 인간 삶을 보호하는 역할을 할 것이다.

다섯째, 시민단체들이 공공운영에 관한 정보를 모으고, 정부기관 및 기업들을 감시하며, 일반 국민에게 상황을 설명할 수 있도록 그들의 역량을 확충하고 향상시켜야 한다. 내부적으로 시민단체 내의 직원들을 위한 재교육 프로그램을 도입하고 자체의 공공운영체제를 개혁할 필요가 있다.

여섯째, 언론 매체는 사회적·정치적·경제적 발전에 있어 신뢰관계의 중요성에 주의를 기울일 필요가 있다. 아시아의 언론 매체들은 국민, 정부, 기업, 시민단체들 간의 신뢰를 파괴하는 부정확한 보도와 부패행위로 인하여 비난을 받기도 한다.

일곱째, 한 사회의 신뢰수준을 결정짓는 것은 개개인의 신뢰도이다. 거국적인 '신뢰할 수 있는 개인과 사회 만들기 캠페인'은 시민단체, 기업계, 교육계, 정부 및 언론 매체들의 종합적 노력에 의해서만 실현될 수 있다.

　마지막으로, UN을 비롯한 국제사회는 책임성, 투명성, 신뢰수준을 강화하는 정책을 추진하고, 기업 및 정부의 공공운영을 개선하는 데 있어 주요 역할을 해야 한다.

2004년 유엔은 ESG(Environmental, Social and Governance) 경영을 새로운 기업경영의 평가 기준으로 내세웠다. 기업의 비재무적 요소인 환경, 사회공헌, 투명한 지배구조를 강조한 ESG경영은 임 박사가 지속가능한 공공운영의 전략적 대안으로 제시한 윤리경영의 핵심 요소와도 결을 같이한다. 이를 계기로 삼성 에버랜드, SK, LG 그룹 등 국내 유수의 기업에서도 윤리경영을 도입하기 시작했다.
　임종헌 교수는 한국 기업이 글로벌기업으로 성장하는 데 임 박사가 제안한 윤리경영이 큰 몫을 했다고 이야기한다.

　임길진 박사님은 세계적인 학자였음에도 바쁜 시간을 쪼개 부패학회 사람들과 자주 밤새워 일하셨습니다. 그렇게 해서 우리로선 엄두조차 내지 못했던 국제학술대회를 정기적으로 개최할 수 있었습니다. 말로만 듣던 해외 저명한 학자들도 여러 명 다녀갔죠. 당시 김승규 법무부 장관이 한국 사회 부패척결에 우리 학회의 역할이 적지 않다고 치하할 만큼 많은 일을 하셨습니다. 박사님은 우물 안에 머물렀던 한국 사회에 글로벌 마인드를 심어준 진정한 세계시민, 글로벌 리더였습니다. 세계의 흐름을 몸소 체험한 경력으로 애정과 열정을 갖고 부패학회를 이끌어 우리 한국의 미래를 제시하신 분입니다.

사람을 아껴주는 사람

임 박사가 국제대학원에 머물던 시절을 기억하는 이들이 그에 대해 공통적으로 하는 말이 있다.
모두의 친구가 되어준 사람. 열정적인 사람. 나에게 가르침을 준 사람. 그리고 사람을 아껴주는 사람.

학위수여식이 끝나자 참석자들은 행사장 밖으로 나갈 채비를 했다.
"다음은 공로상 시상이 있겠습니다."
" ??"
이곳은 KDI국제정책대학원(이하 국제대학원) 졸업식장이다. 식순에 따른 공식 행사는 모두 마친 뒤라 참석자들은 주춤주춤 다시 자리에 앉았다.

사회자의 호명에 따라 시상대 앞으로 나간 주인공은 환경 미화부 소속 아주머니였다.

"귀하는 학생들이 위생적인 환경에서 무사히 학위를 받을 수 있도록 보살펴준 공로가 있습니다. 졸업생 및 전 직원의 감사를 담아 표창장을 수여합니다."

원장이 정중하게 표창장을 건네는 순간.

"역시!"

비로소 장내에 우레와 같은 박수가 터져 나왔다. 뒤이어 경비실과 기계실 직원, 식당 종업원과 운전기사에 이르기까지 국제대학원에서 일하는 직원 한 명 한 명에게 표창장이 수여되었다.

누구도 예상치 못한 일이었으나 그 자리에 있던 모든 이들에게 감동을 안겨준 사건이었다. 보이지 않는 곳에서 묵묵히 일하는 이들의 수고로움을 기억하고 그 존재를 당당하게 드러내준 사람, 평사 임길진 박사다.

졸업생 환송 파티는 더없이 효과적인 민간외교의 장으로 활용되었다. 임 박사는 이태원 힐튼호텔의 나이트클럽을 환송 파티 장소로 마련하고 이제 곧 동남아와 아프리카, 중남미 등지로 돌아갈 졸업생과 한국의 공무원, 활동가들을 한자리에 모았다. 이들 모두는 한국을 세계에 널리 알릴 미래의 젊은 민간외교관들이었다.

국제정책대학원에서의 배움과 추억을 이야기하며 웃음꽃을 피우는 학생들 대부분이 외국 학생들이었기 때문에 한국의 외교와 관련이 있다고 생각했던 모양이다. 힐튼호텔의 나이트클럽에 모인 졸업생들은 역시 젊은 주한외교단이었다. 한국에 대한 좋은 인상과 추억, 세계 수준의 캠퍼스 생활, 좋은 교수진과 강의 내용 등 한국의 국제정책대학원 생활에 대해 학생들은 쉴 새 없이 이야기하고 있었다. 그리고 스스로들 만족스러워하며 행복해 하는 그들의 모습을 대견한 눈으로 바라보고 있던 임길진의 미소는 흡사 "민간외교는 이렇게 하는 거야" 라며 나에게 한수 가르치는 듯했다.

박홍규 외교안보교육원 교수가 추모집에 쓴 글이다.

임 박사는 국제대학원 안에 있는 모든 이들에게 특별한 추억을 선사했다. 강버들 비서실장이 소개하는 몇 가지 일화가 있다.

> KDI대학원은 영어로 교육과정이 이루어지기 때문에 대부분 공식행사에선 영어를 쓰도록 했습니다. 임 원장님 부임 첫해 크리스마스 파티는 제 어머니도 참석했는데, 영어로 행사가 진행되는 게 낯설었지만 이런 곳에 근무하는 딸이 자랑스럽게 느껴지더라고 하시더군요. 그날 모임은 보직 교수님들과, 직원들, 대학원의 경비실이나 운전실에 계신 분들도 함께하는 가족 행사 같은 따뜻함이 있었습니다. 그때 저는 관료사회에선 흔히 보기 어려운 인간적 면모를 원장님한테서 발견했습니다.
> 크리스마스카드를 주실 때도 손수 글귀를 써서 주시곤 했습니다. 보통 원장님 같은 직위에 있는 분들은 사인만 들어간 카드나 연하장을 보내곤 하는데.
> 항상 격의 없이 사람들을 대해주고 자잘한 것까지 챙겨주시는 모습을 보고 '참 사람을 아껴주시는 분'이란 생각이 들었습니다.
> 직원들과 함께하는 노래방에서 '베사메무초'를 열창하시는 모습엔 권위적인 어른에 대한 이미지를 한순간에 깨버렸습니다. 덕분에 KDI 직원들은 일도 잘하고 음주가무도 뛰어난 사람들이 많았습니다.

강 비서실장은 임 박사에게 하지 못한 이야기를 추모집에 적기도 했다.

FROM KDI SCHOOL STAFFS

3년이란 기간 동안 너무도 많은 것을 배웠습니다. 가장 가까이서 보필하면서, 사전적으로만 알고 있던 여러 단어들의 실제적인 의미를 확인할 수 있었습니다. 글로벌 마인드(global mind)가 무엇인지, 열정이 무엇을 의미하는지, 비전이 무슨 뜻인지, 준비(preparation)란 어떤 것인지, 학문(learning)이란 무엇인지, 계획적(planning)이나 조직적(systematic)이란 의미가 무엇인지…

임 원장님과 함께한 KDI 국제정책대학원에서의 생활은 대학을 졸업하고 두 번째 직장이기는 했지만, 여전히 새내기이고 풋내기였던 시절이었습니다. 그랬던 시절을 임 원장님께서는 다채롭고 활기가 넘치는 시간으로 만들어 주셨습니다.

임 박사가 국제대학원에 머물던 시절을 기억하는 이들이 그에 대해 공통적으로 하는 말이 있다.

모두의 친구가 되어준 사람, 열정적인 사람, 나에게 가르침을 준 사람, 그리고 사람을 아껴주는 사람.

이원재 대한주택공사 차장은 임 박사를 '큰 형님 같고 아버지 같은 분'으로 표현했다. 그가 바라본 임 박사는 학자의 표본이었다. 거의 24시간을 캠퍼스 내에서 학생들을 보살피고 격의 없는 대화를 나눴다.

컴퓨터와 영어를 잘해야 한다. 그리고 항상 도덕적이어야 한다.

임 박사는 이를 'eee' 운동이라 명했다. 주위 사람들을 소개할 땐 '멋있는 사람', '훌륭한 사람' 등으로 표현했다. 덕분에 누구나 임 원장과 함께 있으면 멋있고 훌륭한 사람이었다.

양혜정 홍보팀장은 설립 당시부터 현재까지 국제대학원에 몸담고 있다. 그에게 임 박사는 어떤 원장이었는지 물었다.

원장님은 모든 사람을 똑같이 대해주셨습니다. 학생, 교수, 직원들과도 격의 없이 지내셨어요. 밤늦게까지 스터디룸에서 공부하는 학생이나 연구실에 있는 교수님들을 보면 그냥 지나치질 못하셨습니다. 야식을 함께 드시거나 뭘 사다주시거나… 대학원 송년회 땐 교직원 가족뿐만 아니라 학교 버스를 운전하는 기사님들까지 모두 초청하도록 지시하셨습니다. 우리 대학원이 세종으로 이전하게 됐을 때 환경미화를 담당하시던 여사님들이 원장님을 부둥켜안고 펑펑 울던 기억이 납니다.

임 박사가 주변 사람들을 잘 챙기는 건 당시의 교무처장 유종일 KDI국제대학원 교수가 추모집에 쓴 글에도 나타난다.

제1회 졸업식은 정말 조촐하면서도 감동적인 자리였다. 학위수여식에 이어 각종 표창과 포상이 있었는데, 누구도 예기치 못한 일이 벌어진 것이다. 교수와 학생들이 모두 학위 가운을 입고 잔뜩 폼을 잡으며 진행한 졸업식 끝부분이었다. 청소하는 아주머니, 운전기사 등, 가장 낮은(?) 곳에서 일하시는 분들이 수상자로 선정되어 한 분 한 분 호명이 되었던 것이다. 지위고하를 막론하고 누구나 평등한 공동체를 만들어야 한다는 임 원장님의 지론이 감동적으로 펼쳐진 자리였다.

임 박사의 관심은 대학원 내부에 국한되지 않았다. 그는 엘리트주의를 경멸했다. 대학원에서 자기들끼리의 연구와 교육에만 열중하고 지역사회를 등한시한다면 그것이 바로 엘리트주의에 빠지는 길이라는 얘길 자주 했다. 대학원이 지역사회에 기여할 수 있는 방법을 찾기 위해 골몰한 결과 주변에 있는 홍릉초등학교와 홍파초등학교의 결식아동들에 대한 급식 지원을 시작했고 동대문구의 영어 교사들에게 회화교육을 실시하기도 했다.

'작은 일이라도 실천가능한 일에 정성을 다하자'는 게 임 박사의 소신이었다. 작은 것도 실천하지 않으면서 어찌 세상이 바뀌기를 기대할 수 있겠느냐는 것이다. 마성만 유튜버는 운전기사로 임 박사를 수행한 뒤 인생이 달라졌다고 한다. 그래서 더욱 잊히지 않는 장면들이 많다.

고졸인 제가 차에서 무료하게 대기하는 시간이 아까우셨던 모양이에요. 하루는 영어회화 책을 선물하면서 "사람은 머리를 자꾸 움직이고 써야 하네. 대기하고 있을 땐 이걸 외우고 있게나"라고 하시더니 짬이 날 때마다 발음공부를 시켜주셨지요.

한번은 제가 기타에 소질이 있는 걸 알고 레슨을 청하셨습니다. 용돈을 주시려고 일부러 그러신 걸 너무도 잘 압니다. 속성으로 '아침이슬'을 알려드렸습니다. 기분이 좋으셨던지 "자넨 운전도 잘하고 기타도 잘 치는군. 난 운전도 못하고 기타도 못 치는데." 껄껄 웃으시던 모습이 아버지처럼 인자했습니다.

가끔 호텔 사우나에 절 데려가기도 하셨죠. 어떤 사람이 일개 운전기사와 사우나까지 같이 하겠습니까? 하지만 원장님은 만일 다른 기사가 수행을 했더라도 그렇게 하셨을 겁니다. 그리고 제게 늘 하시던 말씀이 "배운 건 써먹을 수 있어야 한다. 언제든 노력해라."였습니다. 제가 책을 쓰고 방송 일을 하게 된 건 원장님과 함께 했던 시간들이 너무 행복해서, 조금이라도 발전된 모습을 보여드리고 싶어서 용기를 냈기 때문입니다.

미국에 계실 때 911테러가 나서 걱정된 마음에 전화를 드렸더니 "내가 학비를 대줄 테니 부르면 미시간으로 와라. 자넨 잘 할 거야." 제게 용기를 주는 말씀만 잔뜩 해주셨죠.

2001년 6월, 국제대학원에서 임길진 원장의 퇴임식이 열렸다. 양혜정 홍보팀장은 그가 자신의 퇴임식을 자선행사로 기획했다고 한다. 사회 각계각층의 지인들을 초청해놓고 본인을 위한 행사가 아닌 국제대학원 발전기금을 약정하는 행사로 바꾸도록 지시했다는 것이다.

양혜정 홍보팀장은 마지막 날까지 임무에 충실하려는 그에게 '이 시대 진정한 위인의 모습을 보았다'는 말로 그날의 감동을 대신 했다. 국제대학원에 기울인 헌신의 무게와 깊이가 어떠했는지는 그녀가 구술한 이야기를 옮기는 것만으로 충분할 듯싶다.

20년간 다른 대학원에서도 저희 대학원을 벤치마킹해서 동반 성장이 이루어지는 걸 많이 보아왔습니다. 원장님 덕분에 국제대학원은 과거 한국에서는 볼 수 없었던 특별한 교육기관으로 성장했습니다. 저는 이것이 한국의 교육과 사회발전에 기여한 임길진 원장님의 업적 중 하나라고 생각합니다.

해외동포에게 투표권을 허하라

우리 교포들은 일제 강점기에는 독립운동으로 민족의 독립을 창출해냈고 해방 이후 독재정권 시절에는 민주화 운동으로 조국의 민주화에 기여했다. 이제는 분단된 조국의 평화통일을 위해 공헌할 때다. 우리는 이념적으로 어느 쪽에도 치우치지 않고 중립적인 입장에서 남북 간의 교량 역할을 할 것을 자임한다.

모두가
저마다
민주주의 좋다고 떠들어댄다

그러면서 하는 짓
이상도 하다

손아래면 무조건 이래라 저래라
반말 찍찍 싸고

실세라면 쫓아가
손바닥 빌고

집에 가면 큰소리
나는 왕이다

계집이 무슨 소리
입 다물어

부하가 무슨 소리
잠자코 있어

애새끼가 무슨 소리
입 다물어

학생은
공부나 해

독재가 싫다고 말씀하면서
유신투표는 찬성이다

썩었다고 투덜대면서
촌지를 다오

정의사회 구현이다

임길진 詩 <민주주의>

1999년 12월 제16대 국회의원 선거를 앞두고 주요 시민단체 대표들의 토론회가 열렸다. 서경석 경실련 사무총장, 박원순 참여연대 사무처장, 최열 환경연합 대표 등이 주도한 토론회에서 부패한 정치인을 국회로부터 추방하자는 낙천·낙선운동이 의결되었다.

선거법상 시민단체가 특정 후보자에 대해 지지, 반대의사를 표시하는 행위를 금지하고 있었으나 총선연대가 실시한 여론조사 결과 국민 79.8%의 지지를 얻었다.

이즈음 환경운동연합 최열 대표는 임길진 박사의 전화를 받았다.

곧 미국으로 떠나는데 아끼는 두 후배한테 맛있는 걸 사주고 싶다고 연락을 하셨어요. 그 후배가 바로 저랑 박원순 처장이었죠. 식사 자리에서 '두 후배한테 기대를 많이 한다. 시민단체가 할 역할이 많으니 두 사람이 잘 해나갔으면 좋겠다'고 하시더군요. 그때 선배가 환경문제로 미국에선 더 배울 게 없다고 하셔서 제가 유럽으로 눈을 돌린 계기가 되었죠.

며칠 후 총선시민연대가 발족, 전국적인 낙천·낙선운동이 시작되었다.

국회의원 입후보자 등록 마감을 며칠 앞둔 어느 날.

임 박사를 수행하던 마성만 기사는 예사롭지 않은 장면을 목격했다. 그날은 동승자가 있던 날이었다.

동행하던 분이 선거에 출마한다고 얘기했던 것 같습니다. 원장님이 갑자기 '너 내려 봐' 하시고는 골목길로 끌고 들어가셨는

데 큰소리가 들려왔습니다. "학자가 정치에 눈을 돌리면 안 된다. 교육하는 놈이 정치를 하면 안 돼." 대충 이런 내용이었는데 원장님 목소리가 몹시 격앙돼 있었습니다. 괜히 저도 화가 났습니다. 저 사람이 분명 원장님한테 뭘 잘못했구나 싶었어요. 안 그러면 우리 원장님이 저렇게 화를 내실 분이 아니었으니까요.

안 되겠다 싶어 차 문을 열고 나가려는데 원장님이 골목을 나오셨어요. "시간 낭비야. 자넨 그냥 앉아 있어." 그러곤 "학자들의 공간에 정치꾼들이 껴서 정치질을 한다"고 상기된 얼굴로 혼잣말을 하시더군요. 원장님께서 그렇게 화를 내시는 건 처음 봤습니다.

여러 이야기를 종합해보면, 국제대학원 퇴임을 전후해서 임 박사 신변에 몇 가지 변화가 있었던 듯하지만, 자세한 내막은 알 수가 없다. 가까운 지인들은 평생 그가 정치와는 무관한 삶을 살았으나 정치를 했어도 잘 해냈을 것이라고 한다. 능력 면에서나 자질 면에서나 도덕적으로나 완전무결한 리더의 기질을 갖췄다는 이유다.

나는 그가 현실 정권에 참여할 기회가 있었다면 오래 기억되는 업적을 쌓았으리라고 생각한다. 과연 평사는 국가의 인재이다. 나의 이런 생각과는 달리 그는 한 시민으로서의 이름 없는 미덕과 양식으로 자족했을지도 모른다.

고은 시인이 추모집에 쓴 글이다. 그외 다른 명망가들의 회고에도 임 박사를 정부 요직에 천거하려는 시도가 있었다는 이야기가 몇 차례 등장했다.

일찍이 체스터 랩킨 교수가 '장차 유엔사무총장이 될 것'이라고 했던 임 박사가 아닌가.

랩킨 교수가 이 말을 했을 때 임 박사 나이 불과 40대 초반이었다. 이후 20년 가까운 세월이 지나는 동안의 행적으로 드러난 면면으로 보아 능히 감당치 못할 일이 무얼까 싶다.

가톨릭대학교 사회학과 이시재 교수가 추모집에 쓴 글도 같은 맥락으로 읽힌다.

임길진 박사는 KDI 국제정책대학원 원장으로 계시는 동안에도 미국에서 많은 일을 하셨다. 2002년 대통령 선거 이후 한국의 뜻있는 여러 사람들은 그가 노무현 정부에서 중요한 일을 많이 해줄 것이라고 기대도 했다. 그리고 관련 당사자들에게도 그를 강력히 추천한 바 있다. 그가 건설교통부 장관을 맡아준다면 우리나라의 환경문제 해결에 큰 도움을 줄 것이라고 우리는 생각했다.

김대중 정부가 출범할 당시에도 그를 천거하려는 움직임이 있었고 16대 대선에 출마한 노무현 후보와 이회창 후보 캠프에선 동시에 도움을 청하는 연락이 왔다. 진보와 보수 양 진영에서 탐을 냈다는 건, 이념이나 사상 면에서 어느 한쪽으로도 기울지 않았다는 방증일 터다. 세계시민기구 곽영훈 회장의 회고를 통해 그가 정치를 대하는 태도 혹은 입장을 미루어 짐작할 수 있다.

개인의 유불리만 따지고 곡학아세를 일삼는 자들이 얼마나 많습니까? 길진은 그러지 않았어요. 기본적으로 균등하거나 정의롭게 진행되지 않는 정치에 거부감을 갖고 있었지요.

정치에 거부감을 가졌을지언정 임 박사는 시민의 의무를 다하는 일에 소홀함이 없었다. 2004년 17대 총선 당시 한국부패학회 사무국장을 지낸 조종건 시민사회재단 상임대표는 가슴 뛰는 연설을 들었다.

부패학회가 주관한 어느 행사장에서 있었던 일입니다. 박사님은 그때 '지도층에게만 국가의 장래를 맡길 순 없다, 부정부패 없는 공명정대한 총선을 치르기 위해 시민 모두가 함께 행동해야 한다, 우리나라가 정치적으로, 경제적으로, 환경적으로, 기술적으로, 문화적으로, 지속가능한 나라가 되려면 국민 모두가 민주주의를 실천해야 한다'는 연설로 투표를 독려하셨는데, 이어지는 말씀 하나하나가 금과옥조였다고 할까요? 저는 그때 실천하는 지식의 참다운 모습을 발견했습니다. 임종헌 교수님이랑 둘이서 '이런 분이 대통령이 돼야 한다!'고 탄복했던 기억이 납니다.

임 박사는 평소 해외동포들도 '지속가능한 나라'의 국민으로서 당연한 권리를 가져야 한다는 소신을 자주 피력해왔다. 같은 해 10월 미시간주립대학에서 세계재외한민족협회(GAKA, Global Association of Korean Abroad)가 창립되었다. 이날 임 박사는 코네티컷대학의 김일평 교수, 듀크대학의 한무영 박사, 이인하 목사와 더불어 공동의장으로 선출되었다.

GAKA 결성은 임 박사가 오래전부터 계획해온 일이었다. 아래는 연합뉴스 박노황 기자와의 인터뷰에서 임 박사가 한 말이다.

미국에서 나이가 들었거나 대학 졸업 후 주류사회에서 활동하는 교포들이 정체성에 혼란을 느끼는 모습을 보고 '이거 안 되겠구나' 싶었죠. 자신이 미국인인 줄 알았는데 결국은 아니라는 걸 알고 고민하는 교포들이 의외로 많았어요. 그분들이 정체성을 되찾고 조국의 평화통일에 이바지할 수 있도록 범세계적인 교포 네트워크를 만들어야겠다는 구상이 어쩌다 보니 10년이나 걸렸습니다.

GAKA는 7백만 교포사회의 권익 옹호 및 장학 사업에 중점을 둔 순수한 민간단체로 출범했다. 우즈베키스탄, 카자흐스탄, 러시아, 일본, 중국, 남미 지역 한인회 회장과 독지가들이 준비위원으로 이름을 올리고 1천 달러 이상의 회비를 납부했다.

임 박사를 비롯한 공동대표단은 모든 해외교포에게 문호를 개방하되, 협회 취지에 공감하는 경우에 한해서만 회원 가입을 수락했다. 협회 활동을 통해 부차적인 이득을 기대하지 말고 참여 자체에 의미를 두자는 취지에서다.

우리 교포들은 일제 강점기에는 독립운동으로 민족의 독립을 창출해냈고, 해방 이후 독재정권 시절에는 민주화 운동으로 조국의 민주화에 기여했다. 이제는 분단된 조국의 평화통일을 위해 공헌할 때다. 우리는 이념적으로 어느 쪽에도 치우치지 않고 중립적인 입장에서 남북 간의 교량 역할을 할 것을 자임한다.

임길진 박사의 GAKA 창립 선언문 중

GAKA의 첫 사업이 '해외동포 투표권 갖기' 운동이다. 요즘은 대한민국 국적을 지닌 만 19세 이상 재외국민은 누구나 선거에 참여할 수 있으나 국내에 거주하지 않는 교민들에겐 투표권이 주어지지 않을 때였다.

GAKA의 재외국민 투표권 갖기 운동이 알려지자 국내에서도 점차 긍정적 여론이 형성되기 시작했다. 2004년 이후 재외국민부재자 투표 도입을 골자로 한 공직선거법 개정법률 안이 총 9건 발의되었다. 그러나 임 박사는 그 결과를 보지 못한 채로 이듬해 영면에 들었다. 미국 영주권을 지녔으나 평생 한국인이라는 긍지를 잃지 않고 한국 여권을 늘 챙겨 다녔던 임 박사였다.

당신들, 집 사려고 대출 받아봤어?

이미 도시계획 분야의 세계적 학자이자 교수였음에도 불구하고 당신이 말씀하실 때에는 항상 불필요한 이론을 인용하지 않고 우리의 현실에 맞는 우리의 이론을 주문하셨다. 특히 전략과 계획을 이야기할 때에는 초등학생도 이해할 수 있도록 어느 학자의 이론도 거명하지 않고 쉽게 말씀해 주셨다.

2001년 여름 '평화의 메신저'를 자처하는 전 미국 대통령 지미 카터가 우리나라를 방문했을 때 선생은 "극한 대치 상태인 한반도의 군비를 줄여 국민복지에 투자하자"고 서울평화선언을 제안하셨다고 한다. 그러나 지미 카터는 대변인을 통해 "대통령께서는 기도로라도 그런 강한 메시지가 있는 기도는 하지 않는다"고 응대하였고, 이에 선생께서는 "카터는 사기꾼"이라 말씀하시며 개탄하기도 하셨다. 그리고 "온 국민이 강인한 체력을 길러야 한다. 모든 국민이 태권도든 유도든 합기도든 무술의 유단자라면 아무도 우릴 넘보지 못할 것"이라고 강변하셨다.

이 이야기를 처음 들었을 때는 황당한 몽상이려니 생각도 했지만, 이제와 생각하니 독일의 군사전략가 폰 클라우제비츠의

'평화를 바라는 자, 전쟁을 대비하라'는 경구처럼, 진정한 평화란 스스로 강해져야 이룩할 수 있다는 보편적 진리를 우리에게 깊게 말씀하신 것이라 생각한다.

주거복지연대 초창기를 함께한 장경석 연구원이 추모집에 전한 내용이다. 임 박사가 제안한 '서울평화선언'이 무산된 과정에 대해선 당시 사무국장이었던 남상오 이사장이 비교적 자세한 상황을 알고 있다.

카터 대통령의 방한은 유엔이 주관하는 해비타트(Habit for humanity) 프로젝트를 한국에 전파한다는 데 목적이 있었고, 해비타트가 추구하는 '모든 사람에게 안락한 집이 있는 세상'은 주거복지연대 이념과도 일치합니다. 마침 한국 해비타트운동본부에 친구가 일하고 있어서 임길진 이사장님께 제안을 드렸죠. 평소 저희들에게 했던 말씀을 카터 대통령한테 전달해서 공동 이벤트를 추진하면 어떨지 여쭸더니 아주 좋은 생각이라고, 당신이 더 기뻐하셨는데 한국 해비타트를 통해 그쪽에서 답신이 온 겁니다. 우리 대통령은 정치적인 슬로건을 내놓는 사람이 아니라는 둥, 기도가 어떻다는 둥 ……

평화 전도사를 자처해가며 남북 정상을 두루 만나고 다녔던 장 본인이 이율배반적인 태도를 드러냈으니 분노할 만도 했을 터다. 비로소 임 박사의 오랜 지기(知己)로 알려진 송휘국 전 개발연구협의체 이사장이 했던 말에 수긍이 간다.

임 박사는 카터의 주거운동에 불만을 갖고 있었습니다. 너무 쇼가 많다는 거죠.

주거복지연대가 임 박사를 공동대표와 이사장으로 추대한 건 2000년 12월, 그야말로 삼고초려 끝에 얻어낸 성과였다.

나는 내가 맡은 일에 내 모든 것을 바칠 각오가 없으면 아예 시작을 하질 않소. 우리 다 함께 멋지게 일해 봅시다!

박종렬 대표와 김영준 사무총장, 남상오 사무국장이 두 번을 거절당하고 세 번째 찾아갔을 때 임 박사가 했던 말이다. 그동안 임의 단체로 활동해온 주거복지연대는 새 이사장을 추대한 지 5년 만에 유엔경제이사회 NGO 특별협의회 참석 자격을 획득하는 비약적인 발전을 이루었다.

남 이사장은 임 박사가 항상 두 수 세 수 앞을 내다보고 일했다고 회고한다.

주거복지가 성공하려면 정책을 바꾸는 게 중요하다고 하셨죠. 모기지론(mortgage loan)이 그렇게 나온 겁니다. 아직 우리나라에선 모기지론에 대한 연구가 시행되지 않을 때였습니다. 주택 분야 최고의 이론가인 정희수 박사가 연구를 맡아주셨습니다. 저희가 어려운 때라 연구비를 아주 조금만 받고 봉사하셨습니다.

주거복지연대 실무자들도 인건비를 줄이고 사무실 유지비를 보충할 겸 연구를 도왔다. 모기지론 도입의 필요성을 조목조목 분석한 연구 결과는 최저주거기준화 정책에 반영되었다. 그리하여 주택구입 자금 대출에 어려움을 겪던 서민들에게 새로운 주택 마련의 길이 열렸다.

곁에서 일하는 모습을 지켜본 임 박사를 '실사구시의 학자'로 표현한 장경석 연구원은 그 이유를 아래와 같이 적었다

> 이미 도시계획 분야의 세계적 학자이자 교수였음에도 불구하고 당신이 말씀하실 때에는 항상 불필요한 이론을 인용하지 않고 우리의 현실에 맞는 우리의 이론을 논의하셨다. 특히 전략과 계획을 이야기할 때에는 초등학생도 이해할 수 있도록 어느 학자의 이론도 내세우지 않고 쉽게 말씀해 주셨다.
> 어느 날인가는 불쑥 찾아오셔서 몇 가지 서류를 보여주셨다. "당신들 말이야, 집 사는 대출 받아봤어?" 하고 말씀하시면서, 은행 대출서류를 내밀었다. 선생은 서민들이 은행에서 전세금을 대출받거나 분양금을 대출받는 일이 어떤 일인지를 알아보기 위해 서민을 가장하고 직접 은행을 방문했던 것이다.

소위 엘리트를 자처하는 이들 가운데 머리로 쌓아둔 허다한 이론이나 지식을 사람 사는 세상을 위해 쓰고 사는 이들이 얼마나 될까 싶다.

> 우리나라의 주거수준은 평균적으로 향상되어 왔지만, 아직도 전 국민의 5분이 1이 최저주거기준에 미달하는 주택에서 살고 있습니다. 특히 OECD에 가입한 선진국인 우리나라가 아직

도 국민 절대다수의 주거문제를 해결하지 못한 이유는 주택정책이 경기침체시에는 경기부양을, 주택경기활성화시에는 다시금 부동산투기억제라는 일관성 없는 정책을 반복해왔기 때문입니다. 전월세난과 같은 주거문제가 발생할 때마다 정부는 여전히 건설정책과 부동산 억제정책을 쓰고 있는 것입니다.

그러나 이러한 정부의 대책은 우리가 지난 세월 동안 생생하게 경험하여 왔듯이 소수 계층에게는 개발로 인한 혜택을 주었지만, 저소득층에게는 별다른 효과를 주지 못했습니다. 결국 주택정책은 배부른 사람에게 밥을 더 주고, 배고픈 사람에게 보약을 주며, 속병을 앓는 사람에게 반창고를 붙여주는 식의 정책이었습니다.

2003 주거복지백서, 임길진 이사장의 발간사 中

주택문제에 대한 탁상행정의 한계를 절감한 임 박사는 시민단체와 집단지성의 힘으로 이 문제를 풀어가고자 했다. 그가 공동대표와 이사장을 맡은 뒤로 주거복지연대 상근자들은 생각지도 못한 호사를 누렸다. 여기에도 임 박사의 깊은 뜻이 있었다.

선생께서 이제껏 사치를 부리거나 쓸데없이 낭비하는 것을 한번도 뵌 적이 없다. 우리에게 항상 밥을 사주셨지만, 결재한 카드영수증은 반드시 확인하셨다. 자주 입으시는 양복은 20여 년 전에 지은 것이요, 편히 신으시는 구두는 언제 산 것인지를 알 수 없었다. 한번은 호텔 레스토랑에서 외부 인사들과 회의를 하고는 주거복지연대 식구들이 남아서 차를 한잔 마셨다. 비싼 호텔에서 회의하는 것에 전혀 익숙지 못했던 우리 시민단체 실무자들에게 갑자기 선생께서 입을 여셨다.

"여러분들, 우리가 서민주거복지를 위한다면서 이렇게 비싼 호텔에서 밥이나 먹고 이런 것이 우스운 것이긴 하지만, 우리가 뜻한 일을 하기 위해서는 이런 데서 밥도 먹고 사람들 설득도 하고 그래야 돼."

장경석 연구원의 글이다. 임 박사는 유력자의 기부나 후원금에 의지해서 운영되는 주거복지연대 식구들에게 기죽지 않고 당당하게 일하는 방법을 가르쳤다. '최열의 돈 만드는 법과 박원순의 성실함을 배워라'는 말로 시민단체 운영의 핵심을 짚어주기도 했다.

어느 날은 은행 대출 문제로 늦도록 회의를 했다. 그럴 때 임 박사가 불쑥 나타나선 실무자들을 호텔 사우나로 데려갔다. 다 같이 사우나에서 몸을 풀고 회의까지 마친 뒤에는 이태원 고급 양복점으로 직행했다.

옷차림도 전략이오. 와이셔츠는 월스트리트 스타일로 목에 꼭 끼게 입으시오.

양복을 한 벌씩 사 입히고 임 박사가 말했다. 다음 날 은행 갈 때 입고 가라는 것이었다. 알고 보니 은행장한테 미리 전화로 소개까지 해주었다. 미팅이 있기 두 시간 전에는 대출 업무를 맡은 실무자를 그 은행이 있는 건물 이발소로 데려가선 머리를 그 회사 직원 스타일로 깎게 했다. 그리곤 설명할 땐 빠른 말로 하라는 것부터 은행장을 설득하는 방법에 대해 일일이 조언을 해주었다. 덕분에 결과도 좋았다.

현재 주거복지연대는 임길진 박사의 뜻을 받들어 '찾아가는 주거복지 서비스'를 실현하고 있다.

대표적으로 2001년부터 지금까지 이어오는 서민주거지원사업을 들 수 있다. 낡아서 사람이 살지 않는 빈집을 리모델링해서 최소한의 보증금(200만~500만)만을 받고 분양하는 주거복지연대 중점 사업이다. 이 사업은 단지 집만 제공하는 데서 그치지 않는다. 베란다에 영지버섯 키우기, 텃밭에 감자, 서리태 심기 등 주거복지연대 차원에서 농작물 재배와 건강관리 교육 프로그램을 운영하고 수확한 농작물의 공동판매를 돕는다.

2005년부터 LH와 연계해서 실시하는 '행복한 밥상 운동'도 있다. 임대주택 거주 어린이와 청소년들에게 방학 기간 점심을 제공하는 프로그램이다. 17년간 해마다 약 5만 명씩 80만 명의 어린이와 청소년들이 행복한 밥상을 다녀갔다.

2019년 가을부터는 주거지원 범위를 확장해서 평택대학교와 MOU를 맺은 '임길진 프로젝트'를 진행하고 있다. 성적이 우수한 저소득층 대학생과 중고생에게 임대료 없는 원룸을 제공하는 사업이다. 임길진 프로젝트에 선발된 학생들은 재능기부(학습지도, 체육, 미술, 음악 등)를 통해 자기보다 어린 학생들을 가르친다. 지식 나눔 봉사활동을 통해 자존감을 북돋워주고 궁극적으로는 미래의 임길진을 양성하기 위한 사업이다. 2019년 12명이 응모에 임했고 4명이 선발되어 '임길진 룸'에 거주하다 코로나로 인해 퇴거했다. 현재는 모집 진행 중이다.

우리에게 집은 희망이고 눈물입니다

도대체 우리가 직면한 주택문제는 무엇입니까?
우리에게 집은 희망이고 눈물입니다.
우리나라 전체 주택 재고는 약 1,100만 호, 이 가운데 서민가구는 380만 가구입니다. 그러나 주택으로 기본적인 요건을 갖추지 못한 주거 빈곤가구는 180만 가구나 됩니다. 이것은 전체 가구 중 16%의 국민이 인간다운 주거생활을 보장받지 못하고 있음을 의미합니다.

특히 월세에 살면서 소형주택에 거주하는 국민들은 극히 열악한 주거상황에 노출되어 있습니다. 또한 돈을 많이 벌지 못하는 사람일수록 열악한 주택에 살면서도 소득의 많은 부분을 주거비로 부담해야 하는 기현상을 보이고 있습니다.

그럼에도 서민들이 자기소득의 30%씩 꼬박 저축해봤자 자신의 집을 사기까지 20년이 넘게 걸리는 안타까운 현실입니다.

왜 이런 주택문제가 생겨났습니까?
주택은 인간으로서 삶을 영위하는 데 기본적인 조건이 됩니다. 복지국가를 지향하는 우리나라가 아직도 이 문제를 풀지 못하고 있는 것은 무슨 까닭일까요?

첫째, 서민들이 거주할 수 있는 주택이 부족하기 때문입니다.
우리나라의 주택 보급률은 94.1%로 양적인 문제를 상당 정도 해결했다고 진단하고 있습니다. 그러나 서민들도 충분히 구입할 수 있는 주택은 너무나 부족합니다.

우리나라는 불필요하게 크고 비싼 주택을 지어서 서민들은 구입할 수 없고 건설업자는 팔 수 없는 역설적인 상황이 계속되고 있습니다. 하지만 그간 정부는 집을 아예 살 수 없는 사람들에 대해서는 무대책으로 일관해왔습니다.

1990년대 초 주택 200만호 건설 계획에서 애초 목표보다도 6만 호 줄어든 19만 호의 영구임대주택건설이 지불능력이 없는 무주택주민을 위한 처음이자 마지막 주택건설이었음을 우리는 알고 있습니다.

결국 서민들이 구입할 수 있는 규모의 주택은 너무 부족하고, 지불능력이 없는 사람들이 인간다운 주거를 선택할 수 있는 소형주택과 임대주택이 부족합니다.

둘째, 서민들이 주택을 구입하기 위해 이용할 수 있는 금융제도가 무주택서민을 포함한 전 국민에게 보급되지 못했기 때문입니다. 아직도 서민들은 주택을 구입할 때 자신의 저축이 없으면 집을 살 수가 없으며, 은행으로부터 대출받기도 너무나 어려운 상황입니다. 또한 연간 10조 원이 넘게 운용되고 있는 국민주택기금은 일정수준 이상의 주택공급에만 편중된 나머지 실제로 당장의 주거비를 감당해야 하는 수요자에게는 별다른 도움이 되지 못하고 있습니다.

셋째, 주택문제의 보다 근본적인 원인은 주택정책이 계층적으로 다양하게 구분되지 않고 집행됨으로써 정책의 효과성이 없기 때문입니다. 중·고소득자, 저소득자, 저소득임대자, 불법점유자, 노숙자 등과 같이 세분화된 정책대상계층이 명확하지 않은 상황에서는 막대한 예산과 자금이 주택건설을 위해 투입되어도 서민주거안정을 위한 정책이 효과를 발휘하기 어렵습니다.

한국의 주택문제는 돈이 부족해서 생긴 문제를 넘어서고 있습니다.

1970~1980년대 우리와 같은 개발도상국이었던 싱가포르는 이미 1970년대에 주택문제를 해결하였습니다. 싱가포르는 국민의 기본적 삶의 조건을 결정하는 주거의 문제를 해결함으로써 경제적 번영과 발전의 발판을 마련하였습니다.

우리의 주택정책이 제대로 효과를 발휘하기 위해서는 공급위주의 주택정책을 수요자 중심으로, 정책대상이 없는 주택정책을 다양한 정책대상계층을 겨냥한 주택정책으로, 주택금융의 효과를 서민이 받을 수 있는 전환하는 방법으로 해결할 수 있습니다.

따라서 주거복지연대는 전 국민의 주거복지실현과 무주택 서민들의 주거복지를 획기적으로 개선하여 10년 안에 주택문제를 해결하기 위해 도시·주택·정책 분야 학자와 전문가, 시민운동가와 협력해 나가겠습니다.

첫째, 주거복지실현을 위한 각 계층별 주택문제를 해결할 수 있는 주택정책을 연구하고 요구해 나가겠습니다. 이를 통해 180만 무주택 서민의 최저주거기준 달성을 위한 정책을 요구해 나가겠습니다.

둘째, 주거복지예산 확보를 통한 공공임대주택 건설을 위해 각계의 전문가와 시민의 역량을 집결해 나가겠습니다. 비닐하우스, 노숙자와 같이 한계상황에 달한 주거 빈곤 서민의 주거안정을 위한 재정확보 운동을 펼쳐 나가겠습니다.

셋째, 형평성 있는 주거 상향이동을 실현할 수 있는 수요자 중심의 국민주택기금 운용 시스템이 구축될 수 있도록 기금운용을 모니터링하고 알려내는 역할을 다하겠습니다.

넷째, 장기적으로 주택정책을 도시계획 및 환경계획과 연계하여 대도시 도시성장관리를 위한 비전과 대안을 마련할 수 있도록 노력하겠습니다.

10년 안에 우리의 주택문제를 해결하겠다는 주거복지연대의 약속은 결코 허황된 구호가 아닙니다. 전 국민이 주택 전문가로서 주택문제를 해결하려는 의지가 중요합니다.

'구슬도 꿰어야 보배'라는 말이 있듯 주거복지연대는 여러분들의 의지와 열망을 꿰어낼 실이 되겠습니다. 여러분의 용기와 도움이 필요합니다.

－사) 주거복지연대 회원모집 안내문에 실린 임길진 박사의 호소문

그 사람의 삶을 알아야
도와줄 방법을 알지

회장님과 전화 통화를 하면서 '이분이 날 가족의 일원으로 대해주시는 구나!' 울컥했습니다. 제 인생에서 이렇게 강력한 여백을 만든 분은 없다고 생각합니다. 뜨거운 뭔가가 가슴속에 치받쳐 올라왔습니다. 이런 분이라면 생애를 걸만한 분이라고 생각했죠. 그런 회장님 때문에 한국부패학회 일을 더 열심히 할 수밖에 없었습니다.

그는 세련되고 절제된 이미지를 풍기지는 않았지만 누구에게나 다정다감하고, 솔직함과 진실함이 몸에 배어 있는 사람이었다.

그는 누구와도 친구가 될 수 있었고, 정의로운 사람이었으며, 불쌍한 사람을 보면 그냥 지나치지 못하는 정이 많은 사람이었다. 나와 같이 일을 하던 1987년에도 그는 틈만 나면 서울의 빈민촌을 방문하여 그곳에 사는 아이들과 노인들을 돌보곤 했다. 그리고는 그들과 격의 없는 대화를 즐겼다. 그들의 아픔과 어려움을 진지하게 들었고, 적지만 있는 것을 나누기도 했다.

김정호 KDI 정책대학원 교수가 추모집에 쓴 글이다. 최열 환경재단 이사장도 같은 이야기를 하고 있다.

어려운 사람을 배려해야 한다는 생각을 끊임없이 갖고 계셨던 분입니다. 관념적으로 아는 건 의미가 없다면서 1년에 한 번씩 서울역이나 용산역에 있는 노숙인들을 찾아가셨지요. 불쌍하다고 돈 몇 푼 쥐어주는 건 오히려 독이 될 뿐이고, 그 사람의 삶을 알아야 도울 방법을 찾을 수 있다는 겁니다. 사업이 실패했든 알코올 중독 때문이든 노숙자가 된 데는 다 이유가 있다고, 하루라도 같이 생활하면서 냄새나는 것부터 체험해봐야 그들의 어려움을 알고 그에 적합한 해결 방법을 찾을 수 있다고도 하셨습니다.

임 박사는 가난한 유학생들을 친자식처럼 보살폈지만 무턱대고 도움을 베풀진 않았다. 구법모 글로벌플레이웰 대표가 미시간에 머물 때 일이다. 임 박사는 형편이 어려운 유학생 10명의 명단과 주소를 알아보게 하곤 그와 함께 이들의 집을 찾았다. 불시의 방문으로 그중 한 명은 목록에서 지워졌다.

"책상에 값비싼 CD자켓이 즐비한 걸 보니 생활이 어려운 이유가 따로 있었군."

장학금으로 주려고 준비했던 봉투를 도로 갖고 나오면서 임 박사가 했던 말이다. 예리한 눈썰미에 더해 전략가적인 냉정함이 돋보이는 대목이다.

조종건 시민사회재단 상임대표는 '나를 '동지'로 불러준 가슴 뜨거운 남자'로 임 박사를 떠올렸다. 그가 한국부패학회 사무국장으로 일할 때 재정난이 심각했다. 당시 대부분의 학회가 경제적인 어려움을 겪었다. 영어 학원을 운영하며 부족한 생활비를 근근이 메워가고 있을 때 임 박사가 통장으로 돈을 보내왔다. 전화로 무슨 돈인지 연유를 물었더니 '세무사 자격증을 따면 부패학회 활동을 하면서 먹고 사는 문제를 해결할 수 있을 것'이라는 대답이었다.

회장님과 전화 통화를 하면서 '이분이 날 가족의 일원으로 대해주시는구나!' 울컥했습니다. 제 인생에서 이렇게 강력한 여백을 만든 분은 없다고 생각합니다. 뜨거운 뭔가가 가슴속에 치받쳐 올라왔습니다. 이런 분이라면 생애를 걸 만한 분이라고 생각했죠.

사무국장이 부업으로 영어 학원을 운영할 수밖에 없는 사정을 배려한 임 박사는 학원이 끝난 시간에 맞춰 노고산 집에서 실무회의를 열곤 했다. 대개 저녁 10시가 넘은 시각부터 시작된 회의는 새벽 4시를 넘기기 일쑤였다.

박사님 모친이 계시는 노고산집 2층에서 잠깐 눈을 붙이고 롯데호텔에서 고문님들과 조찬 모임을 가졌습니다. 그럴 땐 아침 식사하러 나온 임원들에게도 일일이 선물을 챙겨주곤 하셨습니다. 비전을 제시하고 몸소 실천하는 것도 장점이지만 바쁜 생활 속에서도 주변 사람들을 챙겨주는 따뜻한 인간미가 융합된 분이었습니다.

임 박사는 물질적으로 남을 돕는 것에는 별 의미를 두지 않았다. 매사를 장기적인 전략으로 접근하는 계획가의 습성이 몸에 밴 탓이다. 한국부패학회는 임 박사의 주선으로 매일경제신문 사장과 간담회를 열고 정치부장과의 인터뷰를 통해 자신들의 활동상을 널리 알릴 수 있게 되었다. 조종건 사무국장은 여기에도 임 박사의 전략이 내재해 있었다고 전한다. 기업체를 다루는 언론사를 매개로 기업들의 참여 및 후원을 유도하기 위한 것이었다는 설명이다. 임 박사가 한 일이라곤 인터뷰 장소에 동행하여 소규모 학술단체에 힘을 실어주는 정도였으나 결과는 기대 이상이었다. 인터뷰 내용이 정치면에 실린 뒤 문의 전화가 심심찮게 걸려 왔다. 이에 부패학회는 임 박사를 회장으로 영입하고 새로운 도약기를 맞았다.

　　한국부패학회 회장으로서 박사님의 장기적인 전략은 부패학회를 법인화하는 것이었습니다. 그 일을 추진하면서 교육부 법무관을 소개시켜주셨는데, 갑자기 돌아가시면서 계획이 무산되었습니다. 전 그때 한 시대의 인물을 잃었다는 허탈감에 생의 지축이 흔들리는 충격을 받았습니다

그가 이토록 애통해하는 건 임 박사에게 미처 전하지 못한 뒷이야기가 있어서다.

한국부패학회는 임 박사를 회장으로 영입한 뒤 '공무원 청렴대상'을 제정했다. 그런데 대상자 선정과정에서 내홍이 발생했다.

시장·군수 평가에서 하위권에 있는 모 군수가 대상자 물망에 오른 것. 사건의 배후에는 이권과 결탁한 심사위원의 농간이 있었다. 공교롭게도 그 심사위원은 한국부패학회 설립을 주도한 임원 중 한 명인데다 임 박사를 회장으로 영입한 당사자였다.

조종건 사무국장은 이를 '과거의 가치와 미래가치가 충돌'한 결과로 규정하며 당시 상황을 설명했다.

상을 받게 해주면 대학에 자리를 만들어준다는 유혹에 넘어간 상대는 막무가내로 상황을 밀어붙였습니다. 형님께서 유명한 변호사로 있는 마당에 법으로 해결하면 간단했을 겁니다. 하지만 회장님은 끝까지 그를 포용하면서 문제를 해결하려고 하셨습니다. 밤 10시에 소주 한 병을 사더니 유종헌 교수님과 제게 그 집 앞으로 가자고 하시더군요. 집 앞에서 한참을 기다렸습니다. 술도 잘 안 드시는 회장님이 '사나이들끼리 술 한잔하면서 풀자'고 했는데 결국 헛걸음한 셈이 돼버렸습니다.

회장님이 소천하신 지 일 년쯤 지나 우연히 그를 만날 수 있었습니다. 피눈물이 날 정도로 자기반성을 하고 있다고 하더군요. 생전에 이 말을 들려드리지 못한 게 이제껏 안타까울 따름입니다.

조종건 사무국장이 상임대표로 있는 시민사회연합재단은 임길진 박사 18주기를 맞아 제1차 인간적 세계화(Humanistic Globalization) 포럼을 개최했다.

포럼 주제는 "21세기 한국과 인간적 세계화."

임 박사가 누구보다 아끼고 사랑한 친구 같은 아우 임현진 서울대학교 사회과학대 명예교수가 발제자로 나선 뜻깊은 행사에 개발연구협의체와 환경재단, 주거복지연대, 한국부패학회 전·현직 임원들이 참석해 고인의 업적을 기렸다.

국외에선 제자들이 자신이 속한 분야에서 스승의 유업을 이어가고 있다. 임 박사가 소천하기까지 VIPP 스탭으로 곁을 지켰던 정성수 MSU 국제보건원 부원장도 그중 한 사람이다. 그는 국제 보건 분야에서 임길진 박사의 인간적 세계화를 실천하고자 남미와 중동지역의 저개발국가에서 진료봉사 및 공중보건 교육에 앞장서고 있다.

현재 몽골 IDER 대학의 한국어경영학과 학과장 겸 교수로 재직 중인 김영래 박사 역시 몽골과 중앙아시아 지역에서 인간적 세계화 정신을 품고 살고 있다. 그는 개도국인 한국이 선진국으로 성장한 경험과 지식을 현재의 개도국인 몽골과 중앙아시아 국가들에 전파하기 위해 자신이 몸담은 대학에 몽골 최초의 한국어경영학과를 신설했다. 또한 단순히 한국어만을 교육하는 기존의 교과 과정을 탈피하여 한국어와 한국의 발전 경험에 대한 교육을 통합해서 새로운 유형의 개도국 교육모델인 인재양성 프로그램을 시도하고 있다.

지구적 차원에서의 인간적 세계화는 아직 역부족이겠으나 최소한 제가 서 있는 중앙아시아에서의 '인간적 지역화(Humanistic regionalization)'에 대한 소명은 가지고 가겠다는 꿈을 꿔왔고 지금도 실천하고 있습니다. 우리 사회와 국가, 그리고 그 너머 세계의 지속가능하고 상호주관적인 인간적 발전을 염원했던 그분의 혜안과 정신은 그와 연을 맺은 많은 이들을 통해 세상의 여러 모퉁이에 고스란히 살아 있습니다. 임 박사님이 저에게 주신 유산은 대체 불가능한 것입니다.

다른 한편으론 K-Center for Innovation Sharing in Mongolia(K-혁신공유센터)를 창설, 임 박사가 미시간에서 그랬던 것처럼 기존 전문가를 재교육하는 국제전문인프로그램과, 이들의 지식교류 및 확산을 위한 UB-평사 포럼을 같이 운영하고 있다. 이런 모델을 중앙아시아 지역에 확산하기 위해 관련 분야 전문가와 협업하여 지속적으로 지식네트워크를 만들어 나가고 있다는 설명이다.
    이 책에는 몇 사람의 활동만을 언급했으나 임길진 정신은 세계 곳곳에서 면면히 이어지고 있다.

> 상상해보자
> 이 세상 모든 사람들이
> 모두 배불리 먹는 날을
> 이디오피아가 더 이상 뉴스에
> 나오지 않는 날을
>
> 상상해보자
> 너는 그날을 위해
> 무엇을 할 것인가를
>
> 상상해보자
> 아이들이 모두 밝은 웃음으로
> 뛰어놀 수 있는 날을
> 방글라데시가 더 이상 가난의
> 대명사가 아닌 날을
>
> 상상해보자
> 너는 그날을 위해
> 무엇을 할 것인가를
>
> 임길진 詩 <상상>

에필로그 결국은 한민족이다

박진원 남북연락사무소 처장은 임 박사가 타계하기 한 해 전인 2004년 설날 명절 음식을 싸 들고 자택으로 갔다. 마침 우리 음식이 먹고 싶었다며 배춧국을 한 그릇 더 청한 연후에 임 박사가 불현듯 탄식하듯 되뇌었다.

"결국은 한민족이다."

박 처장은 이 말을 할 때 임 박사가 왠지 모르게 쓸쓸해 보였다고 전한다.

한평생 시대의 변혁가로 살았던 그에게도 이루지 못한 소명이 있었다. 끝내 그가 가지 못한 길, 그러나 마지막까지 희망의 끈을 놓지 않았던 숙원사업 중 하나가 남북통일이다.

'100년 후의 대한민국'

구법모 글로벌플레이웰 대표는 임 박사가 침대맡에 써 붙인 글 귀가 아직도 기억에 선명하다. 글귀를 적은 포스트잇(Post-it)이 오래돼서 점성이 다하면 몇 번이고 다시 써 붙이곤 했다. 그 정신, 그 사상, 그 철학의 본바탕에는 항상 미래의 한민족이 있었으나 하늘이 허락한 시간은 너무나 짧았다.

2005년 2월, 진영훈 서울대 동문은 친구 모친께 설날 문안 인사를 드릴 겸 전화를 걸었다.

"일주일 후에 돌아온다니 그때 만나보렴."

언제나처럼 단정하고 또렷한 정복순 여사의 음성이었다. 바로 그 다음 날 미국에서 믿기지 않는 비보가 날아들었다. 2005년 2월 9일 미시간주립대학 인근 도로에서 불의의 교통사고를 당한 임길진 박사는 끝내 유명을 달리했다.

영결식은 미국과 한국에서 두 번 치러졌다. 2005년 2월 13일 미시간주 랜싱 시내 가슬라인 런치맨 장례식장에서 치러진 영결식에는 그를 사랑한 한국인과 미국인 조문객 800여 명이 참석했다. 재미교포 형남수 그랜드마스터의 전언에 따르면, 랜싱 시내 화원의 꽃은 모두 동이 났고 캘리포니아, 일리노이, 뉴욕 등 미국 전 지역과 캐나다에서 찾아온 조문객들로 영결식장은 발 디딜 틈이 없었다고 한다.

21세기를 이끌어갈 젊은이들에게 세계평화와 환경에 대한 열정과 비전을 제시했던 위대한 한국인을 잃었다.

존 허직 미시간주립대 수석 부총장을 필두로 마이클 밀러 국제교류국장 등 일곱 명이 차례로 추도사를 읽어 내려가는 동안 영결식장은 울음바다가 되었다. 현지 언론들은 국제학계와 한인사회의 지도자였던 임 박사의 타계로 미시간과 한국을 잇는 가교를 잃었음을 안타까워했다.

2월 16일에는 한국에서 영결식을 치렀다.

우리를 더욱 슬프고 아프게 하는 것은 묵묵히 헌화하는 명망가들의 굳은 입술보다는 비어져 나오는 울음을 참지 못하는 밥집 아저씨를 포함, 고인이 근무하신 학교의 전산실이나 학생과의 실무자들, 구내매점 아주머니들의 눈물이다.

박현철 환경운동연합 기자가 환경련 기관지 <함께 사는 길>에 쓴 글이다. 장례식장이 마련된 삼성의료원에 추모객들의 발길이 끊이질 않는 바람에 빈소가 비좁아 참석지 못한 이들은 따로 영결식을 갖고 고인을 애도했다. 박현철 기자가 전한 장면은 KDI 국제정책대학원의 직원들이 별도로 치른 영결식을 가리킨다.

만인을 사랑했고 만인의 사랑을 받았던 평사 임길진 박사는 천안공원 묘역 장미공원에서 영면에 들었다. 구순이 넘은 정복순 여사는 아들이 세상에 없는 동안에도 가없는 기다림의 시간을 보내다 그로부터 4년 후 소천했다. 유족들이 노모에게 차마 아들의 비보를 전하지 못한 까닭이다.

평사(平士) 임길진 (1946~2005)

*학위 및 경력

1969년 서울대학교 공과대학 건축공학과 졸업

1973년 서울대학교 대학원 졸업(공학석사)

1975년 하버드대학교 졸업(도시계획학 석사)

1978년 프린스턴대학교 졸업(도시계획학 박사)

미시간주립대학교 국제대학장 및 석좌교수
KDI 국제정책대학원 초대원장 및 석좌교수
일리노이대학교 외교행정대 조교수 겸 행정-계획학석사과정 주임교수
노스웨스턴대학교 공과대학 조교수
연변과학기술대학교 초빙교수
북경대학교 초빙교수
국립대만대학교 초빙교수
서울대학교 초빙교수

*주요 활동 사항

인간적세계화(Humanistic Globalization) 연구회장
한국환경운동연합 공동대표

개발연구협의체 이사장
주거복지연대 이사장
한국부패학회 회장
미국 국방성 자문위원
세계은행 자문위원

*저서

『지속가능한 세계화』, 소화, 2011

『인간적 세계화, 실천하는 지성』, 소화, 2009

『지방의 국제화』, 한국지방자치단체국제화재단, 2004

『21세기의 도전』, 나남출판사, 2001

『북한의 식량문제: 실태와 대책』, 한울출판사, 2000

『미래를 위한 인간적계획론』, 나남출판사, 1997

『세계적 대학을 위한 전략(Strategy for Global University)』, MSU, 1995

『사회주의중국의 주택정책』, 나남출판사, 1993

시집(詩集)『4개의 주제를 위한 시』, 명보문화사, 1988

임길진평전발간위원회

송휘국 (발간위원장)

구법모 (글로벌플레이웰 대표)

김철미 (백산서당 대표)

이기범 (숙명여자대학교 교수)

이만형 (충북대학교 교수)

작가 신영란

출판기획자로 활동하며 역사와 사람들의 이야기를 주로 쓰고 있다. 지은 책으로는 『제왕들의 책사』, 『여자, 사임당』, 『용을 삼킨 여인들』, 『여성독립군열전』, 『우리나라 첫 신부 김대건』 등이 있다.

시대의 변혁가 임길진 평전
임길진 더 리포머

초판 1쇄 찍은날 / 2022년 6월 30일
임길진평전발간위원회 / 신영란
펴낸이 / 김철미

펴낸곳 / 백산서당
주소 / 서울특별시 은평구 통일로 885, 3층(갈현동 394-27)
전화 / 02-2268-0012
팩스 / 02-2268-0048
등록 / 제10-49(1979.12.29.)

값 30,000원

ISBN 978-89-7327-843-5　03300